Ursula Burkowski
Weinen in der Dunkelheit

Als sich ihre Mutter aus Ostberlin in den Westen absetzt, wird die zweijährige Ursula Burkowski in die Anstalt Königsheide gesteckt, ein Vorzeigeheim der DDR. – Eine Zeit unfaßbarer Grausamkeiten beginnt…

BASTEI-LÜBBE-TASCHENBUCH
Band 61244

1. Auflage April	1992
2. Auflage Mai	1992
3. Auflage Aug.	1992
4. Auflage Okt.	1992
5. Auflage Nov.	1992
6. Auflage Febr.	1993
7. Auflage Mai	1993

Originalausgabe
© 1992 by Gustav Lübbe Verlag, Bergisch Gladbach
Printed in Germany
Umschlaggestaltung: Manfred Peters
Titelfoto: Ursula Burkowski
Druck und Verarbeitung: Ebner Ulm
ISBN 3-404-61244-2

Der Preis dieses Bandes versteht sich einschließlich
der gesetzlichen Mehrwertsteuer.

*Dieses Buch ist Stefanie, Christoph und Berko sowie allen Kindern und Jugendlichen gewidmet –
Kinder vergessen nichts.*

VORWORT

In diesem Buch schreibe ich über meine schwierige Kindheit und Jugend.

Als ich mit zehn Jahren lernte, meine Umwelt zu begreifen, nahm ich mir vor, alles einmal aufzuschreiben. Mein erstes Tagebuch hatte ich mit vierzehn Jahren. Es ist von einem Freund, der eifersüchtig war, zerrissen worden.

1989 flüchteten viele Eltern ohne ihre Kinder durch die plötzlich offene Grenze in den Westen. Die Heime füllten sich mit verlassenen Kindern. Nun stand mein Entschluß fest: Ich muß allen Menschen zeigen, wie Kindern und Jugendlichen, die ohne Elternhaus aufwachsen, zumute ist. Denn wer weiß das schon? Wer macht sich schon Gedanken darüber, warum Kinder, wenn man sie befragt, über sich selbst schweigen?

Mancher jugendliche Leser wird sich in meinem Buch wiederfinden, trotzdem ist es eher ein Buch für Erwachsene. Aufmerksam gelesen, trägt es dazu bei, Verständnis für diese Kinder und Jugendlichen zu wecken, die es mit ihrer Umwelt und sich selbst schon schwer genug haben.

Berlin 1991 U. Burkowski

So könnte es gewesen sein

Ost-Berlin 1953. Eilig läuft die Frau durch den kalten Dezemberregen. Sie weiß, das ist ihre letzte Chance: Wenn sie die nicht nutzt, muß sie wieder ins Gefängnis.

Endlich, der Bahnhof! Die S-Bahn steht schon da. Hoffentlich kommt keine Polizeikontrolle, denkt sie und geht schneller. Gerade noch rechtzeitig erreicht sie den Wagen, denn da fährt der Zug auch schon los, Richtung West-Berlin.

Erleichtert läßt sie sich in einer Ecke auf die harte Holzbank fallen. Sie schaut in die dunkle Nacht und spürt Schadenfreude in sich aufsteigen. Das Leben noch einmal neu beginnen ohne die Vergangenheit, das ist ihr Ziel.

Zufrieden betrachtet sie ihr Spiegelbild im Fenster, sie ist noch immer eine schöne Frau. Als der Zug hält, hört sie: »Lehrter Bahnhof«, erste Station in West-Berlin.

Weihnachten

Langsam geht der alte Mann durch die gottverlassene Gegend von Kaulsdorf. Ob seine Tochter es am Heiligabend den Kindern gemütlich gemacht hat? Er ist sich nicht sicher. Zu oft hat er die Kinder allein vorgefunden. Die Angst um seine Enkel treibt ihn hastiger vorwärts.

Erschöpft von der Anstrengung des langen Fußmarsches erreicht er das einsame Haus am Bahngelände. Fast gespenstisch hebt es sich in der trüben Dämmerung gegen den Himmel ab. In den Fenstern brennt kein Licht, die

Angst schnürt ihm fast das Herz ab. Also doch! Leise ruft er nach den Kindern. Erleichtert sieht er das schwarze Loch eines geöffneten Oberfensters. Er ruft noch einmal, diesmal lauter, dann hört er die Stimme seines ältesten Enkels:

»Opa, hilf uns! Wir sind allein und haben Hunger. An den Wasserhahn komme ich heran, zu trinken haben wir!«

Der Mann versucht, seine Enkel zu beruhigen, und ruft: »Ich hole Hilfe, bin gleich zurück!«

Mit Gewalt brechen die Polizisten die verschlossene Tür auf. Ein fürchterlicher Gestank von Kot und Urin schlägt ihnen entgegen. Der Lichtschalter funktioniert nicht. Beim Einschalten der Taschenlampe bietet sich ihnen ein grauenvolles Bild. Nackt, verdreckt und völlig unterernährt sitzen die Kinder auf den schmutzigen Holzdielen. Ein etwa zweijähriges Mädchen schaut mit großen, traurigen Augen still auf die Fremden und versucht, mit der einzigen Decke im Zimmer seinen mageren Körper zu wärmen. Im Zimmer herrscht eisige Kälte, der Kachelofen ist offenbar seit Tagen nicht geheizt worden. In einer Ecke steht ein rostiges Metallgitterbett, in dem ein vier Monate altes Mädchen liegt, mit den Haaren an den Gitterstäben festgefroren. Der vierjährige Bruder hat versucht, den schreienden Säugling mit Wasser aus der Suppenkelle zu füttern, er fand keine Flasche.

Fast eine Woche sind sie allein gewesen und haben trotz Hunger und Kälte überlebt.

Nach einem langen Krankenhausaufenthalt trennte man die Geschwister und brachte sie in verschiedenen Heimen unter.

Kinderheim

So bekam ich mit zwei Jahren den ersten Kontakt mit der staatlichen Gemeinschaft. Das Heim, in das man mich brachte, ist das größte Kinderheim in Europa. Es liegt im Süden der Stadt Berlin (Ost) in einem Wald, der Königsheide. Sechshundert Kinder fanden hier eine Unterkunft, ein Zuhause oder was sonst so ein Kind von einem Kinderheim halten mochte.

Von der Straße, der Süd-Ost-Allee, ist das Heim durch ein schmiedeeisernes Tor, verziert mit Eichhörnchen, zu betreten. Der Hauptweg endet vor der Schule, die dem Tor genau gegenüber steht. Rechts und links des breiten Weges zweigen kleinere Wege zu den Wohnhäusern ab. Große Rasenflächen mit Blumen und Bäumen vollenden die parkähnliche Gestaltung der unmittelbaren Umgebung. Hinter jedem Haus gibt es einen Spielplatz.

In den Häusern Nummer 1, 3 und 4 leben die Kinder, die zur Vorschule oder Schule gehen, in Gruppen. In Nummer 2 beginnt das Heimleben für die Säuglinge.

Im Wirtschaftshaus mit der Schuster-, Schlosser- und Schneiderwerkstatt, der Wäscherei und der Kleiderkammer befindet sich für etwa zweihundert Kinder der Speisesaal. Auch der Heimleiter wohnt dort, und im gleichen Gebäude hat die Fürsorge ihr Büro. Außerdem gehören zum Heim ein Schulgarten, ein Sportplatz, eine Turnhalle und eine Freilichtbühne.

Im Alter von zwei Jahren machte ich meine ersten Lebenserfahrungen mit der Kinderschwester. Sie band mich mit Gurten an das Kinderbett, so konnte ich nicht hinausklettern. Ich weinte oft, denn die Gurte taten weh.

Besondere Freude schien sie daran zu haben, mich auf ein Schaukelpferd zu setzen. Ich schrie fürchterlich vor Angst, und je lauter ich weinte, desto stärker schaukelte sie mich.

Mit drei Jahren kam ich in das Vorschulhaus. Dort lernte ich ziemlich schnell, wie einsam Gruppenerziehung machen kann, aber auch, wie ich mich davor schützen konnte. Vor allem zwei Erlebnisse zeigten mir das deutlich.

Als ich einmal dringend zur Toilette mußte, fragte ich die Erzieherin, ob ich gehen dürfe, denn ohne ihre Erlaubnis durften wir die Gruppe nicht verlassen. Wir spielten auf dem Waldspielplatz, der fünf Minuten vom Haus entfernt lag. Sie sagte:

»Halt aus, bis wir hineingehen!«

Ich bettelte so sehr, daß sie mich schließlich doch gehen ließ, aber auf der Treppe machte ich mir in die Hose. Den Rest des Tages lebte ich in Angst davor, daß es jemand merken könnte und ich dafür eine Strafe bekäme. Davor fürchtete ich mich am meisten, denn bestraft wurde immer im Kollektiv. Alle mußten sich um das »böse« Kind stellen und auf das Kommando der Erzieherin »Pfui, pfui« rufen oder ähnliches.

Mein Unglück war, daß ich meine Sachen nie ordentlich auf den Stuhl legte. Ausgerechnet an diesem Abend hatte ich sie besonders sorgfältig zusammengelegt, den Schlüpfer ganz unten. Dadurch verriet ich mich. Ich stand nackt im Waschraum, als die Erzieherin mit meiner Hose in der Hand hereinkam und in drohendem Ton fragte: »Hast du eingepullert?«

Vor Schreck und Angst bekam ich kein Wort heraus. Da rief sie alle Kinder in den Waschraum. Sie standen um mich herum, starrten mich an und warteten auf ihren Einsatz. Und dann brüllten alle auf den Befehl der Erzieherin im Chor:

»Einpuscher, Einpuscher!«

Das Auslachen und die Beschimpfungen der Kinder schüchterten mich ein, ich schämte mich furchtbar, konnte aber nicht weinen. Daraus lernte ich, mich beim nächsten Mal schlauer zu verhalten.

Es war die Nacht vor dem 1. Juni, dem Tag des Kindes. Dieser Tag wurde als Höhepunkt des Jahres mit viel Tamtam im Heim gefeiert. Dazu gehörten einstudierte Tänze, Spiele, Luftballons und Bonbons. Unsere Erzieherin ermahnte uns, nicht ins Bett zu machen.

Ich gehörte nicht zu den Bettnässern, doch in dieser Nacht mußte ich dringend auf die Toilette. Wir waren sechs Kinder im Schlafraum. Leise stand ich auf, ging zur Tür, erreichte die Klinke aber nicht. Ich war zu klein.

Langsam ging ich zum Bett zurück, setzte mich auf den Rand und überlegte, wie ich am besten aus dem Zimmer käme, da passierte es auch schon. Am liebsten hätte ich geweint, aber dann fiel mir ein: Vielleicht wird ein Kind davon wach und petzt? Die Strafe vom ersten Mal hatte ich nicht vergessen. Mit Mühe unterdrückte ich die aufkommenden Tränen, dachte an die Brause, die es am Morgen geben würde und auf die ich nicht verzichten wollte.

In meinem Zimmer lag ein Junge, von dem ich wußte, daß er Bettnässer war. Schnell zog ich mein Laken ab, warf es auf das Bett des Jungen und hockte mich auf den Fußboden, um ihm sein Laken unter dem Körper wegzuziehen. Als ich es hatte, ohne daß er davon erwachte, freute ich mich, denn es fühlte sich noch warm und trocken an. Gerade als ich damit beschäftigt war, das geklaute Laken über meine Matratze zu ziehen, ging das Licht an, und die Nachtwache stand im Raum.

»Was machst du denn da?«

»Mein Bett ist so zerwühlt«, antwortete ich, »ich will es ordentlich machen.«

Bei dieser Lüge wagte ich es nicht, sie anzusehen. Glücklicherweise entdeckte sie das Laken auf dem Jungen, ich hatte es einfach über seinen Körper geworfen. Sie nahm es in die Hände, betrachtete es von allen Seiten und schimpfte dabei:

»Der hat ja schon wieder eingemacht!«

Wütend faltete sie das Laken zusammen, legte den schlafenden Jungen darauf, löschte das Licht und verließ den Raum.

Am nächsten Morgen fragte die Erzieherin:

»Wer hat in der Nacht eingemacht?«

Prüfend ging sie von einem Bett zum anderen. Die Kontrolle endete am Bett des Jungen, mein Herz schlug vor Aufregung bis zum Hals. Aber zum Glück war das Laken getrocknet. Ich war sehr erleichtert, denn nun bekamen wir alle Brause und keine Strafe.

Die Erzieher kamen, wenn es ums Strafen ging, auf die sonderbarsten Ideen. Redeten wir beim Abendessen zu laut, knipsten sie ohne Warnung das Licht aus und zogen die Vorhänge zu, so daß es stockdunkel im Zimmer war. Vor Angst schrien und weinten alle Kinder laut durcheinander. Sobald das Licht ausging, rutschte ich von meinem Stuhl unter den Tisch; hier fühlte ich mich sicher, hatte aber trotzdem wahnsinnige Angst vor dem Murmelmann.

Das Weinen der Kinder schien bei den Erzieherinnen erst dann Befriedigung zu finden, wenn es in lautes Brüllen überging. Das erreichten sie, indem sie von draußen an die Fensterscheiben klopften und dabei mit verstellter Stimme riefen:

»Hu, hu, hier ist der Murmelmann, ich komme euch jetzt holen!«

Wenn wir dann schrien: »Nein, nein, wir sind wieder artig!«, ging das Licht an, und kein Kind wagte auch nur zu schluchzen.

Geburtstag

Der Tag, an dem ich erfuhr, daß jeder Mensch einen Geburtstag hat, war viel aufregender als mein Geburtstag selbst.

Wir tobten gerade im Schlafraum, da stand die Erzieherin plötzlich vor uns und drohte einem Jungen:

»Wenn du nicht sofort mit der Toberei aufhörst, fällt morgen dein Geburtstag aus!«

Nun wollten wir alle wissen, was ein Geburtstag ist. Ich mußte darüber lachen, daß es einen Tag gab, an dem sich andere freuten, daß ich geboren war. Bisher hatte ich noch nie so eine Feier erlebt. Vorsichtig fragte ich:

»Wie lange dauert es noch bis zu meinem Geburtstag?«

»Du? Du hast in zwei Tagen Geburtstag.«

»Wie alt werde ich dann?« rief ich erwartungsvoll und sprang dabei vor lauter Übermut und Freude gleich wieder herum. Ihre Ermahnungen waren vergessen.

»Fünf Jahre«, antwortete sie, und zur Strafe schickte sie mich in den Hof, dort sollte ich mir den Kopf abkühlen.

Draußen regnete es wie aus Kannen, aber es machte mir nichts aus. Ich tanzte um den Buddelkasten und rief dabei:

»Hurra, hurra, ich habe einen Geburtstag!«

Plötzlich hielt ein schwarzes Auto im Hof, ein Mann winkte mir aus dem Wagenfenster zu. Ich lief zu ihm. Obwohl ich vom Regen klitschnaß war, sollte ich einsteigen, was ich ohne zu zögern tat.

»Was macht so ein kleines Mädchen wie du hier draußen im Regen?« fragte er. Ich erzählte von meiner Strafe und weshalb ich sie bekommen hatte. Im Auto war es angenehm warm und trocken, ich hörte den Regen auf das Dach prasseln und fühlte mich zum ersten Mal geborgen. Der Mann erzählte mir ein Märchen. Am liebsten wäre ich nie mehr ausgestiegen. Doch auf einmal stand die Erzieherin am Auto. Ich mußte zurück ins Haus gehen. Heimlich drehte ich mich an der Haustür noch einmal nach dem Auto um. Ich sah, wie der Mann mit der Erzieherin sprach. Am nächsten Tag, ich spielte gerade mit Bausteinen, betrat der Mann mit vielen fremden Leuten das Spielzimmer. Sofort entdeckte er mich. Lachend nahm er meine Hand und sagte:

»Wir machen jetzt eine Autofahrt.«

Während der Fahrt fragte er mich, ob ich die Kindersendung vom Meister Nadelöhr kenne. Natürlich kannte ich sie, alle Kinder kannten sie. Immer, wenn wir artig waren oder die Erzieher ihre Ruhe haben wollten, durften wir im Hausleiterbüro fernsehen.

So wurde ich für kurze Zeit eine Entdeckung für das Kinderfernsehen. Bei den Probeaufnahmen langweilte ich mich. Ich verstand nicht, weshalb die Großen immer dasselbe sagen sollten. Als die Drehtage endeten, war ich froh, wieder richtig spielen zu können.

Krank

Nach meinem fünften Geburtstag wechselte unsere Kindergruppe die Etagen. Wir zogen in den ersten Stock, und die Jüngeren erhielten Räume im Parterre. Nun konnten die Erzieher nicht mehr von außen an die Fensterscheibe klopfen und uns Angst einjagen.

Ich haßte den Mittagsschlaf. Nie war ich müde, aber wehe, wir hatten die Augen noch offen, wenn die Erzieherin den Raum kontrollierte. Dann schimpfte und schüttelte sie die Kinder so, daß sie sich anschließend in den Schlaf heulten.

Eine andere Erzieherin war nicht ganz so grob, aber sie schlug die Decke über das Bettgestell, so daß wir wie in kleinen Höhlen lagen. Das hatte auch sein Gutes, denn ich brauchte meine Augen nicht zu schließen und konnte durch einen Seitenspalt den Himmel oder das Dach des Quergebäudes beobachten. Einmal schob sich durch diese Ritze eine Hand, und vor meinen Augen lag eine dreieckige Papiertüte. Ich wagte nicht, mich zu bewegen. Erst als ich keine Geräusche mehr vernahm, drückte ich mit den Fingerspitzen vorsichtig eine kleine Öffnung in das Papier und entdeckte braune Malzbonbons, deren süßer Duft sofort durch mein ganzes Bett strömte. Voller Glücksgefühl schlief ich tatsächlich ein. Aber als ich erwachte, war die Tüte weg. Meine Enttäuschung war so groß, daß ich nicht einmal weinte. So habe ich nie erfahren, wer sie mir gab und wieder nahm. Erst viel später hörte ich von den Kindern, daß sie ähnliches erlebt hatten. Es mußte eine Erzieherin gewesen sein, die nur wollte, daß wir schliefen.

Eine noch sehr junge Erzieherin setzte mich eines Tages auf ihre Schultern und lief mit mir durch den Gruppenraum. Ich wurde nie einem anderen Kind gegenüber bevorzugt und fand es darum recht seltsam, daß ich für die Tollerei ausgesucht wurde, und deshalb blieb ich sehr ernst. Außerdem verursachte mir diese ungewohnte Höhe Angst. Aber die Erzieherin lachte und sprang mit mir herum, bis ich schließlich auch lachen mußte. Durch das offene Fenster hörte sie plötzlich eine Kollegin ihren Namen rufen. Neugierig trat sie mit mir an das Fenster und rief nach unten:

»Schau mal, das ist mein kleiner Angsthase!«

Dabei beugte sie sich weit hinaus. Vor Schreck krallte ich mich fest in ihre Haare und jammerte leise. Sie lachte und lachte, dabei verlor ich das Gleichgewicht. Ich spürte plötzlich keinen festen Halt mehr und stürzte in die Tiefe.

Mein Kopf tat mir fürchterlich weh. Als ich die Augen aufschlug, lag ich in einem fremden Bett, auch das Zimmer war mir unbekannt. Ich konnte meinen Kopf nicht bewegen und weinte. Eine Frau, ganz in Weiß, trat an mein Bett und streichelte mich beruhigend. Sie hieß Schwester Brigitta, und sie erzählte mir, daß ich aus dem Fenster gefallen sei und mich auf der Krankenstation befände.

»Wenn du alles schön tust, was ich sage, wirst du schnell wieder gesund und darfst zu den anderen Kindern zurück.« Nur immer im Bett liegen wollte ich natürlich nicht, deshalb machte ich wirklich folgsam alles, was sie sagte, und kam bald wieder zu meiner Gruppe.

Die Erzieherin habe ich nie mehr gesehen, aber ich hatte von da an Angst vor allen großen Menschen, die mich auf den Arm nehmen wollten, und machte um Delegationen und Besucher einen Bogen.

Unser Heim war das Vorzeigeheim. Menschen aus aller Welt sahen es sich an und staunten über die Sauberkeit und Ordnung. Hin und wieder erschienen dann am nächsten Tag Fotos von uns in der Zeitung, was die Erzieher sehr freute. Immer wenn Fremde kamen, standen oder saßen wir in Sonntagssachen in unserem Gruppenraum. Nette Worte über die Schönheit des Heims wurden gesprochen, und dann näherten sich die Besucher uns Kindern. Komische Fragen hatten sie dann: »Na, Kleine, wie gefällt es dir hier?« oder »Bist du traurig, daß du keine Eltern hast?«

Ich stand starr und stumm und hoffte nur, nicht angefaßt zu werden. Eltern – ich wußte gar nicht, was das ist – und gefallen? Außer dem Heim kannte ich nichts anderes, ich verstand einfach ihre Fragen nicht.

Christian

Am liebsten spielte ich mit einem Jungen, der Christian hieß. Er war etwas älter als ich, aber kleiner. Mir gefielen besonders seine großen braunen Augen. Christian war immer lustig, er hatte tolle Spielideen, mit ihm konnte ich über alles lachen. Selbst wenn ich mich beim Toben verletzte und es sehr weh tat, brachte er mich zum Lachen. Nie hatte ich eine solche Freundin.

Leider sollte ich ihn nicht lange als Freund behalten. Es war an einem Freitag, da wechselten wir die Wäsche und durften baden. Die Erzieherin hatte nicht die Zeit, jedes Kind abzutrocknen, das mußten wir selbst tun. Wir gingen mit Handtüchern in den Schlafraum. Mir kam der Einfall, Fangen zu spielen. Im Zimmer standen die Metallbetten hintereinander. Es machte ungeheuren Spaß, von einem Bett auf das andere zu springen. Christian war mit dem Fangen dran. Wir sprangen wie die Verrückten, durch die Sprungfedern wurden wir hochgeschleudert und landeten mit Leichtigkeit auf dem nächsten Bett. Plötzlich hörte ich hinter mir einen Schrei, ich drehte mich herum, Christian lag blutend auf dem Boden. Tröstend versuchte ich, ihm hochzuhelfen, aber es ging nicht. Er war mit den nassen Füßen abgerutscht und mit dem Hinterkopf auf die Bettkante geschlagen. Wahnsinnige Angst um ihn überkam mich. Ich schrie wie am Spieß. Die Erzieherin stürzte herein, hob Christian hoch und brachte ihn weg.

Ich verkroch mich unter meiner Decke und weinte die ganze Nacht. Immerzu sah ich ihn im Blut liegen und hörte seinen Schrei. Alleingelassen mit meiner Traurigkeit und den Schuldgefühlen, ging ich den Kindern aus dem Weg. Oft saß ich auf meinem Bett und dachte an Christian, er fehlte mir sehr. Jeden Tag fragte ich die Erzieherin, wann er wiederkäme; es hieß immer »bald«.

Aber er kam nicht mehr wieder.

Einschulung

Mit sechs Jahren kam ich zur Einschulung in das Haus Nummer 1. Alle Schulkinder mußten ihre Pionier-[1] oder FDJ[2]-Kleidung tragen. Vor der Schule fand ein Fahnenap-

---

[1] Junge Pioniere: staatliche Kinderorganisation der ehemaligen DDR, Vorstufe zur FDJ
[2] FDJ: Freie Deutsche Jugend, staatliche Jugendorganisation der ehemaligen DDR

pell statt, die Großen sangen Lieder, dann überreichten sie uns kleine Blumensträuße und die langersehnte Schultüte.

Zu den Luftballons mit den Friedensgrußzetteln an der Schnur sah kaum einer hin, wir wollten alle nur wissen, was in der langen Tüte war. Enttäuscht stellte ich fest, daß die Kekse, Bonbons und Buntstifte gegen die mit reichlich Klopapier ausgefüllte Spitze recht mickrig waren. Kinder, die Verwandte hatten, bekamen von ihnen dazu noch viele schöne Dinge.

Traurig darüber, daß mich niemand besuchte, ging ich zu den Mädchen, die auch als Waisen galten, und wir spielten mit den Schultüten Burgfrauen. Da holten uns plötzlich drei Schüler aus einer Gruppe der Größeren in ihren Tagesraum, wo für uns ein festlich gedeckter Tisch stand. Sie wollten uns eine Freude machen und sagten:

»Pioniere helfen sich immer.«

Nun konnte ich es kaum erwarten, bis ich Pionier wurde und das blaue Halstuch tragen durfte. Fast jeden Tag rannte ich zum Pionierleiter, wir nannten ihn Suppi, weil er so dünn war, und fragte ihn:

»Wann werde ich Pionier?«

Eines Tages war es endlich soweit, feierlich wurde ich im Speisesaal vor allen Schülern in die Pionierorganisation »Ernst Thälmann« aufgenommen. Nach der Aufforderung »Seid bereit!« und meiner Antwort »Immer bereit!« war ich Pionier. Jeden Tag trug ich nun das blaue Tuch. Bald hatte ich mich so daran gewöhnt, daß mir der Sinn und die Symbolik verlorengingen und es seinen Zweck als Knabber- oder Taschentuch erfüllte. Einen schlechten Dienst erwies es mir bei meinem ersten Abenteuer im Westen.

Ausflug nach »drüben«

Ute, eins der größeren Mädchen, hatte einen Bruder in West-Berlin. Sie fuhr oft zu ihm hinüber, um sich Mickymaus-Hefte oder Liebesromane zu holen. Diese Hefte waren im Heim als Schundliteratur strengstens verboten. Mir gefielen die Mickymaus-Hefte so gut, daß ich sie mir von ihr ausborgte. Im Wald sah ich sie mir dann heimlich an. An einem Nachmittag fragte mich Ute, ob ich mal mit nach drüben fahren möchte. Von einer ungeheuren Neugier getrieben, sagte ich sofort zu. Wir kletterten über den Heimzaun und liefen durch den Wald, dann durch eine Laubenkolonie, und am Teltowkanal mußten wir nur noch über eine Brücke gehen. Unentdeckt von der Polizei, schaften wir es.

Ich sah Schaufenster, gefüllt bis zum Rand, wie ich sie aus Ost-Berlin nicht kannte. Bei uns gab es die Butter auf Marken. Manchmal schickte mich die Erzieherin aus Zeitmangel in den Konsum. Dort gab ich die Marken ab und erhielt die zugeteilte Butter. Hier in West-Berlin lag sie einfach im Regal. Aber am tollsten fand ich die Kaugummiautomaten an den Hauswänden. Vor Begeisterung kam ich aus dem Staunen über so viele schöne Dinge nicht mehr heraus.

Utes Bruder schenkte uns Geld für Kuchen, den wir uns selbst aussuchen durften.

Im Bäckerladen bewunderte ich gerade die vielen Sorten von Torten und Broten, da fragte mich die Verkäuferin:

»Was möchtest du?«

Stolz zeigte ich auf einen riesigen Liebesknochen. Als sie mein blaues Pioniertuch sah, fragte sie:

»Bist du Pionier?«

Aus Angst, sie würde mir keinen Kuchen geben, wenn ich »Nein« sagte, antwortete ich schnell:

»Natürlich!«

Da fing sie laut an zu lachen und sagte verächtlich:

»Pioniere bekommen bei mir keinen Kuchen!«

Wütend und traurig zugleich verließ ich den Laden und dachte: Scheiß-Olle, sitzt mit dem Arsch in der Sahne und rückt nichts raus!

Nie wieder habe ich freiwillig das Halstuch getragen, sondern nur zu den Pflichtveranstaltungen im Heim.

Pflegeeltern

Die ersten Pflegeeltern für das Wochenende bekam ich, als ich noch nicht zur Schule ging. Dort fühlte ich mich nicht wohl. Ich schlief in einem Raum, der vollgestopft war mit alten, dunklen Möbeln. Ein Schrank mit einem großen Spiegel in der Mitte war die einzige Abwechslung für mich. Stundenlang stand ich davor und machte Faxen. Ab und zu öffnete sich die Zimmertür, dann schauten fremde Menschen herein, denen ich als armes Heimkind vorgestellt wurde und brav guten Tag sagen sollte, was ich nicht tat. Überhaupt sprach ich nie bei fremden Leuten. Ohne die vielen Kinder fühlte ich mich einsam. Mein Verhalten entsprach nicht den Vorstellungen der Eltern, und sie ließen mich wieder im Heim.

Mit sechs Jahren bekam ich die zweiten Pflegeeltern. An einem Sonnabendnachmittag hatte ich mich mit einem Mädchen gezankt, und die Erzieherin gab mir nicht recht.

Vor Wut heulte ich, mir lief die Nase, und ich wollte am liebsten keinen Menschen mehr sehen. Schon bei Christians Unfall hatte ich begriffen, daß es im Heim besser war, keine Gefühle zu zeigen. Nie war man allein, immer stand man unter Beobachtung. Oft verwechselten die Erzieher unsere Gefühlsausbrüche mit Ungehorsam, Frechheit oder Wut. Da kam der Hausleiter und sagte zu mir:

»Putz dir die Nase, trockne deine Tränen, sei jetzt schön lieb und komm mit in mein Büro, deine Eltern sind da.«

Vor Schreck vergaß ich das Heulen, aber dann fiel mir ein, daß ich ja keine Eltern hatte. Ich ließ meine Tränen und die Nase weiter laufen, rutschte trotzig mit dem Rücken an der Flurwand hinunter, setzte mich auf den Boden und sagte:

»Nee, jarnich!«

So wie ich war, zog er mich an meiner Hand wieder hoch und ging mit mir zum Büro.

An einem runden Tisch saßen ein Mann und eine Frau. Sofort spürte ich, daß es nicht meine richtigen Eltern waren, und zeigte ihnen gegenüber kein Interesse. Mit gesenktem Kopf, den Blick auf meine alten Hausschuhe gerichtet, als ob diese alles mir geschehene Unrecht wieder gutmachen könnten, sahen mich die neue Pflegeeltern zum ersten Mal. Es wurde über mich verhandelt und beschlossen, daß sie mich am Wochenende abholen sollten. Mich fragte keiner!

Die Kinder meiner Gruppe erkundigten sich aufgeregt, wie die neuen Pflegeeltern aussahen; ich wußte es nicht, es war mir auch egal.

Abgeholt wurde ich dann von der Nichte meiner Pflegeeltern. Ängstlich klammerte ich mich an die Hand des

Mädchens. Außerhalb des Heimes, in der großen Stadt, fühlte ich mich fremd. Hoffentlich läßt sie mich nicht los, dachte ich, allein würde ich nie mehr ins Heim zurückfinden.

Mit der S-Bahn fuhren wir nach Lichtenberg. Wir liefen durch ein paar Straßen und standen dann vor einer Tür mit dem Namen »Hube«. Auf unser Klingeln öffnete Frau Hube die Tür.

»Herein in die gute Stube«, sagte sie, die nun meine neue Mutter werden sollte. Erst als wir im Zimmer standen, sah ich sie mir an. Sie machte einen strengen Eindruck auf mich. Das fade, dunkelblonde Haar trug sie ganz kurz, in leichter Dauerwelle, was ihren strengen Gesichtsausdruck noch mehr unterstrich. Ihre blaßblauen Augen blickten ohne Liebe auf mich herab. Dazu kam ihr schmaler Mund, der verkniffen lächeln wollte. So hatte ich mir eine Mutter nicht vorgestellt. Ich ließ mir meine Abneigung nicht anmerken. Das Mädchen sagte »Tschüs« und ging. Nun war ich allein, am liebsten hätte ich geweint und gerufen: Bringt mich nach Hause!

»So«, sagte dann die Mutter, »nun kommt gleich der Vati.«

Gespannt sah ich zur Tür, wie denn nun der »Vati« aussah. Ich wünschte, er möge netter als seine Frau aussehen. Da kam er herein, groß, mit halber Glatze. Noch nie hatte ich einen Mann ohne Haare gesehen, und fasziniert starrte ich auf seinen Kopf. Frau Hube forderte mich auf, ihrem Mann die Hand zu geben und zu sagen: »Guten Tag, Vati!«

Ich ging zu ihm, gab ihm die Hand, sagte brav: »Guten Tag«, konnte aber das Wort »Vati« nicht herausbringen. Im Raum war es sehr still, alle warteten auf das eine

Wort, selbst ich wartete. Aus meinem Mund kam jedoch kein Laut. Da lachte der Mann und sagte:

»Ach, weißt du, wenn du nicht Vati sagen willst, mußt du nicht Vati sagen, sondern sagst einfach Onkel.«

Meine angespannte Starrheit löste sich, und ich fand diesen Onkel viel netter als seine Frau Tantemutter.

Jedes Wochenende holten sie mich ab, aber eingewöhnen konnte ich mich nie. Mir fehlten die Kinder und das Heim mit seiner Umgebung. Bei den Eltern war ich immer allein. Entweder saß ich am Ofen und spielte mit kleinen Puppen, oder ich mußte ihnen meine Lesekünste vorführen. Dazu ließen sie sich regelmäßig die Kinderzeitung »Frösi« ins Haus schicken.

Da ich nicht gut lesen konnte und es auch nicht wollte, haßte ich bald diese bunte Zeitschrift und die Wochenenden. Wenn der Freitag nahte, lag ich nachts wach und dachte: Hoffentlich haben sie dich vergessen und kommen nicht. Aber das traf nie zu. Pünktlich um 10 Uhr holten sie mich ab.

Nur im Sommer war es bei ihnen schöner, da paddelten wir mit den Faltbooten über die Krampe oder den Müggelsee. Die Verwandten meiner Pflegeeltern – Schwester, Mann und Kinder – fuhren auch mit. Sie hatten alle das gleiche Bootshaus, und dort sah ich dann oft meinen Bruder, was mich glücklicher machte, als wenn ich nur mit Erwachsenen zusammen war.

Mein Bruder

Meinen Bruder lernte ich erst kennen, als ich schon sieben Jahre alt war.

Mit Hilfe der Erzieher bauten die älteren Kinder ein Wasserbecken. Beim Bau des Beckens standen wir Kleinen in einer Reihe und reichten Steine weiter. Wir nannten es nur Planschbecken, zum Schwimmen war es zu flach, doch zum Baden reichte es. Es hatte die Form eines abgerundeten Dreiecks. Der Wassereinlauf befand sich in der Mitte des Beckens, an der tiefsten Stelle. Vom Schutzgeländer des Wassereinlaufs machten die Jungen Hechtsprünge. Wir Mädchen hatten keine Chance, auf das Geländer zu kommen, weil wir von den Jungs gestukt[1] wurden.

Auf diesem Geländer sah ich zum ersten Mal meinen Bruder. Mit einer Freundin lag ich auf der Decke, und wir beobachteten neidisch die Jungen. Plötzlich sagte ein Mädchen aus einer anderen Gruppe zu mir:

»Der gerade da oben steht, ist dein Bruder.«

»Was«, rief ich erstaunt, »mein Bruder?«

Ich wußte bis zu diesem Zeitpunkt nichts von einem Bruder. In mir erwachte die Erinnerung an eine Kinderschwester, die mich oft auf ihren Schoß nahm und mir von einer Schwester erzählte, die ich noch habe. Später dachte ich, ich hätte alles nur geträumt.

Den Jungen schaute ich mir genauer an, er machte einen tollen Hechtsprung. Angeber, dachte ich.

Neugierig hielt ich es nicht länger auf der Decke aus und lief zu ihm ins Wasser.

---

[1] getaucht

»Wie heißt du?« fragte ich.

Er sah mich verdutzt an und sagte: »Warum willst du das wissen?«

»Weil ich vielleicht deine Schwester bin«, antwortete ich.

»Ich heiße Dieter B.«, rief er aufgeregt.

»Und ich Ursula B.«

Wir hatten tatsächlich denselben Nachnamen. Nun fragte er:

»Wie lange bist du schon im Heim?«

»Schon immer«, sagte ich.

Wir gingen zur Decke, unterwegs erzählte er mir, daß er in vielen verschiedenen Heimen war, bis man in seiner Akte entdeckte, daß er noch eine Schwester in Berlin hat. So brachten sie ihn hierher, in mein Heim.

Endlich war ich nicht mehr ganz allein. Obwohl mein Bruder in einer anderen Gruppe wohnte, fühlte ich mich den anderen Kindern gegenüber sicherer. Die Geschwister im Heim hielten zusammen, nun gehörte ich dazu.

Dieter bekam die Schwester meiner Pflegemutter als Mutter. Zu ihrer Familie gehörten das große Mädchen, das mich damals aus dem Heim abgeholt hatte, ein Sohn und der Mann. Nun waren wir Geschwister endlich wieder zusammen, doch durch unsere Pflegeeltern erneut getrennt.

Obwohl die beiden Elternpaare miteinander verwandt waren, sah ich meinen Bruder an den Wochenenden selten. Darüber war ich sehr unglücklich, manches Mal haßte ich unsere Pflegeeltern und meinen Bruder dafür, denn er fühlte sich bei ihnen wohl.

Wiedersehen mit Christian

Nach meinem achten Geburtstag erlebte ich durch die Fürsorge einer Erzieherin eine besondere Freude.

Während der Mittagsruhe kam sie in den Schlafraum und sagte zu mir:

»Komm, steh leise auf, es ist Besuch für dich da!«

Wer soll mich schon besuchen, fragte ich mich. Plötzlich schob sich Christian durch die Tür. Drei Jahre waren seit seinem Unfall vergangen, und trotzdem erkannte ich ihn sofort wieder. Vor Freude fiel ich ihm um den Hals und heulte los. Er stand ganz ruhig da und lächelte nur. Als ich von ihm ließ, merkte ich, wie sehr er sich verändert hatte. Er war gewachsen, etwas blaß, aber was war mit seinen Augen? Sie sahen immer nach oben. Weshalb sieht er mich nicht an, dachte ich und fragte ihn:

»Christian, was ist mit deinen Augen?«

Er drehte sich zu mir, fast flüsternd hörte ich seine Worte:

»Ich bin blind, ich kann nie mehr sehen.«

Entsetzen packte mich, das konnte nicht wahr sein, vielleicht machte er nur wieder einen seiner Späße.

»Christian, wieviel Finger zeige ich dir?« fragte ich verzweifelt.

Er sagte eine falsche Zahl. Nun probierte ich es noch einmal und noch einmal, ich wollte es nicht glauben.

Große Traurigkeit breitete sich in meinem Innern aus, ich fühlte mich immer noch schuldig. Da ergriff ich seine Hand und führte ihn die Treppe hinunter zum Spielplatz, auf dem wir so viel erlebt hatten. Kinder, die uns begegneten, grüßten freundlich, keines lästerte.

Wenn wir sonst mit Jungen spielten, hieß es gleich: »Ei, ei, ei, was seh ich da, ein verliebtes Ehepaar!«

Im Wald redeten wir über unsere früheren Erlebnisse, dann schaukelten wir, und ich fühlte mich so glücklich wie an dem Tag, als ich meinen Geburtstag erfuhr und Christian noch bei mir war.

Dann spielte ich blind, mit geschlossenen Augen wollte ich Christian suchen. Dabei wurde mir erst richtig klar, wie schlimm es für ihn sein mußte, nie mehr sehen zu können, wo er doch wußte, wie alles aussah.

Am Abend fuhr er in sein Heim zurück. Der Abschied fiel uns beiden schwer, wir weinten. Einige Kinder, die um uns herumstanden, kicherten verlegen. Ich drückte ihn an mich, und er versprach mir, mich öfter zu besuchen.

Leider hatten die Erzieher keine Zeit für unsere Probleme. Ich habe Christian nie mehr gesehen.

Ämterplan

Wieder einmal kam eine neue Erzieherin. Wenn sie Dienst hatte, durften wir nach der Schule draußen spielen. Das machte sie sofort beliebt.

Unser Tagesablauf war sonst sehr streng geregelt. Geweckt wurden wir um 6.15 Uhr. Egal, was für ein Wetter war, wir mußten unseren Körper durch Frühsport abhärten.

Nach dem Frühstück (es gab immer das gleiche: Suppe und Marmeladestullen) beeilten wir uns mit den Ämtern. Dafür stellten die Erzieher jede Woche einen Ämterplan auf. Zimmerdienst bedeutete: fegen, den Fußboden wachsen und anschließend mit dem schweren Bohnerbesen auf Hochglanz polieren, für Ordnung in den Schränken und im Zimmer sorgen. Es mußte auch darauf geachtet werden, daß die Betten in vorgeschriebener Weise gebaut wurden. Den Zimmerdienst machte keiner gerne, ständig gab es deswegen mit irgendeinem Mädchen Streit.

Verhaßt war mir der Waschraumdienst, bei dem man alle Waschbecken mit Ata scheuern mußte. Von dem Gekratze und Gequietsche bekam ich immer eine Gänsehaut. Noch mehr ekelten mich die dreckigen Klos, die dazugehörten.

Den Mülldienst machte ich gern. Dabei brauchte man nur die Ecke mit den Besen in Ordnung zu halten und den Mülleimer wegzubringen. Mit ein wenig Glück fand ich hin und wieder etwas Brauchbares darin.

Die langen Flure zu bohnern, machte keinen Spaß, ging aber am schnellsten.

Hatten wir unsere Dienste erledigt, rannten wir zur Schule. Am Eingang standen die Pioniere oder FDJler vom Dienst und kontrollierten die Mappen. Spielzeug und nicht zur Schule gehörende Bücher wurde uns weggenommen, wir erhielten es zur Zeugnisausgabe zurück, das konnte ein halbes Jahr dauern. Schlimmer war es, wenn sich »Schundliteratur« aus dem Westen in der Mappe befand. Die Lehrer notierten sich dann den Namen, und nach der Schule fand mit dem Erzieher ein Verhör über die Herkunft statt. Hatte sie der Schüler von einem anderen Schüler, wurde er dazugeholt. Dieses Spiel dauerte so lange, bis die Pädagogen endgültig wußten, wie die Hefte ins Heim gelangt waren. Sie konnten nur von Kindern mitgebracht worden sein, die am Wochenende zu ihren Eltern fuhren. Kam dann heraus, wer die Hefte mitgebracht hatte, durfte der »Schuldige« bis zur nächsten Elternversammlung am Wochenende nicht nach Hause. Die Strafe war für die Kinder besonders hart.

Hielt ein Schüler dicht, schlossen ihn die Erzieher von besonderen Anlässen aus. Noch härter war die Kollektivstrafe, dann galt das Verbot, zum Beispiel »Kino«, für die gesamte Gruppe, bis der Schüler seine »Schuld« gestand. Nicht selten rasteten einige Mädchen darüber dermaßen aus, daß sie auf die Betreffende so lange einschlugen und sie anspuckten, bis sie alles gestand. Einmal kam ich dazu. Fünf Mädchen hielten Conny mit Gewalt fest, sie lag auf dem Boden und konnte sich nicht wehren. Zwei weitere Mädchen rissen ihr den Mund auf und spuckten mehrmals hinein.

»Ihr Schweine!« schrie ich.

Augenblicklich ließen sie Conny los und drohten mir:

»Halts Maul, sonst bist du dran!«

Ich rannte davon und heulte. Allein kam man gegen so viele nicht an.

Nach der Schule aßen wir zu Mittag, hielten Mittagsruhe und erledigten unter Aufsicht der Erzieher unsere Schulaufgaben. Danach war Freizeit. Entweder gingen wir zur Arbeitsgemeinschaft, oder wir spielten draußen. Vor dem Abendbrot erledigten wir schnell noch einmal die Ämter, und danach war Nachtruhe.

Gruppenkeile

Die Schule stank jeden Tag nach alten Schmalzstullen. Schmalzstullen gab es täglich, und niemand mochte sie mehr. Sie lagen in den Toiletten, auf dem Schulhof, in den Gängen und im Klassenzimmer. Waren sie vertrocknet, bogen sie sich nach oben, und man rutschte darauf herum. Zwar bemühten sich die Lehrer um Sauberkeit, Ordnung und Disziplin, aber der Gestank und die Stullen blieben. Deswegen stank mich die Schule im wahrsten Sinne des Wortes mächtig an. Um so mehr freuten sich alle Kinder, als verkündet wurde, daß die Schule für einige Tage wegen Kohlenmangels geschlossen würde. Warme Gruppenräume brauchten wir dringender.

Ein sehr strenger Winter brachte uns unverhofft noch einmal ein paar Tage schulfrei. Fröhlich rannte ich in meine Gruppe. An meiner Schlafzimmertür blieb ich wie angewurzelt stehen. Mein Schrank war ausgeräumt. Die Sachen lagen verstreut auf dem Fußboden, und die Mädchen standen lauernd daneben. Es blieb mir nichts anderes übrig, als mir die Angst, die in mir hochkroch, nicht anmerken zu lassen. Ruhig bückte ich mich nach meinen Klamotten, da stürzten sie auf mich zu.

Die Schläge taten sehr weh. Ein Mädchen hatte sein Handtuch so lange gedreht, bis es hart wie ein Seil war, damit schlug es auf mich ein. Ich wehrte mich, ohne zu heulen, den Triumph gönnte ich ihnen nicht. Nach einer Ewigkeit hörten sie mit den Schlägen auf, aber dafür brüllten sie mich jetzt an:

»Los, sag, wo die Dinger sind, du Drecksau!«
»Du Schwein, du hast Schmöker versteckt!«

Nun erfuhr ich, worum es eigentlich ging. In der Mappe meines Bruders hatten die Lehrer bei der Morgenkontrolle verbotene Westschmöker gefunden. Sofort durchsuchten sie seinen Schrank, fanden aber nichts. Daraus folgerten die Erzieher, daß sie dann wohl bei mir versteckte Hefte finden würden.

Natürlich verfolgten die Mädchen die Aktion in meinem Schrank, und als sie dazu aufgefordert wurden, sofort Meldung zu machen, wenn diese Dinger bei mir auftauchten, wollten die Lieblinge der Erzieher nicht mit der Erfolgsmeldung warten. Deshalb bekam ich Prügel.

Man verdächtigte mich zu Unrecht, ich besaß nicht ein einziges Heft. Seitdem traute ich keiner aus meinem Zimmer mehr.

Pech für zwei

Gern ging ich in unseren Tierpark. Hier traf man eigenartigerweise kaum Kinder. Wir hatten viele Tiere vom richtigen Berliner Tierpark. Prof. Dr. Dathe schenkte sie dem Heim: zwei Füchse, Hängebauchschweine, Schafe, Rehe und Hühner.

Eines Tages ging ich mit Petra, einem Mädchen aus meiner Gruppe, in den Tierpark. Wir wollten uns das neue Zwergpony ansehen. Der Tierwärter beschäftigte sich gerade mit dem Ausmisten der Schweineställe, eine günstige Gelegenheit für uns zum Reiten. Wir hatten noch nie auf einem Pferd gesessen, und das Pferd hatte sicherlich noch nie einen Reiter auf seinem Rücken getragen. Als Petra oben saß und ich dahinter, stellte es sich auf die Hinterbeine, und ich sauste über den Pferdehintern nach unten in den Schweinetrog. Anstatt mir beim Herausklettern behilflich zu sein, lachte Petra sich halb tot. Während ich versuchte, den Dreck unter einem Wasserhahn abzuspülen, sann ich für Petras schadenfrohes Lachen auf Rache. Da entdeckte ich die Laubgrube, in der die Wärter das Herbstlaub verbrannten.

Im Sport war ich sehr gut, und ich dachte mir, wenn wir über diese Grube springen, wird sie es nicht schaffen und hineinfallen.

»Komm, wir machen Wettspringen«, sagte ich.

Aber sie zweifelte daran, daß sie die Grube überspringen konnte.

»Ist doch ganz einfach«, sagte ich, nahm Anlauf und sprang hinüber. Da lief Petra los, sprang und landete genau in der Mitte des Erdloches. Jetzt mußte ich lachen, ich tanzte um die Grube herum und sang »Häschen in der Grube«.

Petra hüpfte wie Rumpelstilzchen herum und schrie fürchterlich. Erst dachte ich, vor Wut, aber dann sah ich, daß unter dem frischen Laub glühende Asche lag. Sie schrie vor Schmerzen, ich mußte mich auf den Bauch legen, um ihre Hand zu erreichen, und zog sie heraus. Ihr rechter Fuß qualmte und hinterließ eine richtige Rauchwolke. Sie tat mir leid, das hatte ich nicht gewollt.

»Stell deinen Fuß in den Trog, dann kühlt er schneller ab«, riet ich ihr.

Aber als sie ihn aus dem Schweinefraß zog, sah er noch schlimmer aus. Stinkend, mit Brandlöchern an Fuß, Strumpf und Schuh in der Hand, humpelte sie mit mir zur Krankenstation. Dort lag sie zwei Wochen. Jeden Abend ging ich sie besuchen. Um mit ihr reden zu können, mußte ich zum Fenster hochklettern und mich am Gitter festhalten. Sie erfuhr von mir immer das Neueste vom Heim. Nach einiger Zeit, als ihr das Bein nicht mehr so weh tat, freute sie sich über die schulfreie Zeit und war nicht mehr böse auf mich.

Die Verpflegungstüte

Einmal holten mich meine Pflegeeltern erst am Sonnabend ab. Darüber war ich nicht traurig. Im Gegenteil, denn am Freitag hatte ich schon die Verpflegungstüte erhalten. Sie hatte jedesmal den gleichen Inhalt: eine lange harte Wurst, 250 Gramm Butter und ein ganzes Brot. Diese Tüte erhielten neuerdings alle Kinder, die an den Wochenenden zu Pflegeeltern fuhren.

Bald darauf hatten fast alle Kinder Pflegeeltern. Ich glaubte nicht an die plötzlich aufkommende Kinderliebe, sondern daran, daß es an den Tüten lag, daß sich so viele Eltern fanden.

Mit meinen drei besten Freundinnen versteckte ich mich im Gebüsch, und wir rissen gierig die Tüte auf. Es machte wahnsinnigen Spaß, einfach in das Brot zu beißen. Endlich konnten wir uns mal richtig satt essen.

Wir bettelten oft vor Hunger bei den Küchenfrauen um Essen. Zwei von ihnen, Tante Meta und Tante »Lapaloma« (sie sang immer das Lied »La Paloma, ohé«), steckten uns manchmal etwas Eßbares zu. Sie waren lustige, dicke Frauen, die im Notfall aber auch ernst und streng sein konnten. Das restliche Küchenpersonal wechselte genau so häufig wie die Erzieher. Tante Meta und Lapaloma gehörten zu uns, deswegen mochten wir sie sehr.

Am nächsten Tag sagte ich zu meinen Pflegeeltern, es habe keine Verpflegungstüte gegeben. Meine Pflegemutter fragte nicht bei den Erziehern nach. Von diesem Tag an hockten wir öfter mit den Tüten im Gebüsch. Jede von uns mußte einmal ihre Tüte opfern.

Meine erste Banane

Wenn meine Pflegemutter Zeit hatte, fuhr sie mit mir nach West-Berlin, um Verwandte zu besuchen.

An eine Begebenheit erinnere ich mich noch genau. Ich fand auf der Straße einen Westgroschen; stolz zeigte ich ihn ihr. Sie nahm ihn und sagte:

»Dafür bekommst du eine Banane.«

Für einen Zehner eine Banane, ich konnte es nicht glauben. An einem Marktstand kaufte ich tatsächlich eine Banane, es war meine erste. Sie schmeckte so gut, daß ich sie in Ruhe genießen wollte. Als sie merkte, wie langsam ich an der Banane herumkaute, herrschte sie mich an:

»Beeil dich gefälligst, sonst muß ich den Kindern, wo wir hingehen, auch noch welche schenken.«

Da wußte ich, warum ich sie nie richtig leiden konnte: Sie mochte Kinder nicht.

Juri Gagarin

Am 12. April 1961 betrat mitten im Unterricht der Geschichtslehrer den Klassenraum. Wir erhoben uns von den Plätzen, er sagte: »Setzen!«

Dann tuschelte er leise mit der Klassenlehrerin. Erwartungsvoll schauten wir auf die zwei. Was würde jetzt Unerwartetes folgen? Stolz sprach er zu uns:

»Liebe Kinder! Es ist heute unserem Bruderland, der Sowjetunion, gelungen, ein bemanntes Raumschiff ins Weltall zu schicken. Juri Gagarin heißt der erste Kosmonaut dieser Erde.«

Alle Kinder klatschten vor Begeisterung. Nachdem wieder Ruhe eingekehrt war, änderte die Lehrerin den Unterrichtsstoff. Es wurde über den Weltraum gesprochen, und wir stellten Vermutungen darüber an, wann der erste Mensch den Mond betreten würde. Dann sollten wir eine Wandzeitung basteln und eine Rakete malen. Die Jungs wollten plötzlich alle Kosmonaut werden, und ihre Disziplin im Unterricht besserte sich für kurze Zeit. Aber es dauerte nicht lange, und die Lehrer ärgerten sich wieder über uns.

Heimkinder konnte man für alles gebrauchen. Auch zum Spalierstehen. Eines Abends mußten wir unsere Pionierblusen anziehen und fuhren mit der S-Bahn zum Flughafen Schönefeld. Hinter einer roten Kordel stellte man uns schön in Reihe auf und erklärte uns:

»Ihr habt die Ehre, Juri Gagarin zu verabschieden!«

Wir froren, und obendrein begann es zu nieseln. Ich verfluchte den »Helden der Sowjetunion«. Als er aber auf dem roten Läufer an uns vorbeikam und mir seine Hand gab, war ich doch stolz und hätte meine am liebsten nicht mehr gewaschen. So eine Ehrfurcht hatte ich noch nie gefühlt. So ist es mit dem »Heldentum«.

Die Mauer

Am 13. August 1961 wurde ich am frühen Morgen von meiner Pflegemutter geweckt.

»Kind, steh auf und fahr mit Reni ins Heim, die Grenzen werden zugemacht!«

Wir hatten bei einer Verwandten meiner Pflegemutter übernachtet, um den Geburtstag der Tante zu feiern. Reni, die Tochter der Tante, packte einige Sachen, nahm mich an der Hand und zog mich durch die Straßen zur S-Bahn. Überall sah ich viele Menschen, auf dem Bahnhof standen Polizeibeamte. Die Polizisten hielten uns an.

»Wo wollt ihr hin?«

»Die Kleine ist aus einem Heim in Ost-Berlin«, sagte Reni. Sie ließen uns gehen. Reni erklärte mir, ab welchem Bahnhof ich allein weiterfahren mußte. Ich bekam Angst, daß ich mich verfahren könnte, und fing an zu weinen. Reni fand eine Frau im Zug, die bis Schöneweide fuhr und sich bereit erklärte, mich zu begleiten. Im Abteil redeten die Leute aufgeregt durcheinander, es fiel immer das Wort »Mauer«.

Ich verstand nicht, um was es ging, ich wollte nur schnell ins Heim zurück. Reni verabschiedete sich, die alte Dame versuchte, mich zu trösten. Dabei bemerkte ich, daß sie nur wissen wollte, weshalb ich im Heim war. Gespannt sahen nun die Leute im Abteil auf mich, für einen Moment schien ich wichtiger zu sein als die Mauer. Als sie jedoch merkten, daß ich nicht antwortete, redeten sie weiter. Ich schämte mich schrecklich, wenn mich Leute so mitleidig ansahen, und hätte mir lieber die Zunge abgebissen, als den Fremden eine Antwort zu geben. Die Alte tätschelte meine Wangen und sagte:

»Armes Kindchen, Zeiten sind das! Wo soll das nur alles hinführen!«

Ich war erleichtert, als wir in den Bahnhof Schöneweide einfuhren, und verließ schnell den Zug.

Im Heim herrschte die gleiche Aufregung wie auf den Straßen. Die Erzieherinnen sahen verheult aus, größere Kinder mußten auf uns aufpassen. In den folgenden Tagen trafen viele neue Kinder ein. Eines Nachts wachte ich auf und hörte in der Dunkelheit ein Mädchen weinen. Leise stand ich auf und ging zu ihr ans Bett. Ich streichelte sie und redete tröstend auf sie ein. Ihre Eltern waren übers Dach nach West-Berlin abgehauen, als sie in der Schule war. Durch lustige Geschichten aus dem Heim versuchte ich sie aufzuheitern, sie beruhigte sich ein bißchen und schlief ein. Ich ging in mein Bett zurück und überlegte, was es so für Eltern gab, die ihre Kinder einfach im Stich ließen. Die Neuen kamen aus Familien, sie erzählten von Mutter und Vater, das fand ich interessant.

Ein Mädchen hatte ein Kofferradio, damit hörten wir den Suchdienst vom Deutschen Roten Kreuz. Ein anderes Mädchen hielt Wache an der Tür und warnte uns, wenn ein Erzieher kam. Dicht zusammengedrängt hockten wir um das kleine Radio und versuchten, trotz der schnarrenden Töne etwas zu verstehen. Aber wir lauschten vergeblich, denn es wurden nur Kinder gesucht, die während des Krieges verlorengegangen waren. Trotzdem hoffte jede, ihren Namen zu hören; auch ich glaubte, daß mich meine Mutter suchen ließ. Ich galt zwar als Waisenkind, wußte aber, daß meine Mutter lebte. Deswegen konnte ich nicht adoptiert werden und hatte nur Pflegeeltern. Mein Bruder sagte es mir einmal; woher er es hatte, wußte ich leider nicht mehr.

Bis 1961 waren im Heim Kinder, die ihre Eltern im Krieg oder auf der Flucht verloren hatten, also wirkliche Waisen, und außerdem Flüchtlingskinder vom Volksaufstand 1953. Danach füllten sich die Gruppen mit Kindern, deren Eltern in den Westen gegangen waren und sie einfach zurückgelassen hatten. In meiner Gruppe und der gesamten Klasse kannte kaum ein Kind seine Eltern.

Tina, die Neue, die nachts weinte, war sehr nett. Erst wollte sie ohne ihre Eltern nicht mehr leben, das machte mich sehr traurig. So schlimm fand ich es im Heim gar nicht. Oft saßen wir zusammen und redeten miteinander über ihre Familie. Dabei sah sie so glücklich und traurig zugleich aus, sie liebte ihre Eltern sehr. Aber ob es sich umgekehrt genauso verhielt, bezweifelte ich. Hätten sie sonst Tina verlassen? Meine Gedanken behielt ich für mich. Wenn ich Tina beim Erzählen zuhörte, wünschte ich mir auch ein richtiges Zuhause mit Vater und Mutter. Weil ich nicht wollte, daß sie länger traurig war, machte ich ihr den Vorschlag, zusammen mit ihr zu ihrem Bruder zu fahren.

Er war schon erwachsen und wohnte in der Gleimstraße, im letzten Hauseingang direkt an der Mauer. Hier sah ich die Schicksalsmauer, von der ich so viel gehört hatte, zum ersten Mal richtig. Sie trennte Berlin in zwei Stadtteile und damit ganze Familien, Freunde und Bekannte und auch Kinder von ihren Eltern. Weshalb und warum, ich wußte es nicht.

In der Schule bemühten sich die Lehrer, auf unsere Fragen eine Antwort zu finden. Sie erzählten immer wieder, daß sich im Westen alte Nazis versteckt hielten und daß die Menschen dort Feinde unseres Landes seien. Die Kapitalisten wollten uns nur ausbeuten und uns alles wegnehmen. Wir Zehnjährigen glaubten daran.

Die Mauer war noch nicht sehr hoch. Sie trennte einfach die Straße und zog sich durch einen Park mit einem Spielplatz. Wir gingen oft zum Schaukeln dorthin. So weit ich sehen konnte, nahm die Mauer auch hier kein Ende.

Ich sagte gerade zu Tina: »Paß mal auf, deine Eltern werden dich bestimmt rüberholen«, als es plötzlich einen lauten Knall gab und sich stark beißender Rauch bildete. Wir sahen, wie Männer auf einen Baum kletterten und sich von den Ästen, die über die Mauer hingen, in den Westteil fallen ließen. Der Lärm wurde schlimmer, ebenso der Rauch. Ich dachte: Jetzt ist Krieg!

So schnell wir konnten, rannten wir zur Wohnung des Bruders. Auf der Straße begegneten uns Lastwagen, vollbesetzt mit Soldaten. Leute, die vorher noch friedlich an der Mauer gestanden und sich Grüße zugerufen oder mit Taschentüchern gewinkt hatten, liefen wie gehetzt davon. Dabei schrien oder heulten sie, jeder versuchte, sich in einen Hausgang zu retten.

Ich zitterte am ganzen Körper und weinte vor Angst. Von Haustür zu Haustür rannten wir längs der Mauer, wir wollten uns bei Tinas Bruder in Sicherheit bringen. Mir liefen die Tränen, ich konnte fast nichts mehr sehen. Im Treppenhaus kam uns der Bruder entgegen.

»Wo seid ihr gewesen?« fragte er besorgt und erregt. Unter Tränen erzählten wir, was auf der Straße los war.

Er schob uns in die Wohnung. An der Tür hielt ihn seine Frau mit den Worten zurück:

»Bist du verrückt, geh nicht runter, die nehmen dich doch gleich mit.«

Der Krach ließ nach, wir beruhigten uns und hörten, wie der Bruder mit dem Nachbarn auf der Treppe darüber sprach, daß Leute von drüben Tränengas geschossen hätten, um den Ost-Berlinern das Abhauen zu erleichtern.

Als ich im Heim davon erzählte, fanden es die Mädchen aufregend und spannend.

Die nächsten Wochen durfte allerdings kein Kind das Heim verlassen. Der Wald war wegen der Grenznähe mit Soldaten besetzt. Regelmäßig versorgten sie sich im Heim mit Wasser das sie in riesigen Kübelwagen holten. Am Heimtor hielten ältere Schüler in FDJ-Kleidung Wache. Ohne Kontrolle kam keiner herein und schon gar nicht hinaus. Die Begründung lautete: In dieser schweren Zeit ist unser Land in Gefahr, der Feind ist überall. Unser Spruch bei der Aufnahme in die Pionierorganisation, »Immer bereit«, fand in diesen Tagen seine Anwendung. Wir waren »immer bereit« für unseren Staat. Wachsamkeit war nun das höchste Gebot, jeder fremde Besucher konnte ein Feind sein.

Der Rias-Sender im Radio war plötzlich ein »Hetzsender« und genauso streng verboten wie der »Groschenroman«. Daß uns der Westen über das Fernsehen keinen »Schaden« zufügen konnte, verdankten wir dem schlauen Einfall eines Erziehers. Er überklebte am Gerät den Umschaltknopf mit Heftpflaster, und die Antenne verschwand.

Tina veränderte sich von Tag zu Tag. Meistens lag sie weinend auf ihrem Bett. Weder durch tröstende Worte noch durch Faxen konnte ich ihr helfen. Vergeblich wartete sie auf ein Lebenszeichen ihrer Eltern. Kein Brief, keine Karte; auch ihr Bruder wußte nichts Neues über ihren Verbleib.

»Ich will zu meiner Mami«, seufzte sie oft unter Tränen. Über Tinas Kummer sprach ich mit der Erzieherin, aber sie sagte nur:

»Wenn Tina lange genug hier ist, wird sie sich schon einleben.«

Das hörte sich nicht gerade ermutigend an, und ich schloß daraus, daß Tina wohl noch lange Zeit im Heim bleiben mußte. Ich sagte ihr lieber nichts davon. Tina lebte sich nicht ein.

Einmal kam ich dazu, wie sie sich einen Strumpf um den Hals band.

»Tina, was machst du da?« schrie ich.

Meine Bemühungen, ihr den Strumpf abzunehmen, wehrte sie mit aller Kraft ab. Wie eine Wahnsinnige rief ich um Hilfe. Mädchen, die ins Zimmer stürzten, holten sofort die Erzieherin. Mit Gewalt hielten wir Tina fest und entfernten den Strumpf.

Sie kam ins Krankenhaus. Lange, bis in die Nacht hinein, dachte ich an Tina und was wohl mit ihr werden würde.

Tina kam nie mehr ins Heim zurück.

Stubenappell

Zur Einhaltung von Sauberkeit und Ordnung machte der Hausleiter mit den Pionieren vom Dienst Haus- und Gruppenkontrollen. Das heißt, wir hatten »Appell«, jeden Freitag. Zehn bis sechzehn Mädchen standen in einer Reihe, kerzengerade ausgerichtet, auf dem Flur. Wenn der Hausleiter mit den Pionieren vom Dienst am Flureingang erschien, rief unser Pionier vom Dienst:

»Achtung, stillgestanden!« Und zum Hausleiter gewandt:

»Die Gruppe ist bis auf einen vollzählig angetreten. Ein Mädchen liegt auf der Krankenstation.«

»Danke, rührt euch!«

Dann kontrollierten sie die Räume und Schränke. Wir wagten kaum zu flüstern. Bis der Rundgang zu Ende war, standen wir still in der Reihe. Gab es Mängel, zum Beispiel Staub unter einem Bett, hieß es:

»In einer halben Stunde kommen wir wieder, bis dahin ist der Dreck weg!«

Die Schuldige hatte nichts zu lachen, ein Schwall von Beschimpfungen brach über sie herein. Anschließend redete keine mehr ein Wort mit ihr. Diese sogenannte »Kollektivstrafe« verfehlte ihre Wirkung in der Erziehung nicht. Bis die Gruppe »abgenommen« wurde, durfte kein Mädchen in den Ausgang, also nach Hause fahren.

Wir verrichteten die Ämter ziemlich gründlich, niemand wollte an den Verboten Schuld haben. Lag die Verschiebung des Wochenendausgangs an einem unordentlichen Schrank, leerte ihn der Pionier vom Dienst mit einer Armbewegung aus. Obwohl die »Schuldige« ihn wieder in Ordnung brachte, begann die Strafe nach dem zweiten Durchgang. Die Sachen wurden immer und immer wieder ausgeräumt, bis das Mädchen weinend zusammenbrach. In ihrer Verzweiflung fand sie weder Trost noch Schutz bei den anderen. Von solchen Strafen blieb ich verschont, da ich den Tagesablauf seit acht Jahren kannte.

Herbstferien

Wir nannten sie nur Kartoffelferien. In Einheitskleidung fuhren wir mit dem Zug in ein Dorf in der DDR oder in die »Zone«, wie man sie unter sich nannte. Unsere Unterkunft war meistens der Tanzraum einer Kneipe, der mit Matratzen ausgelegt wurde. Nachts bibberte ich vor Kälte, obwohl wir in den Sachen schliefen. Der eiserne Ofen hielt die Wärme genauso wenig wie die dünne, kratzige Wolldecke. Herbstlicher Nebel und feiner Nieselregen hinderten uns nicht daran, sehr zeitig auf dem Acker zu sein. Es machte mir nichts aus, mit den Händen die Kartoffeln aus dem Matsch zu klauben und die schweren Kiepen zur Sammelstelle zu schleppen. Dort wurden sie gewogen, und wir erhielten Marken, für die es später Geld gab. Aber die Kälte und die nassen Klamotten, die nie richtig trockneten, bewirkten, daß ich mich vor den Herbstferien fürchtete.

Für einige Erzieher war es eine besondere Freude, wenn sie uns zur Arbeit erziehen konnten. Denn immerhin lebten wir von den Geldern des Staates, wie sie es ausdrückten. Sie starteten einen Wettbewerb, um uns zur Arbeit anzuspornen.

»Wer die meisten Kiepen sammelt, wird Kartoffelkönig.«

Dreckig und frierend krochen wir Stunde um Stunde übers Feld. Erreichte unsere Stimmung so ziemlich den Nullpunkt, stimmten die Erzieher ein Lied an: »Heut ist ein wunderschöner Tag, die Sonne lacht uns so hell.«

Nach den Ferien bekam ich schreckliche Schmerzen in den Kniegelenken und konnte kaum gehen. Ich wurde auf die Krankenstation gebracht, mußte viele Untersuchungen über mich ergehen lassen und bekam Medikamente und Kurzwelle. Danach brauchte ich nie mehr zum Kartoffeleinsatz zu fahren.

Eifersucht

Wieder einmal bekamen wir eine Neue. Der Hausleiter stellte sie uns bei einem Appell vor.

Paula, dreizehn Jahre alt, wirkte sehr selbstbewußt und nicht so schüchtern wie die meisten, wenn sie zum ersten Mal ins Heim kamen. Sie hatte braune Augen und lockiges Haar. Wie immer, wenn eine Neue kam, umringten wir sie, und sie mußte erzählen, weshalb man sie ins Heim gebracht hatte. Ihre Mutter war gestorben, der Vater mußte arbeiten. Niemand konnte sich um die vier Kinder kümmern.

Ich betrachtete sie beim Erzählen, fand, daß sie recht hübsch war, und ahnte nicht, daß ich mit ihr einmal ein ganz schlimmes Erlebnis haben würde.

Paula bekam oft Besuch von ihrem Vater und seiner Freundin. Sie haßte diese Frau, was keiner verstand. Uns beeindruckte sie durch ihre Erscheinung, sie war groß und langhaarig. Bald bemerkte ich, daß sie großes Interesse an Silke, einem Mädchen aus meinem Zimmer, hatte. Silke lebte so lange wie ich im Heim, sie kannte ihre Eltern auch nicht. Bald zeigte sie ebenfalls große Zuneigung zu dieser Frau. Es kam soweit, daß der Vater Paula besuchte und die Frau Silke. Nun steigerte sich Paulas Haß gegenüber ihrer zukünftigen Stiefmutter noch mehr.

Wir bewunderten diese schöne Frau. Bei Spaziergängen

durch den Wald begleiteten wir sie und Silke. Jede von uns versuchte, mit der Frau ins Gespräch zu kommen, nur Paula nicht, sie lief immer ganz hinten.

Plötzlich flog der Frau ein Stein an den Kopf. Sie drehte sich lachend um, ließ sich den Schmerz nicht anmerken und rief:

»Paula, komm nach vorn, wir können uns dann besser unterhalten.«

Paula rannte zu ihr und trat ihr kräftig in den Hintern. Sofort drehte sich die Frau um, da spuckte ihr Paula ins Gesicht und beschimpfte sie mit Nutte, Hure und olle blöde Sau. Noch nie hatte ich die Wörter Hure und Nutte gehört, geschweige denn ihre Bedeutung kennengelernt. Ich merkte nur an Paulas Vater, wie schlimm sie waren, denn er gab ihr eine Ohrfeige, worauf sie weglief. Betreten setzten wir den Spaziergang fort, bald war von diesem Zwischenfall keine Rede mehr. Aber es bildeten sich zwei Gruppen. Der eine Teil verstand Paula, der Rest der Mädchen Silke.

Silke tat mir genauso leid wie Paula, weil sie nie eine Mutter gehabt hatte. Paula hatte jetzt zwar eine neue Mutter, aber sie gab ihr die Schuld für ihren Heimaufenthalt. Daß die Stiefmutter sich nun auch noch einem fremden Mädchen zuwandte, machte bei Paula das Maß voll. Jeden Tag verprügelte sie Silke, zog sie an den Haaren, zerriß ihre Sachen und räumte ihr den Schrank aus. Dabei half die Clique von Paula kräftig mit.

Da ich Silke beistand, ließ sich Paula etwas ganz Besonderes einfallen. Es war an einem Nachmittag, wir spielten im Tagesraum. Plötzlich kam Paula mit ihrer Clique in den Raum und verkündete, wir sollten uns alle wieder vertragen. So richtig wußten wir nicht, was wir davon halten sollten, waren aber doch froh darüber, denn eine Spaltung in der Gruppe hatten wir noch nie.

Sie machte den Vorschlag, Turnsachen anzuziehen. Sie wollte uns dann zum Sport im Wald abholen. Wir waren begeistert und zogen uns um. Nach und nach holte sie jedes Mädchen einzeln. Da die Mädchen nicht zurückkamen, dachte ich, es sei alles in Ordnung. Paula fragte noch, ob ich den Schlüpfer unter der Turnhose ausgezogen hätte. Ich sagte: »Nein!« Sie verlangte, daß ich ihn ausziehe, aber das wollte ich nicht.

»Nun hab dich nicht so albern«, erwiderte sie und zeigte mir, daß sie auch keinen unter ihrer Turnhose trug. Da ich mich nicht zanken wollte, zog ich den Schlüpfer widerwillig aus.

Im Wald hatten die Mädchen eine Decke hingelegt. Wir machten erst gemeinsame Bodenübungen, dann sagte Paula zu mir:

»Leg dich allein auf die Decke.«

Da mich alle Mädchen gespannt ansahen, ahnte ich nichts Gutes und fragte, was das werden solle. Paula legte sich auf die Decke und zeigte mir eine Brücke. Ich konnte auch im Sport keine Brücke aus dem Stand und weigerte mich.

»Hab dich nicht so, es wird schon gehen!«

Also legte ich mich hin und versuchte eine Brücke. Plötzlich stürzten sich alle Mädchen auf mich und versuchten, mir die Turnhose auszuziehen. Ich schrie und wehrte mich verzweifelt. Es war damals die Zeit, in der ich mich am meisten schämte. Mit meinen elf Jahren war ich groß und ziemlich weit entwickelt. In meiner Altersgruppe hatte noch kein Mädchen eine Brust oder Schamhaare. Durch meine Wut und Angst hatte ich mehr Kraft, als sie dachten. Da sah ich, wie hinter den Bäumen und aus den Büschen Jungs hervorkamen. In diesem Moment wußte ich, daß Paula alles so organisiert hatte. Die Jungs kamen johlend näher. Ich verspürte eine ungeheure Stärke in mir und schlug, kratzte, biß und spuckte. Die Turnhose hatten sie mir längst ausgezogen, da kam ich frei. Ich wußte, daß sie mir das Hemd ausziehen wollten, um mich nackt den Jungs zu zeigen. Ich sprang auf und schlug mit meiner ganzen Kraft Paula die Faust ins Gesicht. So weit es ging, zog ich das Unterhemd herunter, rannte wie eine Wahnsinnige los. Bis zum Haus lief ich durch die Büsche, dann schaute ich mich um, es war kein Kind auf dem Weg. Schnell erreichte ich den ersten Hauseingang. Nun mußte ich noch durch sämtliche Flure, um in meine Gruppe zu gelangen, die sich in der ersten Etage befand. Ich fror und zitterte vor Angst, von einem Kind gesehen zu werden, denn dann würde es am nächsten Tag das ganze Heim wissen. Ohne daß mir jemand begegnete, kam ich in meine Gruppe, lief ins Schlafzimmer, verkroch mich weinend unter meiner Decke und schwor mir, Rache zu nehmen, wenn ich älter sein würde.

Danach hatte ich öfter Alpträume – ich stand nackt im Wald, und wenn ich wegrennen wollte, kam ich nicht von der Stelle.

Ich brauchte aber gar nicht so lange auf meine Rache zu warten. Paula verknallte sich in meinen Bruder und wurde plötzlich nett zu mir. Ich sollte ihn ausfragen, wie er sie fände. Ich hatte meinem Bruder schon oft von Mädchen aus meiner Gruppe erzählt; wenn ich sie nicht leiden konnte, schilderte ich sie natürlich entsprechend. So erzählte ich ihm jetzt von Paula, wie bescheuert sie sei, und schwärmte gleichzeitig von einer anderen.

Mein Bruder und ich verstanden uns sehr gut, manchmal balgten wir uns auch in aller Freundschaft. Ich konnte sogar so weit gehen, ihn zu schlagen; er war zwar älter als ich und natürlich kräftiger, aber kleiner. Er hat sich nie gewehrt, er hatte mich zu lieb, das spürte ich. Außerdem gab es im Heim eine große Auswahl von Mädchen, und sich mit mir wegen einer zu streiten, dazu hatte er keine Lust. Wenn sich Paula nun aus Liebeskummer bei mir ausheulte, hatte ich meine Genugtuung.

Sie litt sehr unter der Nichtachtung meines Bruders und noch mehr, als er mit Uschi ging. Sie ließ dann ihre Eifersucht an Uschi aus, aber das war mir egal.

Schulalltag

Ich ging nicht gern zur Schule. Ich fühlte mich dort irgendwie eingesperrt. Meine Leistungen waren weder gut noch schlecht. Wie es mir gerade Spaß machte, lernte ich mal mehr oder mal weniger. Während des Unterrichts schaute ich lieber aus dem Fenster als auf die Tafel. Draußen sah ich die Kiefern mit ihren grünen Zweigen. Es gab Tage, an denen leuchtete der Himmel besonders blau. Das waren die Momente, in denen ich froh war, zu leben, und mir wünschte, es möge jeden Tag so einen blauen Himmel geben. Ich saß da, schaute aus dem Fenster und träumte von meiner Mutter. In solchen Augenblicken habe ich ihr verziehen, daß sie uns verlassen hatte. Meistens wurde meine Träumerei durch das Klingeln der Pausenglocke oder durch die Stimme des Lehrers unterbrochen. Entweder bekam ich eine Fünf – dann stand ich da, alle Schüler sahen mich an, und mit rotem Kopf lief ich aus der Klasse –, oder ich verblüffte den Lehrer doch mit einer passenden Antwort.

Ich wurde schnell rot, und die anderen hatten immer etwas zu lachen. Dann verließ ich einfach die Schule, holte meine Rollschuhe, die ich schon vorher in der Nähe versteckt hatte, und lief damit vor der Schule herum. Das ging so lange gut, bis ich eines Tages zum Direktor gerufen wurde. Er hielt mir hinsichtlich meiner Zukunft eine Standpauke und betonte, wie wichtig der Schulabschluß sei. Zur Strafe mußte ich Mathe-Aufgaben erledigen, die ich sehr haßte. Nur deswegen verließ ich nie wieder vorzeitig die Schule – nicht etwa, weil ich eingesehen hatte, daß ein guter Abschluß wichtig ist!

Rache ist süß

Tanja hatte einen Zwillingsbruder, aber sie sahen sich überhaupt nicht ähnlich. Irgendwie hatte die Natur bei den beiden etwas falsch gemacht. Sie hatte das Gesicht eines Jungen und er das eines Mädchens. Wilhelm Pieck, der erste Präsident der DDR, übernahm für jedes Zwillingspärchen die Patenschaft. Darauf war sie mächtig stolz, aber geholfen hat es ihr auch nichts. Denn als ihre Mutter starb, kam sie trotzdem ins Heim. Und hier ließ sich der berühmte Patenonkel auch nie blicken. Dafür strebte sie alle Posten in der Pionierorganisation an, die man nur kriegen konnte. Bald war sie Gruppenratsvorsitzende und der Liebling der Erzieher. Sie versuchte, den Erziehern in allem nachzuäffen. Wenn einer von ihnen einmal fehlte oder später kam, kommandierte sie uns herum, aber dafür beschimpften wir sie mit Wörtern wie: Anschmierer, Anscheißer oder Streber. Da ich mir von ihr gar nichts sagen ließ, rächte sie sich einmal beim Abendbrot.

Der Hausleiter hielt nach dem Essen eine Rede. Im Saal war es mucksmäuschenstill. Jede Gruppe saß an einer langen Tafel, so hatte der Erzieher alle Kinder gut im Blick. Hätte man auch nur ein Wort geflüstert, wäre man aus dem Saal geflogen. Das war schon sehr peinlich, wenn dreihundert Kinder einem hinterherstarrten.

Plötzlich sah ich, wie Tanja einem Mädchen etwas ins Ohr flüsterte. Das ging durch die ganze Reihe wie »Stille Post«, und am Ende sahen mich alle Kinder an. Ich spürte, wie ich dunkelrot wurde. Keiner sah weg, ich wußte nicht mehr, was ich machen sollte, es war eine Folter ohne Worte und Schmerz.

Ich mußte etwas tun, aber was? Mein Blick fiel auf die Stullen und die Margarine. Da kam mir eine Idee, wie ein Blitz schoß mir der Gedanke durch den Kopf. Langsam, ganz ruhig beschmierte ich eine Stulle dick mit dem Fett und stand auf. Nun schauten alle Kinder auf mich, staunend, daß ich es wagte, die Rede des Hausleiters zu unterbrechen. Aber nun war mir alles egal, noch röter als eine Tomate konnte ich nicht mehr werden. Ich schritt durch die Reihen auf Tanja zu, die mich verständnislos ansah. Mit der linken Hand griff ich in ihren Nacken und drückte ihr mit der rechten die Stulle so lange ins Gesicht, bis sich die Nase durch das Brot bohrte. Dann ging ich auf meinen Platz zurück. Kein Mädchen sah mehr zu mir, alle schauten Tanja an und lachten schallend. Der Hausleiter sagte kein Wort. Er wartete, bis es wieder still war, und setzte seinen Vortrag fort, als sei nichts geschehen.

Wir zogen die Köpfe ein, denn wir wußten, die Strafe würden wir von unserer Erzieherin bekommen, und das war schlimmer. Aber ich war zufrieden.

Der Chorleiter

Ich kann mich nicht mehr genau erinnern, wie viele Erzieher und Lehrer ich insgesamt hatte. Eines Tages kam wieder eine neue Erzieherin, Frau Ratzi, eine ehemalige Opernsängerin. Sie war einmal adlig, erzählte sie uns, und eigentlich hieß sie Susanna von Pukliz. Wir fanden sie nett, sie kam gut mit uns aus. Warum sie keine Opernsängerin mehr sein wollte, erzählte sie uns nicht, aber abends sang sie uns im Schlafraum wunderschöne Lieder vor. Sie hatte eine herrliche Stimme, wir konnten nicht genug davon hören. Bald darauf kam ihr Mann ins Heim und gründete einen Chor. Zuerst waren wir alle begeistert, aber dann wollte er wohl Opernsänger aus uns machen, und das gefiel uns nicht. Stundenlang mußten wir denselben Ton singen. Viel lieber hätten wir draußen gespielt, doch seine Frau zwang uns, in den Chor zu gehen.

Nicht allen machte das Singen Spaß, und schon gar nicht mir, ich war total unbegabt und hatte in Musik eine Vier. Herrn Ratzi schien meine Stimme zu gefallen, und er sagte: »Ursula, komm nach vorn.«

Dann sollte ich einen hohen Ton nachsingen. Erst fing die letzte Reihe an zu lachen, dann lachten alle Mädchen. Ich kam mir so albern vor, daß ich mitlachen mußte. Plötzlich riß Herr Ratzi an meinen Haaren, zog meinen Kopf nach hinten und brüllte mir ins Gesicht:

»Wenn du meine Tochter wärst, würde ich deinen Kopf an die Wand klatschen.«

Mir traten vor Wut und Schmerz Tränen in die Augen, aber ich heulte nicht los, sondern rief laut:

»Gott sei Dank bin ich nicht Ihre Tochter!«

Ein anderes Mädchen schrie er an:

»Bilde dir bloß nicht ein, weil du schon ein paar Titten hast, daß du hier machen kannst, was du willst!«

Die Mädchen lachten nicht mehr, sie standen alle auf, und gemeinsam gingen wir aus dem Zimmer.

Wir wollten aus dem Chor austreten, aber Frau Ratzi ließ das nicht zu. Sie hoffte, mit Hilfe ihres Mannes einen berühmten Chor auf die Beine zu stellen. Doch Herr Ratzi benahm sich immer unmöglicher. Wenn ein Ton nicht stimmte, brüllte und spuckte er über den Flügel.

Unser erster und letzter Auftritt war am »Tag des Lehrers«. Wir sollten auf der Freilichtbühne vor der gesamten Schule unsere einzigartige Leistung zeigen. Jetzt rächten wir uns. Herr Ratzi stand vor uns und gab den Ton an, wir begannen zu singen. Nach der ersten Strophe sangen wir nochmals die erste, und das wiederholten wir immer und immer wieder. Ich stand in der letzten Reihe und lachte. Herr Ratzi dirigierte wie ein Verrückter. Beim vierten Mal lachten alle Schüler, natürlich nicht die Lehrer. Wir verließen lachend die Bühne, aber ohne Applaus. Wütend brüllte Herr Ratzi:

»Der Chor ist aufgelöst!«

Meine erste Ohrfeige

Frau Ratzi kündigte, und wieder kam eine neue Erzieherin, Frau Stiefel. Sie wirkte unscheinbar und recht hilflos und besaß keine Autorität. Wir machten, was wir wollten; sie besaß nicht die Kraft, sich durchzusetzen. Wenn am Abend das Licht gelöscht wurde, hieß es:

»Sie ist weg, jetzt geht's los!«

Kopfkissen flogen durch die Luft, es wurde erzählt, gelacht und gespielt und Unsinn getrieben. Ein Mädchen mußte sich freiwillig melden und rausgehen. Schnell entfernten wir ein paar Metallhaken aus der Sprungfedermatratze des Bettes, setzten eine Schüssel mit Wasser hinein, legten das Laken darüber und anschließend das Kissen ans obere Ende und die Decke ans Fußende. So wirkte das Bett ganz normal. Wir holten das Mädchen herein, dann stellten wir uns alle an die Tür, denn nun sollten wir ohne Licht in unsere Betten springen. Das Mädchen sprang auch, ahnte aber etwas und hopste nur ganz vorsichtig. Dann schrie sie:

»I, pfui!«

Wir mußten lachen, denn sie war trotzdem in der Schüssel gelandet und naß geworden.

Um 21 Uhr begann die erste Runde der Nachtwache. Gerade als der Krach am größten war, wurden wir erwischt, aber nicht von der Nachtwache, sondern vom Hausleiter selber, der seine Wohnung im Parterre unseres Hauses hatte. Er hielt sich nicht mit langen Reden auf:

»Los, raus! Alle!«

Wir mußten uns vor seinem Büro um einen Tisch stellen und so lange stehen, bis wir uns vor Müdigkeit nicht mehr auf den Beinen halten konnten. Unser Hausleiter, Herr Böhle, war sonst in Ordnung, er lebte schon immer mit seiner Familie bei uns. Mit seiner Tochter war ich befreundet. Er tat sehr viel für uns. Ihm verdankten wir unseren ersten Hausfernseher. Dafür sparten die Großen von ihren drei Mark Taschengeld monatlich. Er besaß für uns die notwendige Autorität, ohne sich dabei Mühe geben zu müssen. Er hatte immer Zeit für uns, hörte unsere Sorgen an und verstand es, kameradschaftlich mit uns über Probleme zu diskutieren.

An diesem Abend müssen wir den Bogen wohl überspannt haben. Denn kaum hatte er uns ins Bett geschickt, ging der Krach erneut los. Die Müdigkeit vom langen Stehen war wie weggeblasen. Gegen Mitternacht stellte uns die Nachtwache wieder auf den Flur – an jede Zimmertür ein Mädchen im Nachthemd und mit Hausschuhen –, da bog Herr Böhle nichtsahnend um die Flurecke. Als ich seinen Gesichtsausdruck sah, dachte ich an ein Donnerwetter, aber er tat etwas völlig anderes. Beim ersten Mädchen fing er an: Schelle. Arschtritt. »Ins Bett!« Er schritt den Flur entlang: Schelle. Arschtritt. »Ins Bett!«

Die Ohrfeige steckte ich gerade noch ein, beim Arschtritt war ich schon in meinem Zimmer verschwunden.

Am nächsten Tag erzählten wir unser nächtliches Erlebnis der neuen Erzieherin, aber sie sagte nur:

»Die Schuhspitze hätte euch im Arsch steckenbleiben müssen!«

Nach dieser Äußerung war sie bei uns unten durch. Wir befolgten ihre Anordnungen überhaupt nicht mehr, und mit der Disziplin war es endgültig vorbei, bis eine neue Erzieherin kam.

Es war die einzige Ohrfeige in meinem Leben von

einem Erzieher. Wir mochten Herrn Böhle trotz der Schelle weiterhin; er tat, als sei nichts geschehen, und die alte Kameradschaft hielt bis zu seinem Weggang.

Tod

Ich war gerade zwölf Jahre alt, als ich erfuhr, wie schrecklich der Tod ist.

An besonderen Tagen führten wir mit der Laienspielgruppe kleine, selbstinszenierte Stücke auf. Unsere Geschichte handelte von einem kleinen Jungen, der aus seinem Heim wegläuft, weil er sich nicht mehr waschen will. Unterwegs trifft er die Sumpfhexe. Sie findet ihn herrlich dreckig und versucht, ihn mit allen Zaubertricks davon abzuhalten, ins Heim zurückzukehren. Ich spielte eine Blume, und mein Text lautete: »Pfui, von so einem Schmutzfink lasse ich mich nicht pflücken!«

Die Rolle des Schmutzfinken spielte Edgar, ein Waisenjunge. Er war älter als ich und der erste Junge, der mir gefiel. Wenn er lachte, hatte er statt der Augen nur noch zwei schmale Schlitze.

Für ihn war ich nur die »Kleine«, leider!

Ich fand es toll, daß ich mit ihm spielen durfte, wollte aber meinen Text nicht zu ihm sagen. Deshalb flüsterte ich ihn nur. Das brachte mir ziemlichen Ärger mit der Erzieherin ein, so daß ich nur aus Angst, man würde für die Rolle der Blume ein anderes Mädchen nehmen, mich überwinden konnte, laut und deutlich zu sprechen.

Dieses Stück war der größte Erfolg, den wir bisher hatten. Durch die vielen Proben war ich oft mit Edgar zusammen. Hier und da sagte er ein paar nette Worte zu mir, beachtete mich aber sonst nicht weiter.

Wenn ich auf dem Schulhof von Jungs geärgert wurde, rannte ich zu Edgar, und er stand mir bei. Darauf war ich mächtig stolz.

An einem Sonntag ging ich nicht zum Frühstück in den Speisesaal. Mir war nicht gut, weil ich meine Tage hatte. Nach dem Frühstück kamen die Kinder verstört und weinend zurück, sie redeten aufgeregt durcheinander. Ich erfuhr das Unfaßbare. Beim Betreten des Speisesaales sahen die Mädchen ein großes Bild von Edgar auf dem Flügel, der auf der Bühne des Saales stand. Während des Essens wurde darüber getuschelt, was das für eine Bedeutung habe, als Herr Hühne den Saal betrat. Da er sonst nur selten im Saal erschien, wußten alle Schüler sofort, daß etwas Außergewöhnliches geschehen sein mußte. Er stieg auf die Bühne, stellte sich neben Edgars Bild und sprach mit seiner ruhigen Stimme über Edgar. Dann bat er um drei Minuten des Schweigens, da Edgar soeben im Krankenhaus gestorben sei.

Ich konnte diese Nachricht nicht begreifen. Jetzt fiel mir ein, daß ich ihn schon lange nicht mehr gesehen hatte. Ich wollte es nicht glauben, lief zu den Kumpels seiner Gruppe und fragte nach Edgars Freund. Er war nirgendwo zu finden. Da rannte ich zum Speisesaal und sah auf dem schwarzen Flügel Edgars Bild mit Trauerflor.

Das Gefühl der Traurigkeit, das ich schon bei Christians Unglück kennengelernt hatte, zog sich schmerzhaft durch meinen Körper. Ich stand vor dem Bild und konnte nicht weinen, denn seine Augen lachten – lachten, als wollte er meine Trauer nicht. Erst draußen im Wald, wo ich mit mir allein war, weinte ich und fühlte mit Edgars Tod ein Stück meiner Kindheit sterben.

Toro

Nach dem Krieg waren Frauen aus Überzeugung in das Kinderheim gekommen, um uns mit Liebe und Fürsorge zu helfen. Kurze Zeit erlebte ich in der ersten Klasse eine wirklich barmherzige Erzieherin.

Frau Nöte kümmerte sich besonders um einen Jungen, der als einziges Kind im Heim ein Farbiger war. Er hieß Toro. Seine Mutter, eine Deutsche, hatte ihn gleich nach der Geburt im Krankenhaus gelassen. Sie wollte das schwarze Kind nicht und flüchtete in den Westen. Infolge seiner Hautfarbe genoß er eine Sonderstellung bei den Erwachsenen. Für sie war er das niedliche Krausköpfchen. Er wurde ständig bevorzugt, und das brachte einige Kinder so in Wut, daß sie eines Tages aus ihm einen Weißen machen wollten. Sie klauten aus der Küche Mehl und bestäubten ihn damit von Kopf bis Fuß. Obwohl ich es gemein fand, mußte ich bei seinem Anblick lachen. Wäre nicht Frau Nöte rechtzeitig gekommen, wer weiß, was die Großen mit ihm noch gemacht hätten. Sie trug ihren Namen »Nöte« nicht zu Unrecht.

In den späteren Jahren wechselten die Erzieher häufig. Es trafen die ersten Pädagogen mit dem Examen von den Lehrerinstituten in der Tasche ein. Die wenigsten von ihnen interessierten sich wirklich für uns. Sie wollten nur ihre »Pflichtjahre« bei uns abarbeiten, wodurch sie eine Aufenthaltsgenehmigung für Berlin erhielten. Hatten sie ihre drei Jahre absolviert, verschwanden sie wieder. Wir wurden älter und die Erzieher ständig jünger. Alle unternahmen den Versuch, uns zu sozialistischen Persönlichkeiten zu erziehen, scheiterten aber an ihren eigenen menschlichen Schwächen.

Als junge Mädchen bemerkten wir jede Veränderung an unseren Erziehern. Es dauerte nicht lange, und wir wußten, welcher Lehrer mit welcher Erzieherin kramte. Mit der Zeit betrachteten wir sie nur noch als Notwendigkeit, die eben zum Heim gehörte.

Mein erster BH

Eines Tages kam Frau Otto, auch eine junge Erzieherin, zu uns. Sie hatte eine sieben Monate alte Tochter. Hin und wieder brachte sie das Kind mit zur Arbeit. Oft stand die Kleine stundenlang auf der Wiese, keine von uns konnte an dem Wagen vorbeigehen, ohne das Baby zu schaukeln oder mit ihm zu spielen. Frau Otto hatte keine Probleme mit uns. Sie achtete auf ordentliche Kleidung, was nicht einfach war. Meistens trugen wir Einheitssachen oder ausgewaschene Kleidung von den Großen. Ich machte mir nicht viel aus meiner Kleidung, am liebsten lief ich im Trainingsanzug herum, der mit seinen weiten Hosenbeinen unmöglich aussah. Ich kletterte auf Bäume, baute mit einigen Jungs Höhlen und fühlte mich dabei sehr wohl. Mit der Ankunft von Frau Otto änderte sich mein Äußeres. Ich trug helle Kleider, neue Schuhe und kam mir richtig schön vor.

Eines Tages, als Frau Otto bei uns im Gruppenraum stand, sagte sie zu mir:

»Es wird Zeit, daß du einen BH trägst.«

Mir war das vor den Mädchen peinlich, denn alle blickten plötzlich auf meine Brust. Ich fand nichts Besonderes an ihr. Natürlich wußte ich, daß ich mehr hatte als die anderen, aber warum nun gleich einen BH?

Der Weg zur Wäschefrau schien kein Ende zu nehmen. Als ich endlich dort landete, stotterte ich herum, bis sie wußte, was ich wollte. Da grapschte sie an meine Brust, tastete sie ab und sagte:

»Für diese kleinen Dinger brauchst du keinen BH.«

Das Abtasten war mir unangenehm, aber noch mehr schämte ich mich, als sie mir trotzdem einen rosafarbenen BH in die Hand drückte.

Sie vergaß allerdings, mir zu zeigen, wie man ihn anlegte.

Mit dem Ding in der Hand rannte ich in meine Gruppe, triumphierend hielt ich es hoch und sagte:

»Seht mal, was ich hier habe.«

Staunend faßten alle Mädchen den »Rosaroten« an, einige hielten ihn an ihre Brust, er war allen zu groß.

»Los, bind ihn mal um!«

Ich schlüpfte mit den Armen durch die Träger, und die Mädchen machten den Verschluß zu. Aber wie sah das aus. Der BH saß durchaus nicht dort, wo er hingehörte; ich lachte mich halb tot. Wie ein Sabberlatz hing er mir um den Hals. Wir zogen und schoben an ihm herum, bis er endlich dort saß, wo er sein sollte. Ich fühlte mich mit dem Ding wie in einer Zwangsjacke. Beim Versteckspielen rutschte er mir dann wieder über die Brust und um den Hals. Ich suchte ein Gebüsch, wo mich keiner sah, und schnallte das Ding ab, steckte es in die Tasche meines Kleides und fühlte mich sofort befreit. Später erfuhr ich, daß die Träger verstellbar waren, aber ich hatte ihn ja ohne Gebrauchsanweisung erhalten!

Frau Otto mußte nach den Sommerferien eine andere Gruppe übernehmen. Sowohl sie als auch wir waren sehr traurig, als sie uns verließ. Der Grund war die folgende Geschichte.

Gefährliche Bootsfahrt

Jedes Jahr in den Sommerferien verreisten wir. Ich kannte den Osten von Kap Arkona bis zum Fichtelgebirge. Wir schliefen in Schulen, Heimen oder in Zelten. In diesem Jahr fuhren wir nach Goldberg an den Goldberger See. Der Zeltplatz lag im Wald und war nur für Kinder aus unserem Heim. Zehn Zelte standen halbkreisförmig um einen Platz mit einer Fahnenstange, den Appellplatz.

In jedem Zelt schliefen zwanzig Kinder und ein Erzieher. Allerdings hatten die Erzieher noch ein eigenes Zelt. Auch die Küchenfrauen fuhren mit und kochten für uns in Gulaschkanonen das Essen.

Über eine alte Holztreppe, die einen Hang hinunterführte, erreichten wir den See. Ein grauhaariger Alter betrieb am Schilfufer einen Ruderbootsverleih. Wir überredeten Frau Otto, mit uns Boot zu fahren. Sie konnte einfach nicht nein sagen und mietete zwei Boote. In einem hätten wir nicht alle Platz gehabt.

Ich saß mit sieben Mädchen ohne Frau Otto im Boot. Vom Rudern hatten wir keine Ahnung, wir drehten uns nur im Kreis. Jede wollte es besser wissen, und so schrien wir wild durcheinander: »Vorwärts, Achtung, rückwärts!«

Plötzlich verdunkelte sich der Himmel, aber wir achteten nicht weiter darauf, lachten und blödelten herum. Da verloren wir eine Petsche.

Frau Otto trieb mit ihrem Boot weit von uns. Wir versuchten mit den Händen zu rudern, um an die verlorengegangene Petsche heranzukommen. Ein starker Sturm mit Regen kam auf, und dann brach ein richtiges Unwetter über uns herein. Die Petsche trieb mit den Wellen davon, bis wir sie nicht mehr sahen. Nun gerieten wir in Panik. Jenny saß in unserem Boot und ihre Zwillingsschwester in dem anderen. Sie schrie und heulte aus Angst um sie. Wir versuchten, sie zu beruhigen, es nutzte jedoch nichts, sie hockte auf dem Boden des Kahns und jammerte vor sich hin. Der Wind änderte plötzlich seine Richtung und trieb die Petsche direkt auf uns zu. Erleichtert zogen wir sie an Bord und ruderten zu dem Boot mit Frau Otto. Weit hinter der Mitte des Sees, fast schon am anderen Ufer, trafen die Boote endlich zusammen. Wir hielten sie in der Mitte fest, und die Mädchen, die dringend mußten, hängten sich mit ihrem Hinterteil über die Ränder und erleichterten sich. Trotz des Ernstes der Situation mußten wir lachen. Plötzlich waren alle wieder fröhlich. Jenny stieg zu ihrer Schwester ins Boot, und wir ließen uns alle ins Schilf treiben. Hier schien die Sonne, der Angstkrampf ließ nach, die warmen Sonnenstrahlen trockneten unsere Sachen, und wir lagen entspannt in den Booten und sonnten uns. Auf dem See und am Ufer mit dem Zeltlager tobte der Sturm weiter.

Auf einmal hörten wir Motorengeräusche – drei Boote der Wasserschutzpolizei sausten blitzschnell vorbei.

»Sie suchen uns!« rief ich begeistert.

Alle Mädchen sprangen nun auf, wir befestigten einen

Schlüpfer als Fahne an einer Petsche und schwenkten ihn damit, laut um Hilfe rufend, hin und her. Da sie uns wohl nicht im Schilf vermuteten, fuhren sie ständig vorbei. Nach einer Weile gaben wir unsere Bemühungen auf. Enttäuscht legten wir uns wieder hin und sonnten uns weiter.

Am späteren Nachmittag hörte der Sturm auf, es wurde merklich kühler, wir froren und hatten Hunger. Doch über den See wollte keine zurückfahren. Wir beschlossen, daß ein Mädchen ans Ufer gehen und versuchen sollte, Hilfe zu holen. Dafür meldete sich Monika freiwillig. Ich bewunderte ihren Mut, mich hielt der Ekel vor dem Gang durch den Morast davon ab. Außerdem kannten wir die Gegend nicht. Und dann allein im Wald – ich hätte mich nie gemeldet. Mutig stieg Monika ins Wasser, ich sah sie im Schilf verschwinden. Sie war eine Freundin von mir, klein und zierlich, nicht hübsch, dafür sehr lustig. Sie ging in der Masse der Gruppe unter, fiel nie durch Streit auf und galt als sehr vernünftig, war aber kein Streber. Eine Zeitlang geschah gar nichts, nur die Suchboote fuhren nach wie vor an uns vorbei.

Plötzlich sahen wir einige Erzieher und Lehrer von uns in Faltbooten. Wir schrien uns die Kehlen heiser, aber ohne Erfolg, sie paddelten davon. In diesem Augenblick hörten wir Männerstimmen an Land. Schnell sprangen wir alle in den Morast, um ans Ufer zu gelangen. Ich konnte mich nicht überwinden, mit bloßen Füßen in den Modder zu steigen, und zog deshalb meine Lederschuhe an. Kaum hatte ich ein paar mühselige Schritte getan – die Schuhe saugten sich mit Wasser voll und wurden schwer wie Blei –, kamen die Mädchen zurück. Monika brachte vier Männer mit, die sie auf einem kleinen Campingplatz gefunden hatte. Mit schnellen, kräftigen Schlägen ruderten sie uns auf den See hinaus. Nun waren wir sichtbar für alle Boote, die Suchenden kamen uns entgegen und dirigierten uns wieder ans Ufer zurück. Wir mußten die Kähne verlassen und zur Strafe um den See durch den Wald zum Zeltplatz laufen. Uns war zum Heulen, die Sachen waren naßkalt, wir waren hungrig und froren. Meine nassen Schuhe scheuerten furchtbar. Wir versuchten uns gegenseitig aufzumuntern, aber am liebsten hätte sich jede auf die Erde fallen lassen und wäre liegengeblieben.

Todmüde erreichten wir in der Nacht das Lager, wo noch große Aufregung herrschte. Jeder wollte wissen, was passiert war. Nach der Strapaze hatte jedoch keine mehr Lust, mit jemandem darüber zu sprechen. Niedergeschlagen gingen wir ins Zelt.

Frau Otto folgte uns kurze Zeit später. Sie war ganz verheult und verkündete uns:

»Essen bekommen wir nicht mehr. Es liegt nicht an den Küchenfrauen, sondern ist eine Anordnung des Lagerleiters.«

Ohnmächtige Wut auf den Lagerleiter erfaßte uns, aber ohne die Hilfe des Erziehers konnten wir uns nicht wehren. Beim Morgenappell wurde diese Geschichte von dem ganzen Lager ausgewertet, und wir mußten uns einen Vortrag über Diszplin und den finanziellen Verlust durch die Suchaktion der Wasserschutzpolizei anhören.

Frau Otto tat uns leid, sie kam jeden Tag verheult aus dem Erzieherzelt. Wir wollten beweisen, daß wir auch anders sein konnten, und gaben uns besonders große Mühe, indem wir uns freiwillig zum Küchendienst meldeten, keinen Blödsinn mehr anstellten und den Zeltplatz so ausgestalteten, daß wir den zweiten Platz in der Bewertung erzielten. Zwischen Frau Otto und uns entstand eine

Freundschaft, wie wir sie noch nie kennengelernt hatten. Bisher war der Erzieher für uns nur eine Person gewesen, vor der wir uns fürchteten oder die wir verachteten und deren Anordnungen wir unbedingt zu befolgen hatten. Wenn sie wie Halbgötter vor uns standen, wagten wir keinen Widerspruch.

Bei Frau Otto merkten wir zum ersten Mal, daß ein Erzieher auch nur ein Mensch ist und kein fehlerfreier Pädagoge. Sie erzählte uns, daß sie für den Schaden aufkommen und nach den Ferien eine jüngere Gruppe in einem anderen Haus übernehmen müsse. Wir waren sehr betroffen, denn wir fühlten uns schuldig, weil wir sie überredet hatten, mit uns Boot zu fahren.

Bis zu ihrer Versetzung hatten wir ein so tolles Verhältnis zu ihr, daß wir weinten, als sie ging. Das waren unsere ersten und letzten Tränen wegen einer Erzieherin.

Erzieher in Not

Die »Neue« war eine elegante Frau Mitte Dreißig und Mutter von zwei Kindern. Ihr Mann arbeitete auch im Heim als Hausleiter. Sie erzählte uns, daß sie Jüdin war und ihre Eltern in der Kristallnacht ermordet wurden. Durch sie erfuhren wir zum ersten Mal etwas über die Bedeutung der Kristallnacht. Sie kam in ein KZ und wurde 1945 schwer krank von den Russen befreit. Stundenlang hörten wir ihr zu. Sie verstand es, interessant zu erzählen, führte uns an das politische Denken heran, ohne daß wir es als Zwang empfanden. Sie fuhr mit uns in das KZ Sachsenhausen bei Oranienburg. Dort sah ich, was ich vorher nur vom Erzählen oder aus Büchern gekannt hatte.

Es war so grauenvoll, wie Menschen von Menschen gefoltert und getötet worden waren, daß ich froh war, damals nicht gelebt zu haben. Die Bilder im Hause des KZ-Arztes gingen mir nicht mehr aus dem Kopf. Ich sah immer die Experimentiertische vor mir, die Bilder von zersägten Körperteilen, die Berge von Haaren oder Zähnen sowie die Tischlampe aus einem Totenkopf. Wir waren alle erschüttert und konnten nicht begreifen, daß ein ehemaliger Häftling dieses Lagers dort die Führung machte. Die neue Erzieherin hatte es leicht mit uns. Nach dem, was wir nun über ihre Vergangenheit wußten, stieg sie in unserer Achtung.

Im Heim galt strenges Rauchverbot. Da jedoch einige Kinder heimlich rauchten, gab es Schüler, die sich das Wohlwollen der Erzieher dadurch sicherten, daß sie am Abend durch die Schonung schlichen, die Raucher beobachteten und sie anschließend meldeten. Denen wurde dann das Taschengeld gestrichen; das war eine harte Strafe.

Einmal stand ich mit den Rauchern meines Zimmers zusammen, obwohl ich Nichtraucher war. Ich ging immer mit, es war irgendwie spannend, etwas Verbotenes zu tun. Natürlich wurden wir auch verpetzt. Doch die Raucher übten eine Art Solidarität mit mir aus und setzten sich dafür ein, daß ich mein Taschengeld wieder bekam. Sie bekannten sich zum Rauchen und bezeugten, daß ich nicht rauchte. Das war eine völlig neue Erfahrung für mich.

Unsere Erzieherin rauchte auch und wußte, daß weder Strafen noch Verbote halfen. Sie kannte die Rauchermädchen und sagte zu ihnen:

»Laßt euch nicht beim Rauchen erwischen, kommt lieber in mein Büro!«

Alle Mädchen schwärmten bald von ihr, wie toll sie war und wie gut sie uns verstand. Dann trat plötzlich eine Veränderung in ihrem Verhalten uns gegenüber ein. Wir merkten es sofort, sie wurde reizbar, verbot das Rauchen und schimpfte bei jedem kleinsten Disziplinverstoß. Die Situation wurde für uns alle unerträglich. Wir versuchten herauszufinden, was der Grund war, es gelang uns nicht. Bald machten wir, was wir wollten. Sie sagte gar nichts mehr, saß in ihrem Büro, rauchte oder heulte. Irgendwann reichte es uns. Wir hatten keinen Ansprechpartner mehr und hingen mit unseren Problemen völlig in der Luft. Eines Tages faßten wir den Entschluß zu einer Aussprache. Sie kam mit in den Schlafraum, und den ganzen Abend hörten wir uns ihre Sorgen und Probleme an, die mit uns gar nichts zu tun hatten. Sie redete sich alles von der Seele und vergaß dabei, daß wir Kinder waren. Ihr Mann hatte ein Verhältnis mit einer Erzieherin, die jetzt ein Kind von ihm erwartete. Über das Verhältnis waren wir entrüstet und regten uns mächtig auf. Für uns sollten ja die Lehrer und Erzieher Vorbilder sein. Ich zweifelte daran, ob es von der Erzieherin richtig war, uns ihre Eheprobleme zu erzählen.

Wir wußten weder einen Rat, noch konnten wir ihr helfen. Ich begann, die Pädagogen kritischer zu betrachten und sie nicht mehr als Perfektion des Erwachsenseins zu sehen.

Ein paar Wochen später, wir saßen bei den Schularbeiten, platzte unsere Erzieherin im schwarzen Kostüm mit weißen Handschuhen in den Gruppenraum herein und rief laut lachend:

»Kinder, frei, endlich frei!«

Ich fragte, was sie mit »frei« meine, und sie antwortete, immer noch lachend:

»Geschieden!«

Ich schaute sie an und überlegte, was es darüber zu lachen gab; erst war sie so unglücklich und nun so froh. Von diesem Moment an konnte ich sie nicht mehr leiden. Durch ihre fröhliche Reaktion zerstörte sie meine Vorstellung, daß das Leben außerhalb des Heimes, in einer Familie, für ein Kind das ist, was mir fehlte: Liebe, Geborgenheit, Vater und Mutter.

Ich begann zu verstehen, wie schnell es gehen konnte, daß Kinder von ihren Eltern getrennt wurden und ins Heim kamen.

Unterschied zwischen Ost und West

Regelmäßig wurden wir politisch geschult. In Gesprächen mit ehemaligen KZ-Häftlingen und Irma Thälmann, der Tochter des ermordeten Arbeiterführers Ernst Thälmann, sowie durch Filme dieser Zeit hörten wir viel über die Vergangenheit der Arbeiterbewegung, die Verbrechen der Nazis und über die Ausbeutung in der kapitalistischen Gesellschaft. Mit Begeisterung ging ich zu den Pionierveranstaltungen, bis ich merkte, daß sich die Themen ständig wiederholten. Ich begann mich zu langweilen und drückte mich mit Ausreden vor diesen Nachmittagen. Bald waren nur noch die Streber anwesend. Unter Androhung von Disziplinarstrafen, ausgesprochen vor dem Kollektiv oder der Schule, gingen wir gezwungenermaßen wieder hin.

Einmal lockte uns die Pionierleiterin mit einer Skireise nach Oberhof, wenn wir das Abzeichen für »gutes Wissen« machen würden. Wir meldeten uns alle zu dieser Reise. Daß sie mit einer Prüfung unseres politischen Wissens und Denkens zusammenhing, störte uns nicht.

Ich hatte mit meinen dreizehn Jahren schon so viele Vorträge gehört, daß ich genau wußte, was man zu sagen hatte, damit man nicht durch die Prüfung fiel. Unsere Klasse fuhr geschlossen nach Oberhof.

Schon am ersten Abend lernten wir den Unterschied zwischen Ost- und Westkindern kennen.

Wir schliefen in einem alten, verschnörkelten Holzhäuschen, zum Essen gingen wir in ein größeres Haus über den Hof. Voller Ehrfurcht blieben wir an der Tür zum Speisesaal stehen. Die Tische waren wundervoll mit weißen Decken und Servietten gedeckt. Auf den Tellern lagen seltene Früchte. Alles wirkte so festlich, daß wir uns nicht in den Saal trauten. So sahen die Tische im Heim nur zu Weihnachten aus.

Die Pionierleiterin sprach mit dem Küchenleiter, danach schickten sie uns in ein kleines Speisezimmer, das schon eher unseren alten Gewohnheiten entsprach. Wachstuchdecken, Stullenberge auf einem Teller mit den uns bekannten Leber- und Teewurstsorten.

Unbefangen, laut und fröhlich nahmen wir das Essen ein. Aber was wir gesehen hatten, vergaßen wir nicht und wollten Genaueres darüber wissen. Ich fragte die Pionierleiterin, für welche Fürsten nebenan die Tische gedeckt seien. Mit meiner Frage brachte ich sie in Verlegenheit. Erst sagte sie, sie wisse es nicht, aber dann erzählte sie uns eine traurige Geschichte.

»Nebenan im Haus sind Kinder aus der BRD, es sind alles Kinder von Arbeitslosen. Ihre Eltern können sich aus finanziellen Gründen keinen Urlaub mit den Kindern leisten. Unser Staat hat sie eingeladen, und sie verbringen hier ihre Ferien.«

Gleichzeitig verbot sie aber jeden Kontakt mit den Kindern. Uns taten die Kinder aus der BRD leid, doch beim Anblick der Tische wurden wir jedesmal neidisch.

Als wir sahen, daß diese Kinder Schüler in unserem Alter waren, trafen wir uns heimlich mit ihnen. Ich lernte einen fünfzehnjährigen Jungen kennen. Er erzählte mir, daß auch ihnen der Kontakt mit uns untersagt sei. Wir verstanden die Welt nicht mehr!

Ausgenutzt

In der Schule saß ich neben Antje. Sie war ein ruhiges Mädchen und mir eine gute und verschwiegene Freundin. Ich brauchte keine Angst zu haben, daß sie etwas weitererzählte. Sie hatte schönes kastanienbraunes Haar, das ihr in leichten Wellen über die Schultern fiel. Das blasse Gesicht war mit vielen kleinen Sommersprossen übersät, daraus schauten ernste braune Augen. Antje lachte wenig, sie wirkte gegen meine Albernheiten richtig erwachsen. Ihre verschlossene und zurückhaltende Art sowie ihr langsamer Gang brachte ihr den Spitznamen »Oma« ein.

Eltern hatte sie nicht, nur zwei Schwestern, eine in Hamburg und eine in Berlin. An den Wochenenden fuhr sie oft zu der Schwester in Berlin, die verheiratet war und zwei Kinder hatte.

Wenn Antje ein Paket aus Hamburg bekam, lag am Montag eine Tafel Schokolade auf meinem Platz unter der Schulbank.

Süßigkeiten waren im Heim eine Seltenheit. Hin und wieder bekamen wir Säcke voller Bonbons vom Zollamt, sie wurden aus Westpaketen gesammelt. Dann saßen wir stundenlang und wickelten die Dinger aus, weil das Bonbonpapier oft Tabletten enthielt.

Antje bekam plötzlich Angst vor dem Sportunterricht. Sie weigerte sich, am Stufenbarren Übungen zu machen. Man sah ihr die Angst richtig an. Ich redete ihr immer gut zu. Die Turnlehrerin zeigte kein Verständnis, sie wollte die Stunde nicht eher beenden, bis Antje die Übung gemacht hatte. Das brachte die Klasse so gegen Antje auf, daß sie noch mehr veralbert wurde. Sie litt sehr unter den Hänseleien und weinte viel. Bald standen wir allein gegen alle und sonderten uns ab. Nur zum Schlafen mußten wir uns trennen, sie lag in einem anderen Zimmer.

Wenn sie sich am Wochenende bei ihrer Schwester aufhielt, fehlte sie mir, ich kam mir dann verlassen vor und sehnte ihre Rückkehr herbei.

An einem Sonntagabend wartete ich auf Antje am Heimtor; sie kam nicht pünktlich zurück. Es dunkelte schon, ich ging in die Gruppe, setzte mich ans Fenster und schaute hinaus. Endlich sah ich sie. Ich sprang von meinem Stuhl hoch und rannte ihr entgegen. Als ich ihr um den Hals fiel, sah ich, daß sie weinte. Bei meinem Versuch, sie zu trösten, weinte sie nur noch mehr. Dann sagte sie:

»Ich muß dir etwas erzählen, was keiner erfahren darf.«

Wir gingen in die Gruppe, aber hier fanden wir keine

ruhige Ecke. Überall saßen die Mädchen und erzählten vom Wochenende.

Mir fiel der Vorraum zum Büro ein, dort würde uns keiner stören. Wir nahmen uns zwei Stühle und setzten uns in eine Ecke ans Fenster. Draußen war es stockdunkel, im Raum auch. Ich schaute Antje nicht an, sie sollte sich Zeit nehmen und sich nicht bedrängt fühlen. Ich ahnte etwas ganz Böses und hatte Angst davor. Noch nie hatte ich ein Mädchen so weinen sehen. Es war ein völlig verzweifeltes Weinen, es klang wie ein leises Schreien der Seele.

In dieses Weinen hinein hörte ich den Satz:
»Ich kriege ein Kind!«
Sofort weinte ich auch. Wir saßen und weinten beide, mein Weinen klang jetzt wie Antjes.

Entsetzen und Angst überkamen mich. Was wird aus Antje? Ich hatte noch nicht einmal geküßt. Mir fielen auch keine tröstenden Worte ein. Womit sollte ich sie auch trösten?

Schließlich hörte ich mich fragen:
»Ich welchem Monat?«
»Im siebenten«, sagte sie.

Schon so weit? dachte ich, und keiner hatte etwas bemerkt. Daher ihre Angst beim Sport.

Nun wurde mir plötzlich so vieles an Antjes Verhalten klar. Sie wollte mir nicht sagen, wer der Vater des Kindes war. Ich überlegte, welcher Junge in Frage käme, konnte aber keinen finden, der sich um Antje bemühte. Ich bedrängte Antje mit meiner Frage, wer der Vater sei. Er hatte doch auch Schuld an ihren Tränen. Wir saßen mehr als eine Stunde zusammen, und ich hörte ihr stumm, fast wie gelähmt zu.

Wenn sie zu ihrer Schwester fuhr, freute sie sich immer sehr. Jeder im Heim schien glücklich zu sein, wenn er zu Verwandten konnte, nur ich nicht. Zu meinen Pflegeeltern ging ich schon seit zwei Jahren nicht mehr.

Eines Tages verlangte der Schwager von Antje, daß sie sich auf seinen Schoß setzen sollte. Ihre Schwester war gerade nicht zu Hause, und Antje dachte sich nichts dabei. Erst streichelte er Antje, sagte ihr nette Worte, wie schön und wie groß sie geworden sei. Sie fühlte sich durch seine Worte geschmeichelt. Als er mit seiner Hand unter ihre Bluse fuhr und ihre Brust berührte, spürte sie gleichzeitig die andere zwischen den Beinen unter ihrem Rock. Sie wollte sich wehren und weglaufen, empfand es aber auch schön, liebkost zu werden. Das Gefühl des Körperkontaktes hatte sie bisher nicht kennengelernt, weder durch eine Mutter noch durch eine Erzieherin, und plötzlich wurde sie von einem Mann geliebt. Erst wollte sie ihrer Schwester alles erzählen, aber ihr Schwager warnte sie, drohte auch, sie dürfe dann nie mehr kommen. Antje liebte ihre Schwester und hielt den Mund. Sie klammerte sich daran, daß ihr Schwager sie wirklich liebte. Die Angst vor seinen Drohungen war stärker als die Angst vor einer Schwangerschaft. So hatte sie mit dreizehn Jahren begonnen, ihrem Schwager hörig zu werden. Irgendwie fand er immer eine Gelegenheit, sie zu zwingen, ihre Liebe zu ihm zu beweisen.

Während ich zuhörte, durchliefen mich verschiedene Gefühle, vor allem Haß und Wut auf diesen Mann.

Als ich Antje fragte, ob sie wirklich glaube, daß er sie liebe, zeigte sie mir einen goldenen Verlobungsring.

»Der Ring ist ja nur ein Trick!« versuchte ich ihr klarzumachen. »Damit will er dich doch nur zum Schweigen bringen! Er kann sich nicht verloben, wenn er noch verheiratet ist, und wenn herauskommt, daß er eine Minderjährige verführt hat, blüht ihm Zuchthaus!«

»Er will mich heiraten, wenn ich achtzehn bin«, sagte sie noch, und dann weinte sie wieder. Schöne Geschenke wolle er ihr machen, wenn sie den Mund hielte. Das erste hatte sie ja schon, im Bauch! So ein Schwein, dachte ich.

Obwohl ich diesen unbekannten Mann haßte, mußte ich Antje schwören, nicht den Vater des Kindes zu verraten. Von nun an beschützte ich sie noch mehr, ich achtete auch darauf, daß sie nicht mehr nach Hause fuhr. Bald hatte Antje mit ihren Sachen Schwierigkeiten, sie konnte den Bauch nicht mehr einziehen, und das Baby strampelte schon. Ich machte mir ernsthafte Gedanken, wie wir mit dem Problem fertig werden könnten. Mir fiel keine bessere Lösung ein, als zur Fürsorge zu gehen. Nun blieb mir nichts weiter übrig, als Antje meinen Entschluß mitzuteilen. Sie weinte und hatte schreckliche Angst vor den Fragen der Fürsorgerin. Ich beteuerte noch einmal, daß ich nichts verraten würde.

Am nächsten Morgen ging ich in das Zimmer der Heimfürsorgerin.

»Ich habe keine Zeit«, fuhr sie mich an, »raus jetzt!«

Ich hatte noch kein Wort gesagt.

»Antje kriegt ein Kind!« brüllte ich ins Büro und knallte die Tür wieder zu.

»Nie hat jemand Zeit für uns, hier kann man sogar Kinder kriegen, ohne daß es einer merkt«, sagte ich zu Antje und wollte mit ihr gehen. Aber da öffnete sich die Tür.

»Was hast du gesagt?« fragte mich die Fürsorgerin.

»Ach«, schrie ich sie an, »haben Sie mich nicht verstanden?«

»Doch, doch«, sagte sie schnell. »Stimmt das, Antje?«

Antje stand von ihrem Stuhl auf. Als Frau müßte die Fürsorgerin ja einen Blick für Schwangere haben, dachte ich.

»Komm rein, Antje«, sagte sie zu ihr, und zu mir gewandt:

»Du wartest draußen.«

Arme Antje, dachte ich. Als sie nach zwei Stunden noch nicht aus dem Zimmer kam, ging ich in meine Gruppe und wartete dort auf sie. Sie kam verweint zurück und beschwor mich, nichts zu verraten. Nun wurde ich befragt. Am liebsten hätte ich alles erzählt, so sehr wünschte ich eine Strafe für dieses Schwein von Mann, aber ich sagte:

»Ich weiß nichts, Antje hat mir nur von dem Kind erzählt.«

Sie packte am nächsten Tag ihre Sachen und kam nach Bad Saarow in ein Heim für werdende Mütter. Sechs Wochen später schrieb sie mir einen Brief.

Liebe Ursula!

Ich möchte Dir zuerst schreiben, daß ich eine süße Tochter geboren habe. Sie heißt Mandy, alle haben mich wegen meiner Tapferkeit bewundert. Dabei bin ich gar nicht mutig, es hat ganz schön weh getan. Am liebsten hätte ich geschrien wie die anderen Frauen. Aber ich habe die Zähne zusammengebissen. Neben mir lag eine Frau, die war auch noch jung, sie schrie vor Schmerzen, und zu der sagte die Schwester: »Schrei nicht so, hättest es dir früher überlegen müssen.«

Liebe Ursula, ich hätte nie gedacht, daß Frauen so gemein sein können. Der Vater hat sich noch nicht gemeldet, aber meine Schwester läßt sich scheiden. Ursula, Du fehlst mir ganz schön. Die Kleine ist so winzig, ich traue mich

kaum, sie anzufassen. Ich habe Angst, sie könnte kaputtgehen. Morgen gehen ich zum Fotografen, dann schicke ich Dir ein Foto von ihr.
  Vergiß mich nicht! Deine Antje und Mandy.
  Ich vergaß Antje nicht, aber abgelenkt durch ständig neue Ereignisse, schrieb ich immer seltener an sie.

Winterferien

Ina kam erst mit fünfzehn in mein Zimmer. Sie hatte einen Schwangerschaftsabbruch hinter sich und wollte nie mehr nach Hause zurück. Ihr Stiefvater hatte sie verführt.
  Meine Angst vor »draußen« nahm zu. Welche Geheimnisse das Leben auch barg, ich wollte sie nicht ergründen. Ich hatte das Gefühl, daß alles, was außerhalb des Heimes geschah, nicht gut war. Ständig kamen neue Kinder ins Heim, die von ihren Eltern Schlechtes erzählten. Traurige, angstvolle Waisenkinder wurden seltener. Waren wir erst eine Gemeinschaft aus Kriegs-, Nachkriegs- und Flüchtlingskindern gewesen, so mehrten sich nun die Kinder aus milieugeschädigten Elternhäusern.
  Die Traurigkeit über den Verlust von Antje hatte ich überwunden. Mit Ina, Carlotta und Maike aus meinem Zimmer verstand ich mich gut. Ina sah zwar mit ihrer Hakennase und der gedrungenen Figur wie ein Kobold aus, aber die Jungs waren mächtig hinter ihr her. Das einzige, was mich erstaunte, war, daß sie mit völliger Offenheit über das Bumsen redete. Das konnte nur mit eigenen Erfahrungen zusammenhängen. Von den Erziehern erhiel-

ten wir keine sexuelle Aufklärung. Was wir darüber wußten, beruhte alles auf Erzählungen untereinander.

Einmal wollten wir wissen, wie das Zeug von den Jungs aussah. Ina versprach, es uns zu zeigen. Sie ging mit einem Jungen in den Keller; nach einer halben Stunden war sie wieder oben, zeigte ihre geschlossene Faust und sagte:

»Ich habe es!«

Aus irgendeinem Grund wollte ich es nun doch nicht mehr sehen und verließ das Zimmer. Carlotta sagte mir später, daß es wie Klebstoff aussah, richtig eklig.

Carlotta war mit vier Jahren ins Heim gekommen, ihre Mutter war auch in den Westen abgehauen.

Mit Carlotta freundete ich mich an. In den Winterferien fuhren wir für eine Woche an den Werbellinsee. Es lag herrlicher Schnee, die Jugendherberge stand am Waldrand, an ihr vorbei führte die einzige Straße um den See und zu den Ortschaften.

Auf mich wirkte der Wald in seiner Ruhe, eingehüllt in der dicken Schneedecke, wie eine Märchenlandschaft. So schön mußte die Welt vor hundert Jahren gewesen sein, dachte ich.

Stundenlang gingen Carlotta und ich im Wald spazieren. In dieser Ruhe störte uns niemand, und wir konnten über vieles reden. Eines unserer Lieblingsthemen waren unsere Mütter. Wir stellten uns vor, wie es wäre, wenn sie sich plötzlich melden würden; auf jeden Fall wollten wir ihnen nicht verzeihen, daß sie uns im Stich gelassen hatten.

War das Heim auch unser Zuhause, so waren die Erzieher doch keine Eltern. Es war ihr Beruf, auf uns aufzupassen. Jeder Erzieher war froh, wenn der Tag ohne unangenehme Zwischenfälle verging und nichts seinen Dienstschluß verzögerte.

Wenn ich mich mit einem Mädchen stritt oder Ärger mit einer Erzieherin hatte, wünschte ich mir sehr, meine Eltern möchten kommen und mich holen. Aber das war nur ein Traum. Wie alle Kinder litt ich unter dem Gefühl, nicht geliebt zu werden. Ich redete mir ein, daß meine Mutter vielleicht einen Grund gehabt hatte, mich zu verlassen. Ich wollte nicht daran denken, daß sie schlecht und das der Anlaß für mein Leben im Heim war.

Bei einem Spaziergang mit Carlotta fanden wir eine alte Laterne. Wir nahmen sie in die Mitte und gingen zur Straße, wanderten und sangen dabei das Lied: »Ich geh' mit meiner Laterne und meine Laterne mit mir.«

Lachend entfernten wir uns immer mehr von der Herberge. Ich kam plötzlich auf die Idee, die Laterne mitten auf die Straße zu stellen, um zu sehen, was passierte, wenn ein Auto kam. Wir waren aufgeregt und fanden es spannend, aber als wir den Motor eines Lastwagens hörten, machten wir uns bald vor Angst in die Hosen. Das Auto kam näher, wir konnten es schon sehen. Ich wünschte mir richtig, daß etwas passieren sollte, aber bei Carlotta siegte die Vernunft. Sie rannte zurück, griff die Laterne und sprang zur Seite. Da raste der LKW auch schon vorbei. Ich sah die Rücklichter und dachte: Noch mal Glück gehabt! Mein Blick fiel auf die Laterne, sie tat mir auf einmal leid. Sie war schon mächtig alt und verrostet, wer weiß, was sie schon alles erlebt hatte. Wenn die erzählen könnte, dachte ich. Wir beschlossen, sie in die Herberge mitzunehmen.

Schwatzend setzten wir unseren Spaziergang fort. Rechts von mir lag bis zum See ein Sumpfgelände, das nicht gerade sehr romantisch aussah. Aber zur linken Seite wurde die Straße von schneebedeckten Bergen eingesäumt. Mein Blick wanderte oben am Bergrand entlang,

als ich plötzlich einen Mann entdeckte, der, sich halb versteckend, auf uns zukam. Mein Herz begann rasend zu schlagen. Ich sagte zu Carlotta:
»Sieh mal, der Mann dort oben.«
Jetzt konnten wir ihn schon besser sehen. Angst überfiel uns. Er hatte seinen Pimmel draußen und fummelte daran herum, dabei kam er immer näher. Wir wußten nicht, wohin. Geradeaus schnitt er uns den Weg ab, rechts der Sumpf, und zurück waren es fast drei Kilometer durch den Wald. Entsetzen packte mich. Obwohl ich warm angezogen war, begann ich zu frieren, wie gelähmt stand ich auf der Stelle. In meinem Kopf jagten die Gedanken wild nach einem Ausweg. Etwa einen halben Kilometer vor uns war ein Dorf. Es blieb uns nur der Weg nach vorn. Plötzlich rannte Carlotta wie eine Verrückte und schrie, mit der Hand winkend:
»Hallo, Tante Emma, so warte doch!«
Sie wollte den Eindruck erwecken, wir seien nicht allein auf der Straße. Sie hatte schon einen gewaltigen Vorsprung, aber ich war einfach nicht in der Lage, mich zu bewegen. Erst ihr Rufen löste in mir eine Reaktion aus. Ich rannte ebenfalls brüllend los, schrie aber nicht Tante Emma, sondern Tante Friedel, was mir in diesem Moment gar nicht auffiel.
Als gäbe es einen lieben Gott, der uns einen Retter in der Not schickte, kam von vorn ein Erzieher der Jungengruppe. Aufgeregt und erleichtert erzählten wir, was uns eben passiert war. Doch da lachte er nur blöde und ließ uns stehen. Wir standen am Dorfeingang und wußten nicht weiter. Zurück durch den Wald wollten wir auf keinen Fall; das Waldschwein, so tauften wir den Mann, sollte uns nicht noch einmal begegnen. Als wir überlegten, was wir

machen sollten, kamen die Jungs unserer Klasse vom Einkauf aus dem Dorf. Wir erzählten ihnen alles, und gemeinsam legten wir den Weg durch den Wald zurück.

Aber nun trauten wir uns nicht mehr, ausgedehnte Spaziergänge durch den Wald zu machen, wir hielten uns immer in der Nähe der Herberge auf. Die Mädchen gingen nur noch gemeinsam ins Dorf. Es mußte sich schnell herumgesprochen haben, daß Mädchen in der Herberge waren, denn ständig standen Typen mit Motorrädern vorm Haus. Dann begann das Hupen und Pfeifen nach uns. Einige Mädchen fanden es toll und gingen raus zu ihnen oder hingen an den Fenstern. Wenn wir mit den Erziehern im Wald waren, wurden wir ständig eingekreist. Ich merkte schnell, wie unsicher die Erzieher wurden, und hielt mich deshalb immer in der Mitte der Gruppe.

Um nicht irgendeinem Jungen aufzufallen, schaute ich immer gleichgültig vor mich auf die Erde.

Nach vier Tagen hatte unsere Heimleiterin die Nase voll, sie rief die Mädchengruppe zusammen, und dann erzählte sie von Antje. Sie stellte Antje als warnendes Beispiel hin. Antjes Schicksal war nicht allen bekannt und löste bei den Mädchen Erstaunen und Entsetzen aus. Viele glaubten, Antje sei für immer nach Hause gegangen oder in ein anderes Heim. Daß sie ein Kind bekommen hatte, wußte kaum jemand.

Die Worte der Heimleiterin verfehlten ihre Wirkung nicht, die Mädchen öffneten ihre Fenster nicht mehr, und keine ging mehr zu einem Jungen nach draußen.

Nur Carlotta war ein wenig sauer auf mich, weil ich ihr von Antjes Schwangerschaft nichts erzählt hatte.

Die Liebe wird probiert

Nach den Winterferien gingen bald alle Mädchen mit einem Jungen von uns. Die ersten Küsse wurden getauscht, und die Ecken der Flure waren bald voller knutschender Liebespärchen. Es brach eine richtige Knutschwelle aus. Die Erzieher versuchten dagegen anzugehen, aber sie hatten keinen Erfolg. Wenn man wollte, konnte man im Heim viele Plätze finden, ohne entdeckt zu werden. Die Kiefernschonung war genau der richtige Treffpunkt für die ersten Zärtlichkeiten; bis hierher kam nie ein Erzieher. Und wenn doch, konnte man ihn rechtzeitig sehen und sich noch besser verstecken.

Ich gehörte nicht zu den Mädchen, die einen Freund hatten, denn von den Jungs, die übrigblieben, gefiel mir keiner, und großes Interesse an ihnen hatte ich auch noch nicht.

So hörte ich abends im Bett den mir anvertrauten Geheimnissen zu und schwor, keinem etwas zu erzählen. Es waren alles harmlose, kindliche Erlebnisse. Um so mehr störte mich das geringe Vertrauen der Erzieher zu uns. Sie zeigten kein Verständnis für die Techtelmechtel zwischen den Jungen und Mädchen. Ständig lebten wir alle in dem Gefühl, etwas Schlechtes oder Verbotenes zu tun. Die Ermahnungen und Vorhaltungen der Erzieher führten nur dazu, daß die Jungen und Mädchen noch fester zusammenhielten und die Verstecke immer raffinierter wurden.

Die Paare fanden auf den Dachböden genauso gute Verstecke wie im Keller. Dabei hielten die Freundschaften nie lange, häufig wechselten die Mädchen und Jungen untereinander, es wurde eben die Liebe probiert. Ich fand es blöd von den Erziehern, daß sie sich nur negativ zu einer Freundschaft äußerten. Entweder hieß es, wir seien noch zu jung oder man fragte uns drohend, ob wir vielleicht auch schon als Kinder Kindern haben wollten. Für sie waren wir nur schlecht, dabei waren sie es selbst.

Niemand gab sich die Mühe, ein aufklärendes Gespräch über Sexualität mit uns zu führen. Besonders gemein verhielt sich ein Erzieher von den Jungs. Er war unser ehemaliger Pionierleiter. Weshalb er dann die Jungengruppe übernahm, wußten wir nicht.

Suppi hatte es sich zur Aufgabe gemacht, am Abend immer den Fernsehraum zu kontrollieren. Hier saßen wir gemeinsam mit den Jungs im Dunkeln und sahen Filme. Plötzlich ging dann das Licht an, und Suppi stand im Raum. Er schaute in die Runde. Wir wußten nie, ob er uns beim Händchenhalten kontrollierte oder ob er uns beim Westfernsehen ertappen wollte.

Heimlich sahen wir doch Westsendungen; einer stand Schmiere. Es ging ruckzuck, Pflaster ab, Knopf herum und fertig. Bis ein Erzieher den Fernsehraum über den langen Flur erreichte, waren wir schon längst gewarnt. Ruckzuck, Knopf anders herum, Pflaster drauf und unschuldig in den »schwarzen Kanal« gucken. Später nagelte ein Erzieher aber doch ein Brett mit Vorhängeschloß davor.

Oft langweilte ich mich beim Westfernsehen, wenn nämlich die Großen die Reden von Adenauer eingestellt hatten. Ich verstand kein Wort von dem, was er sagte.

Wenn Suppi allerdings einen Jungen beim Knutschen erwischte, dann war der Fernsehabend für uns gelaufen.

»Fernseher aus und alle in die Gruppen!« schrie er richtig hysterisch. Dabei drohte sein kleines Köpfchen vor

Wut zu platzen. Obwohl wir oft fanden, daß die Jungen mehr Freiheiten hatten als wir Mädchen – zum Beispiel durften sie abends länger draußen bleiben, und Suppi machte öfter Fahrten mit ihnen nach Priros –, hätten wir in solchen Momenten doch nicht mit ihnen tauschen mögen. Sie wurden von ihren Erziehern viel mehr angeschrien als wir von unseren Erzieherinnen.

Eines Abends standen wir noch vor der Haustür und redeten mit den Jungs über belangloses Zeug und lachten. Wenn Erzieher vorbeikamen, merkten wir deutlich, daß sie sich als Anlaß für unsere Heiterkeit sahen und veralbert fühlten. Natürlich wurden sie oft von uns bewitzelt, jeder hatte seinen Spitznamen, aber nie hätten wir uns getraut, einem Erzieher gegenüber etwas in dieser Art zu sagen. Wir waren in dem Alter viel zu sehr mit uns beschäftigt, so daß uns die Erzieher nicht interessierten.

Da kam Suppi um die Ecke. Ihn störte wohl unsere gute Laune, oder er vermutete, wir lachten über ihn, jedenfalls sagte er:

»Ab, alle ins Haus.«

Wir Mädchen hörten nicht auf ihn, denn er war nicht unser Erzieher. Wir taten, als hätten wir nichts gehört, und blieben stehen. Eigentlich hatten wir jeder Anordnung zu folgen. Ermahnte uns der Erzieher aber nicht zwei- oder dreimal, wußten wir, daß nichts zu befürchten war und die Anordnung nur routinemäßig erfolgte. Die Erzieher waren vor allem bestrebt, in ihren Gruppen Ordnung zu haben. Standen die ihnen anvertrauten Kinder mit anderen zusammen, wurden diese natürlich zwangsläufig mit bemerkt, und das Verbot galt auch für sie. Verbote gingen allen Erziehern ziemlich schnell über die Lippen.

Bis auf einen gingen alle Jungs ins Haus. Suppi forderte

Hans nun zum zweiten Mal auf, hineinzugehen. Aber Hans antwortete:

»Du hast mir gar nichts zu sagen!«

Erstaunte Blicke von uns und peinliches Schweigen. So kannte ich Hans nicht. Er war sonst ein ruhiger Typ und machte, im Gegensatz zu den anderen Jungs unserer Klasse, den Erziehern keine Schwierigkeiten. Wenn wir auch sonst nie die Möglichkeit hatten, uns zu wehren – den Mund ließen wir uns nicht verbieten. Die Erzieher nannten uns dann vorlaut oder frech. Aber es traute sich niemand, einen Erzieher zu duzen, da mußte Hans schon sehr wütend sein. Unter uns duzten wir alle Erzieher und hatten die schärfsten Bezeichnungen für sie. Es kam schon mal vor, daß das dem Erzieher zugetragen wurde, aber letztendlich hielten wir alle zusammen.

Ich habe ein einziges Mal, als ich sehr wütend war, unseren Klassenlehrer mit »du alter Sack« angeschrien, weil er mir mit seinen Umarmungen auf die Nerven fiel. Wenn er durch die Reihen ging, blieb er bei mir stehen, schaute in mein Heft, legte den Arm um meine Schultern und sprach mit seinem jauchigen Mundgeruch über meine Fehler. In mir stieg jedesmal Ekel hoch, und ich versuchte seinen Arm abzuschütteln. Irgendwann reichte es mir, ich konnte mich nicht mehr beherrschen und brüllte ihn an:

»Hau ab, du alter Sack!«

Das brachte mir einen Verweis vom Direktor ein, weil ich zu meiner Entschuldigung nichts sagen wollte.

Suppi wurde nun merklich nervöser. Gespannt blieben wir stehen, keiner wollte sich das Duell entgehen lassen. Hans drehte sich betont gelangweilt zu uns um, da packte Suppi ihn von hinten am Arm und sagte grob:

»Los, rein!«

Hans riß sich los und antwortete in drohendem Ton: »Faß mich nicht an, sonst kannst du was erleben!«

Suppi drehte sich um und ging, ohne ein weiteres Wort zu sagen, ins Haus. Mit dieser Wendung hatte keiner gerechnet. Wir fingen schallend an zu lachen. Hans war Schüler und einen Kopf kleiner als Suppi, und der hatte Angst vor ihm. Neugierig fragten wir Hans, weshalb Suppi Schiß vor ihm hatte.

»Ich hab' ihn in der Hand«, sagte er. »Wenn ich auspacke, dann kann er einpacken.«

Noch nie hatte ich Hans so wütend gesehen, nie wurden wir von einem Erzieher angefaßt. Suppi hatte mit seinem Griff nach Hans' Arm die Grenze überschritten, und wir konnten Hans verstehen. Wir standen noch eine Stunde draußen und hörten ihm zu.

Nicht weit von Berlin entfernt hatte unser Heim ein großes Wassergrundstück. Dort konnten übers Wochenende zwei Gruppen oder eine Klasse in einem großen Haus schlafen. Das Haus bestand aus zwei riesigen Schlafräumen mit Doppelstockbetten und einem kleineren Raum als Küche, in dem man auch essen konnte. Hinter dem Haus stand ein großer Schuppen für die Faltboote. Zum Waschen reichte die Pumpe im Garten. Kochen mußten die Erzieher, dazu sammelten wir im Wald Reisig und Kienäpfel, anders ließ sich der eiserne Ofen nicht heizen. Es war schon ein tolles Erlebnis, nach Priros zu fahren, aber oft klappte es nicht, da meist Anmeldungen von mehreren Gruppen vorlagen.

In Priros lagen wir faul in der Sonne, badeten oder paddelten mit den Booten über den See. Die Erzieher waren weniger streng und hatten mehr Zeit für uns, sie saßen mit uns auf den Betten und erzählten vor dem Schlafen eigene Erlebnisse. Wir hatten dann das Gefühl, daß sie zu uns gehörten und nicht nur Erzieher waren.

Am Wochenende fuhr Suppi mit den Jungs allein nach Priros. Abends beim Waschen verlangte Suppi, die Jungs sollten einzeln herauskommen und nicht alle auf einmal.

Hans ging ahnungslos in das Waschhäuschen, das in der Zwischenzeit gebaut worden war. Er zog sich aus. Als er nackt vor dem Waschbecken stand, betrat Suppi den Raum, öffnete seine Hose, holte sein Ding heraus, und Hans mußte ihm einen runterholen. Suppi suchte sich nur bestimmte Jungen aus. Er setzte sie mit Strafandrohungen unter Druck und verging sich regelmäßig an ihnen. Als die Fahrten nach Priros seltener wurden, ging er im Heim mit unter die Dusche der Jungen. Aus Scham und Angst traute sich keiner, etwas zu sagen.

Hans war beim Erzählen ins Heulen gekommen. Es war ein Heulen vor Wut. Er tat uns schrecklich leid, und wir waren hilflos und zornig.

Was wir von ihm hörten, zerstörte den letzten Rest von Vertrauen zu den Erwachsenen in mir. Wir drängten ihn, zum Hausleiterbüro zu gehen und alles zu erzählen.

Die Hausleiterin hörte sich seinen Bericht an, danach mußte Hans die anderen fünf Jungen holen. Alle sagten dasselbe, nur hatte jeder seine eigene Version, aber geschlechtlich haben sie alle mit Suppi verkehrt.

Bis die Polizei kam, mußten die Jungs im Büro bleiben. Suppi wurde noch am gleichen Abend abgeholt.

Danach ging es in den Jungengruppen drunter und drüber. Verhöre begannen, Kommissionen kamen und gingen, das dauerte bis zur Verurteilung. Suppi wurde zu vier Jahren Bautzen (Zuchthaus) verurteilt.

Bei den Untersuchungen wurde festgestellt, daß Suppi früher Nazi gewesen war. Die Erzieher waren bemüht, alles geheimzuhalten, aber trotzdem wußten es bald alle.

Diese Erfahrungen gingen nicht spurlos an uns vorüber; Vertrauen und Achtung den Erwachsenen gegenüber schwanden immer mehr. Suppi war Pionier- und Gruppenleiter, ich kannte ihn seit meinem sechsten Lebensjahr, er selbst hatte mich in die Pionierorganisation aufgenommen. Für mich war er nicht nur ein Pädagoge, er gehörte ganz selbstverständlich zum Heim und zu meinem Leben. Seine Frau und Tochter wohnten bei uns, wir spielten oft mit der Tochter; aber danach wollte keine mehr etwas mit ihr zu tun haben. Wir mieden sie wie die Pest. Wir fragten nicht nach Schuld, unser Haß richtete sich gegen die ganze Familie, bis sie auszog.

Bei den Bäckersleuten

Eines Nachmittags wurde mir von der Erzieherin mitgeteilt, ich solle sofort zur Fürsorgerin kommen. Ich mußte ihr wohl in den Jahren sehr ans Herz gewachsen sein, denn sie redete wieder von Pflegeeltern, aber ich wollte keine Pflegeeltern mehr haben. Vielleicht machte sie sich wirklich Sorgen um meine Zukunft, aber in mir sträubte sich alles dagegen. Ich war froh, nach fast sechs Jahren mit Pflegeeltern nur wieder für mich zu sein. In den letzten Jahren hatten mich meine Pflegeeltern Wochenende für Wochenende geholt, einschließlich des Urlaubs und der Feiertage, aber ich fühlte mich dort nie zu Hause. Später bin ich nur noch mitgegangen, wenn ich eine Freundin mitnehmen durfte. In all den Jahren hatte mich meine Pflegemutter nicht ein einziges Mal in die Arme genommen oder gedrückt. Wegen einer Ruhrepidemie durften wir drei Monate das Heim nicht verlassen. Ich glaubte mich schon vergessen, aber sie kamen doch, schon von weitem sah ich sie. Ich hielt mich im Gebüsch versteckt und beobachtete, wie mich die Kinder suchten. Als mich niemand fand, gingen die Pflegeeltern wieder.

Am nächsten Wochenende zerschnitt ich mir mit einem Schieferstein meine Hand und erzählte den Pflegeeltern, daß ich nicht mitkommen könne, da ich zweimal am Tag zum Verbandswechsel müsse. Danach ließen sie es wirklich sein, mich holen zu wollen. Außerdem hatte mein Bruder bestimmt bei seiner Familie erzählt, daß ich nicht mehr dort hinmochte.

Und nun wollte mir die Fürsorgerin neue Pflegeeltern aufzwingen. Ich wehrte mich mit Worten, so gut ich konnte, aber es nützte mir gar nichts.

An einem Mittwochnachmittag holte mich die Fürsorgerin ab. Schweigend gingen wir bis zur S-Bahn Schöneweide. Sie löste zwei Fahrkarten, und wir warteten auf den Zug in Richtung Friedrichstraße. Ich war aufgeregt, denn selten fuhr ich mit der S-Bahn. Als der Zug hielt, setzte ich mich ans Fenster und schaute hinaus. Hoffentlich drängelt sie mir kein Gespräch auf, dachte ich, aber sie ließ mich in Ruhe. Mir erschien die Stadt riesengroß.

Tausend Gedanken gingen mir durch den Kopf, wie das Leben hier draußen wäre, so ohne Heim und ganz allein. Wahnsinnige Angst überkam mich, ich wollte nicht allein in dieser Stadt leben, und so hoffte ich, daß die neuen Pflegeeltern vielleicht doch ganz nett wären, denn wer suchte schon eine Dreizehnjährige als Pflegekind!

Bis zur Friedrichstraße fuhr die S-Bahn teilweise an der Grenze entlang, und ich fragte mich, ob meine Mutter wohl im Westen wäre?

Vom Bahnhof bis zur Invalidenstraße gingen wir zu Fuß; ich habe nicht ein einziges Wort mit der Fürsorgerin gesprochen. Dann hielten wir vor einem Bäckerladen, gegenüber dem Hotel Newa.

Ich glaubte, die Fürsorgerin würde für uns Kuchen kaufen, und freute mich schon, aber sie fragte im Laden nach einer Frau Stoll. Die Verkäuferin ging nach hinten und kam mit einer blonden, lachenden, etwas dicken Frau zurück. Ich wurde ihr vorgestellt; sofort begriff ich, daß sie die neue Pflegemutter war. Sie rief ihren Mann aus der Backstube; er hatte auch eine halbe Glatze, wie mein erster Pflegevater. Gemeinsam gingen wir in die Wohnung, die sich im Hinterhaus befand.

Der Frau gelang es nicht, ihre Aufregung zu verbergen. Sie plapperte drauflos und häufte bergeweise Torten- und Kuchenstücke auf den Kaffeetisch.

An einem so reichgedeckten Tisch hatte ich noch nie gesessen. Bei diesem Anblick dachte ich an die Mädchen im Heim und konnte nichts essen. Ich hoffte, die Bäckerin würde mir den Kuchen mitgeben. Neugierig sah ich mich im Zimmer um. Ein brauner Schrank mit einer Glasabteilung für die Sammeltassen, ein Schreibtisch vor dem Fenster, der Fernseher und die Sitzecke, dazu Fotos hinter eingerahmten Glasscheiben, es war ähnlich wie bei den anderen Pflegeeltern. Anscheinend, so stellte ich fest, hatten die Erwachsenen alle den gleichen Geschmack. In meine Gedanken hinein hörte ich plötzlich die Stimme des Bäckers:

»Na gut, dann behalten wir sie gleich hier.«

Vor Schreck trat ich der Fürsorgerin unter dem Tisch auf den Fuß. Ich dachte nicht im geringsten daran, für immer bei den Leuten zu bleiben. Die Fürsorgerin verstand meinen bittenden, ja fast flehenden Blick und sagte, ohne sich etwas anmerken zu lassen:

»Nein, nein, so einfach geht das nicht, Herr Stoll! Erst kommt sie an den Wochenenden und in den Ferien probeweise. Wenn sie sich bei ihnen wohl fühlt und bleiben möchte, können wir über alles weitere sprechen. Aber da haben Sie ja noch viel Zeit, und vor allem müssen Sie sich erst einmal richtig kennenlernen.«

Jetzt folgte meine Heimgeschichte, danach standen sie auf, und das Ehepaar zeigte uns die Wohnung.

Für mich war schon ein kleines Zimmer mit einer Liege, einem ausrangierten Wohnzimmerschrank und einer Stehlampe hergerichtet. Man hatte sich auf meinen Einzug vorbereitet. Na, wenigstens ein eigenes Zimmer, dachte ich. Als wir uns verabschiedeten, drückte Frau Stoll der Fürsorgerin ein riesiges Kuchenpaket in die Hände, und zu mir sagte sie: »Auf Wiedersehen bis zum Wochenende, wir holen dich mit dem Auto ab.«

Auf der Straße fragte ich die Fürsorgerin:

»Warum muß ausgerechnet ich dorthin? Es gibt doch noch so viele Kinder, und weshalb wollen sie ein so großes Mädchen?«

Auf einmal hatte ich viele Fragen. Sie versuchte mich zu beruhigen.

»Warte doch ab, ich hoffe das Beste für dich!«

Ich sah ein, daß es sinnlos war, darüber zu reden, und schwieg. Im Heim gab sie mir den Kuchen, und die Mädchen machten sich darüber her. Schmatzend sagten sie:

»Mensch, hast du ein Glück!«

Alle freuten sich für mich, davon wurde ich richtig angesteckt und erwartete, ebenso wie sie, mit großer Ungeduld das Wochenende.

Am Sonnabend lief ich gleich nach der Schule zum Heimtor und schaute jedem Auto hinterher, das vorbeifuhr. Mein Warten lohnte sich, nach zehn Minuten bog ein brauner Skoda in die Einfahrt, er hielt genau vor mir, und die Bäckersleute stiegen aus. Freundlich begrüßten sie mich, dann stieg ich in das Auto und winkte lächelnd den zurückbleibenden Mädchen zu.

Vorbei an vielen Gärten fuhren wir aus Berlin hinaus. Ich zweifelte an meinem Glück; außer meinem Bruder kannte ich kein Kind, das mit seinen Pflegeeltern zufrieden war. Viele, die gleich mitgenommen wurden, kamen bei den ersten Erziehungsproblemen zurück. Bei einem Kind ging es vier Wochen gut, bei dem nächsten vier Jahre. Diese Kinder hatten es besonders schwer. Heim, Zuhause und wieder Heim, wo gehörten sie hin?

Ein Junge aus meiner Klasse kam nach sechs Jahren zurück, weil die Mutter plötzlich ein eigenes Kind bekam. Total verschüchtert saß er als Muttersöhnchen unter uns und war unseren Hänseleien ausgesetzt. Später schlug sein Verhalten ins Gegenteil um; er reagierte mit Wutanfällen, wobei er alles zerschlug, was er greifen konnte, selbst vor dem Erzieher machte er nicht halt. Als sie ihn daraufhin in ein anderes Heim bringen wollten, weinte und schrie er verzweifelt, dabei versuchte er, sich an jedem Gegenstand festzuhalten. Damals verkroch ich mich hinter einer Schrankecke und sah aus meinem Versteck, wie er, am Boden liegend, das Bein des Erziehers umklammerte und dabei völlig verheult und verrotzt bettelte:

»Ich bin wieder lieb, ich bin wieder lieb! Bitte, bitte, bringt mich nicht weg!«

Sie zogen ihn erbarmungslos aus dem Gruppenraum. Sein Schreien beschäftigte mich noch tagelang, und ich hatte Angst, mir könnte das gleiche geschehen.

Das war drei Jahre her, und nun saß ich bei fremden Leuten im Auto, die meine Pflegeeltern werden sollten, was mir gar nicht gefiel.

Wir hielten vor einem großen Grundstück. Sie zeigten mir den Garten und das Haus.

»Hier verbringen wir die Wochenenden und die Ferien. Freust du dich?« fragte sie mich.

Stumm nickte ich. Sie sind bestimmt reich, dachte ich, aber als sie vor jedem Möbelstück stehen blieben und mir dazu Erklärungen gaben, woher das gute Stück stammte und welchen Zweck es erfüllte, langweilte ich mich. Angeber, richtige Angeber, dachte ich. Hatten sie mich nur geholt, um mir zu zeigen, wie gut sie leben? Na Hilfe! Da zog ich die Weite des Waldes um unser Heim vor.

Zum Glück dauerte die Führung durch ihr Wochenendmöbelhaus nicht lange. Erleichtert atmete ich auf, als wir nach Berlin zurückfuhren. In ihrer Wohnung verzog ich mich in meine vier Wände und überlegte. Irgendwie fühlte ich mich bei diesen Leuten nicht wohl. Ich verspürte den Drang, abzuhauen, weg von hier, nichts wie weg und zurück ins Heim.

Die Angst, mich zu verlaufen, siegte schließlich, denn meine Kenntnisse von Berlin reichten vom Bahnhof Schöneweide bis zum Heim. Vom Nachmittag bis zum Abend saß ich grübelnd im Zimmer, es wurde weder nach mir geschaut noch gerufen. Ob die überhaupt noch wußten, daß ich da war?

Gespannt ging ich ins Wohnzimmer. Dort saßen die braven Bäckersleute beim Abendbrot und sahen fern. Wie ein Fremder blieb ich stehen und wußte nicht, was ich machen sollte. Aus dem Schrecken in ihren Augen konnte ich sehen, daß sie durch mein plötzliches Erscheinen an eine vergessene, lästige Pflicht erinnert wurden. Wenige Sekunden später hatten sie sich in der Gewalt und baten mich freundlich zu Tisch.

Mir war alles vergangen, ich konnte den Ausdruck auf ihren Gesichtern nicht vergessen. Ich sagte »Gute Nacht« und ging ins Bett.

Allein, bei fremden Leuten, im fremden Bett kam ich mir verraten und verkauft vor. In diesem Moment schwor ich mir, wenn das hier schiefging, nie wieder Eltern haben zu wollen, weder eigene und schon gar nicht fremde.

Durch das jahrelange frühe Aufstehen im Heim wachte ich gegen halb sieben Uhr auf, die Bäckersleute schliefen noch. Leise setzte ich mich zu dem Schäferhund ins Wohnzimmer. Er sah mich mit seinen dunklen Augen ernst und abwartend an. Seit meinem neunten Lebensjahr hatte ich zu Tieren kein Verhältnis mehr, dafür sorgte eine Erzieherin.

Manuela brachte eines Tages einen kleinen Hamster mit, ein Geschenk ihres Opas, der im Altersheim lebte, zum Geburtstag. Wie groß war die Freude bei uns, als dieser plötzlich Junge bekam. Jedem Mädchen aus unserem Zimmer schenkte sie einen. Von den Küchenfrauen ließen wir uns leere Gurkengläser geben, und neben jedem Bett stand auf einem Stuhl das Hamsterglas. Stundenlang betrachteten wir unsere kleinen Tiere und prahlten untereinander damit, welches Tier schon mehr konnte. Wenn ich mit den Augen zwinkerte, blinzelte mein Hamster zurück. Stolz führte ich es den Mädchen vor. Wir liebten die Tiere sehr. Gleich nach der Schule rannten wir zuerst zu unseren Gläsern, um sie zu säubern und die Hamster zu füttern.

In einer Schulhofpause beschlossen wir, alle Hamster zusammen auf eine Decke zu setzen, um zu sehen, ob sie sich noch erkennen würden. In freudiger Erwartung stürmten wir in unseren Schlafraum, aber wo waren die Hamster? Unsere Blicke irrten durch das Zimmer, die Tiergläser waren verschwunden. Aufgeregt liefen wir zu unserer Erzieherin.

»Unsere Hamster sind geklaut worden!« schrien wir.

»Nein«, tönte es scharf aus ihrem Mund. »Ich habe sie ins Heizhaus gebracht.«

»Verbrannt?« fragte ich entsetzt. »Sie haben unsere Tiere bei lebendigem Leib verbrannt?«

Mein Herz klopfte wie wild. Bestimmt nicht, so etwas tut sie nicht, dachte ich. Aber sie antwortete nicht, sondern bückte sich und hielt ein Glas in die Höhe:

»Hier, bringt ihn weg, ich habe es nicht mehr geschafft.« Es war die Hamstermutter. Sie verlangte:

»Bis heute abend ist das Tier verschwunden«, und um unserer Heulerei ein Ende zu setzen, fügte sie laut hinzu: »Tiere sind unhygienisch! Ab jetzt, bringt es ins Heizhaus, sonst tue ich es!«

Wütend und trotzdem voller Angst vor der Erzieherin, versteckten wir uns mit dem Hamster im Gebüsch. Da hockten wir mit verweinten Gesichtern um das Gurkenglas und beschlossen, lieber den Hamster selbst zu töten, als ihn bei lebendigem Leibe verbrennen zu lassen.

Aber wie? Einfach einbuddeln, das ging nicht. Rosi kam auf die Idee:

»Wir schmeißen ihn gegen die Wand, da ist er bestimmt sofort tot.«

Es wurde wie beim Versteckspielen abgezählt, und die Wahl fiel unglücklicherweise auf mich.

Ich sollte töten, ich wollte töten.

Mit aller Kraft und allem Haß auf die Erwachsenen, warf ich das warme Knäuel aus meiner Hand gegen die Wand. Schnell schloß ich die Augen, erst als ich einen dumpfen Aufprall hörte, öffnete ich sie wieder. In diesem Moment fühlte ich eisige Kälte in meinem Körper, als hätte ich einen Teil von mir gegen die Wand geschleudert. Meine Arme, meine Beine, alles tat mir weh. Ein Mädchen hob ihn hoch, da sah ich seine kleinen toten Augen und fühlte mich schuldig. Während wir ihn beerdigten, weinten die anderen. Verwundert fragte mich Rosi:

»Du weinst ja gar nicht, warum?«

Ich wußte keine Antwort. Zwei Wochen später begegnete mir unser Reh, das im Heim frei herumlaufen durfte. Es stand plötzlich vor mir und sah mich aus großen braunen Augen fragend, ja fast ängstlich an. Und dann begann es zu machen, es schiß vor lauter Angst, es hatte richtigen Durchfall. Dabei schaute es unentwegt mit seinen klagenden Augen auf mich. Ich konnte den Anblick des ängstlichen Rehes nicht länger ertragen, riß einen Zweig ab und schlug auf das Reh ein, bis es endlich davonlief.

Dieser Hund hier hatte keine Angst vor mir. Vorsichtig streichelte ich ihn und erzählte ihm meinen ganzen Kummer. Seine Augen blickten, als könnte er mich verstehen.

Bis zehn Uhr saß ich mit dem Hund im Wohnzimmer. Da ich nicht wußte, wo es etwas zu essen gab, ging ich ins Bad und trank mich am Wasserhahn satt. Eine halbe

Stunde später erschien die Bäckerin mit Lockenwicklern auf dem Kopf.

»Guten Morgen! Ich habe heute viel zu erledigen, und du wirst mir einiges an Arbeit abnehmen!«

Bei dieser Anordnung vermied sie es, mich bei meinem Namen zu nennen. Sie winkte mit der Hand, ich sollte ihr folgen. In der Küche zeigte sie auf einen hohen Berg Abwasch.

»Hier fängst du an, aber bitte gründlich! Dann brauchst du nur noch Staub zu saugen und zu wischen, ist doch nicht viel.«

Sie lächelte gekünstelt. Gegen elf Uhr rauschte sie mit den Worten »Viel Spaß« davon. Vor dem Abwaschberg, der bestimmt seit einer Woche stand, graute mir nicht sehr, eher vor dem Staubsauger. Ich wußte nicht, wie er funktionierte. Aus dem Heim kannte ich nur Bohnerwachs und Bohnerbesen.

Not macht erfinderisch. Ich nahm einfach den Besen und fegte den nicht zu sehenden Staub zur Seite.

Die leichteste Übung war das Staubwischen, aber o Schreck, auf dem Schreibtisch des Bäckers lagen Zähne. Ist das möglich, dachte ich, wie kann man seine Zähne herausnehmen, das muß ja weh tun. Zaudernd und voll Abscheu umging ich sie mit dem Tuch. Ich ahnte ja nicht, daß es ein Gebiß war. Im Heim konnte kein Kind die Zähne herausnehmen, und bei den Erziehern hatte ich so etwas noch nie gesehen.

Als die Bäckerin zurückkam, machte sie gleich einen Kontrollgang in die Küche. Sie schrie laut auf:

»Was, soll das etwa abgewaschen sein?«

Mir blieb fast das Herz stehen. Dabei hatte ich mir so große Mühe gegeben. Mich erschreckte der Ton ihrer

Stimme. Böse, keifend kam sie ins Wohnzimmer. Heimlich schaute ich schnell nach unten, zum Glück entdeckte ich nirgendwo Staub und sie auch nicht. Ich war froh, daß ich im Heim gelernt hatte, mit einem Besen umzugehen.

Sie hatte sich schon beruhigt, da entdeckte sie die Zähne, die noch ordentlich auf ihrem alten Platz lagen. Sie packte meinen Arm und zog mich zum Schreibtisch, zeigte auf ein Wasserglas, das neben den Zähnen stand.

»Da, mein liebes Kind, da gehören die Zähne hinein.«

»Ich dachte, in den Mund«, hörte ich mich plötzlich sagen. Kaum war es heraus, staunte ich über mich selber. Woher nahm ich den Mut, ihr so eine Antwort zu geben? Nun war es mit ihrer bis dahin mühevoll erhaltenen Selbstbeherrschung endgültig vorbei. Rot vor Zorn schrie sie:

»Freche Heimgöre! Deine Mutter wird schon gewußt haben, weshalb sie dich ins Heim geschickt hat!«

Damit traf sie meinen wundesten Punkt. Heulend lief ich in mein Zimmer und bedauerte mich, wobei ich mir nichts sehnlicher wünschte, als wieder im Heim zu sein.

Stundenlang sah ich auf die Uhr. Die Zeiger sollten schneller gehen, aber die Uhr tickte gemächlich vor sich hin. Nachmittags um fünf Uhr hielt ich es nicht mehr aus. Ich ging ins Wohnzimmer und verlangte:

»Bringt mich ins Heim zurück, ich muß noch Schularbeiten machen!«

Das wollten sie nicht. Freundlich boten sie mir ihren Kuchen an. Obwohl ich den ganzen Tag nichts gegessen hatte, lehnte ich ihn ab. Sie hatten bestimmt Angst, daß man mich fragen würde, weshalb ich so früh vom Ausgang zurückkäme. Niedergeschlagen setzte ich mich in die äußerste Ecke des Sofas und fühlte mich nicht dazugehörend, sondern als störend in dieser Familie. Plötzlich erhob sich der Bäcker, ging zum Schrank und holte eine kleine braune Flasche heraus. Dann drehte er sich zu mir und sagte betont freundlich:

»Komm, Kleine, massier mir den Kopf damit; kriegst auch fünfzig Pfennig dafür.«

Ich wagte keinen Widerspruch. Schüchtern trat ich von hinten an ihn heran. Mein Blick fiel auf seine Glatze, die noch vereinzelt mit Haaren bestückt war. In mir kroch der Ekel hoch, ich wollte ihn nicht berühren. Dennoch tat ich, was er von mir verlangte. Voller Wut schüttete ich den ganzen Inhalt der stinkenden Flüssigkeit über seine Glatze. Er kicherte komisch:

»Vorsicht, Kindchen, nicht so viel auf einmal!«

Während meine Finger wie wild auf seiner Glatze herumrieben, am liebsten hätte ich darauf herumgeschlagen, glotzte seine Frau desinteressiert in die Röhre. Scheiß-Pflegeeltern, dachte ich.

Im Heim warteten die Mädchen am Tor auf mich und das Kuchenpaket. Sie gratulierten mir alle zu den tollen Pflegeeltern, und als ich die lachenden Gesichter sah, brachte ich es nicht fertig, ihnen zu sagen, wie traurig das Wochenende für mich gewesen war. Ich wollte ihnen nicht die Illusionen über ihre zukünftigen Eltern nehmen. Jede von ihnen konnte schon morgen das Glück oder Unglück haben, Pflegeeltern zu bekommen. Dann sollten sie ihre eigenen Erfahrungen machen.

Nun begann für mich das Dienstleben eines Heimkindes. In der Woche spielte ich mit meinen Freundinnen, und an den Wochenenden arbeitete ich bei den Bäckersleuten.

Jeder Sonntagmorgen begann damit, der Bäckersfrau

das Frühstück ans Bett zu bringen, danach die Wohnung zu säubern, anschließend den Laden zu wischen und Tabletts abzuwaschen und am Abend die Glatze zu massieren.

Ich haßte die Bäckersfamilie und freute mich riesig, wenn es Sonntagabend zurück ins Heim ging. Kuchenpakete erhielt ich auch bald nicht mehr. Den Fragen der Mädchen versuchte ich auszuweichen. Mir war es peinlich, darüber zu reden, was für ein Pech ich hatte.

Weihnachten! Gespannt saß ich bei den Bäckersleuten in meinem Zimmer und wartete auf ihr Rufen. Dabei sah ich mich im Zimmer um, nichts deutete auf Weihnachten hin. Die alte Lampe strahlte ein wenig warmes Licht in den Raum, aber es fehlte an grünen Tannenzweigen, und ich vermißte meine Freundinnen.

So saß ich auf der alten Liege am Tisch und blickte auf das Radio. Ob sie wohl Weihnachtsmusik spielen?, überlegte ich, traute mich jedoch nicht, es einzuschalten.

Von weitem hörte ich die Glocken läuten, bestimmt war es schon fünf Uhr nachmittags, aber ich wurde noch nicht ins Zimmer gerufen.

Im Heim erwarteten wir das Fest immer sehnsüchtig. Lange vor Heiligabend studierte jede Gruppe ein Märchen ein. Der Tagesraum wurde verschlossen, vor die Schlüssellöcher hängten die Erzieher Waschlappen. Trotzdem hockten wir davor, um durch irgendeine Ritze etwas zu sehen. Wenn dann zum ersten Advent das erste Licht am Kranz im Speisesaal angezündet wurde, waren wir Kinder sehr still und warteten auf den Heimleiter. Er stellte für uns die Vaterfigur dar, wie wir sie uns immer wünschten. Herr Hühne hatte volles, graues Haar und war groß und schlank. Seine blauen Augen strahlten viel Wärme und Güte aus. Wenn er mit uns sprach, redete er leise, aber deutlich. Seine Stimme war angenehm tief. Liebevoll nannten wir ihn Vater Hühne; er kannte uns alle mit Namen. Die meisten Erzieher redeten uns einfach mit »He, du« an oder fragten erst, wie wir hießen. Nie schickte er ein Kind weg, wenn es mit Sorgen zu ihm kam.

Herr Hühne betrat mit seiner Spieluhr den Saal, und wir hörten schöne Weihnachtsmelodien. Dann sprach er über Weihnachten, und gemeinsam sagen wir zum Abschluß ein Lied.

Zum zweiten und dritten Advent stellten die Erzieher Weihnachtsbäume auf, die jeden Abend leuchteten.

Die Erzieher ließen uns Wunschzettel schreiben. Kinder, die noch Eltern hatten, durften sich im Wert von zehn Mark etwas wünschen. Halbwaisen mußten die Grenze von fünfzehn Mark einhalten, und die Vollwaisen bekamen ein Geschenk für zwanzig Mark. Ich gehörte zu den Zwanzig-Mark-Kindern. Natürlich überschritten meine Wünsche immer die Grenze. Meistens kauften die Erzieher Dinge für die Schule. Obwohl wir das wußten, warteten wir trotzdem gespannt auf den 24. Dezember jeden Jahres. War es endlich soweit, gingen wir in Sonntagssachen in den Speisesaal. Ungeduldig sahen wir die Aufführungen, sangen unsere Lieder vom Frieden und erhielten von den Patenbrigaden der Betriebe Gruppenweihnachtsgeschenke. Anschließend machten wir einen Spaziergang durch den Kiefernwald beim Heim. Auf den einzelnen Zweigen brannten Wunderkerzen, und ein Erzieher oder Schüler, verkleidet als Weihnachtsmann, verteilte Süßigkeiten an uns. Danach gingen wir in unsere Gruppen. Der Tagesraum wurde aufgeschlossen, und Hand in Hand traten wir leise ein. Unter dem Baum sangen wir noch einmal, dabei versuchten wir, die Namensschilder auf den festlich gedeckten Tischen zu entziffern. Nach dem Lied begann das Suchen, Rufen und Schubsen. Jeder wollte sein Geschenk zuerst finden. Beim Abendessen saßen wir mit unserer besten Freundin zusammen, wir freuten uns über die kleinen Überraschungen, die wir uns gegenseitig machten. Die Nachtruhe wurde nicht streng eingehalten, wir gingen ins Bett, wenn wir müde waren oder die Nachtwache ihren Dienst begann. Es waren schöne Abende.

Ich hörte, wie die Tür ging, und wurde ins Wohnzimmer der Bäckersfamilie geholt. Die Frau zeigte mir einen Platz, dort lagen zwei Äpfel und zwei Apfelsinen.

Erst dachte ich: Gleich holen sie die Überraschung aus dem Schrank; als sie mir aber fröhliche Weihnachten wünschten, wußte ich, daß die vier Früchte mein Geschenk waren. Obwohl ich fast vierzehn Jahre alt war und nicht mehr an den Weihnachtsmann glaubte, war ich den Tränen nahe. Schrecklich traurig verbrachte ich den Abend in meinem Zimmer, die Pflegeeltern fuhren zu ihren Verwandten.

Zwischen Weihnachten und Silvester putzte und schrubbte ich nur im Laden. Am Silvesterabend kotzte die Bäckerin den Laden voll; ich haßte sie so sehr, daß ich wünschte, sie würde in ihrer Kotze ausrutschen, doch sie forderte von mir, den Dreck wegzuwischen.

Im Haus wohnten Jungs in meinem Alter, sie fragten mich, ob ich um zwölf Uhr runterkäme. Ich versprach es. Ich weiß nicht mehr, wie viele Pfannkuchen ich mit Marmelade gefüllt hatte, ich konnte die Dinger nicht mehr sehen. Kurz vor Mitternacht schickte mich die Bäckerin ins Bett. Unter meiner Decke verfluchte ich sie. Als die Knallerei vorbei war, torkelte sie betrunken in mein Zimmer und

schmatzte mich mit ekligen Küssen ab, wobei sie mir ein frohes neues Jahr wünschte. Ich versuchte mich aus ihrer Umarmung zu winden. Hoffentlich kommt nicht noch ihr Alter, dachte ich, dann laufe ich weg. Sie roch fürchterlich nach Alkohol, und sentimental lallte sie:
»Schlaf schön, mein Kind.«
Ich wünschte ihr den Tod.

Westbesuch zu Ostern

Ostern wurde zum ersten Mal die Mauer für Westberliner geöffnet, sie durften ihre Ostler besuchen. Von der HO kam die Anordnung, die Geschäfte sollten die Schaufenster mit Ware füllen, die Westler sollten nicht denken, daß es uns schlecht ging. Die Bäckerin jammerte schon vorher, daß sie danach alles wegwerfen müßte. Hartes Brot oder Schrippen kauft doch keiner mehr, dabei schummelte sie oft altes Zeug zwischen frische Backwaren. Die gesamte Familie aus Ost und West wurde von den Bäckersleuten erwartet. Am Tag zuvor drillte sie mich darauf, den Wein von der richtigen Seite einzuschenken. Von morgens bis abends schuftete ich wieder in der Küche. Am gemeinsten fand ich, daß sie mich zum Frisör schickte. Der verpaßte mir eine Dauerwelle, daß ich wie meine eigene Großmutter aussah.

Der große Tag fing bei mir mit Bauchkrämpfen an. Ich ging zum Klo und sah, daß ich meine Tage bekam. Nirgends entdeckte ich Watte. In meiner Not faltete ich Klopapier, legte mir das harte Zeug in meinen Schlüpfer und verkroch mich ins Bett.

Es war schon oft so gewesen, daß ich mich gerade zum ungeeignetsten Zeitpunkt damit herumquälen mußte. Zum ersten Mal bekam ich sie mit elf Jahren im Ferienlager. Den ganzen Nachmittag hatte ich wahnsinnige Bauchschmerzen, machte aber trotzdem die Wanderung mit. Erst am nächsten Morgen, beim Fahnenappell, spürte ich etwas Unangenehmes zwischen den Beinen. Zum Glück stand ich in der letzten Reihe; heimlich schlich ich mich davon und rannte zur Toilette. Schnell zog ich meine Hose herunter – und schrie wie eine Verrückte. Ich sah nur Blut. Der Schlüpfer, meine Schenkel, alles voller Blut. Ich hockte auf dem Holzdonnerbalken, heulte und dachte: Jetzt sterbe ich. Doch dann lief ich zur Erzieherin.

»Ich glaube, ich sterbe«, heulte ich.

Sie beruhigte mich und sagte:

»Nein, daran stirbt man nicht. Das bekommen alle Mädchen und Frauen. Schon längere Zeit habe ich deine Entwicklung beobachtet und wollte mit dir darüber sprechen. Nun ist es eher gekommen, als ich dachte.« Dann fügte sie hinzu:

»Noch einen Rat möchte ich dir geben, sieh dich ab heute vor den Jungs vor.«

Nach dieser Mahnung gab sie mir Watte, und ich fragte mich, was die Jungs damit zu tun hatten.

Die ersten Gäste trafen ein, ich lief zur Toilette, um das Papier zu wechseln. Eine sehr elegant gekleidete Frau begegnete mir.

»Wer bist du denn?«

Vor Schmerzen konnte ich nicht antworten, ließ sie stehen und legte mich wieder ins Bett. Draußen im Flur hörte ich die Stimme eines alten Mannes.

»Das Kind hat aber einen langen Schlaf.«

Darauf antwortete die Bäckerin:

»Die weiß, daß Arbeit wartet, deshalb liegt sie faul im Bett.«

Oh, wie ich sie haßte. Stöhnend wälzte ich mich hin und her, als die schicke Frau plötzlich mein Zimmer betrat. Sehr liebevoll strich sie mir über das Haar und fragte:

»Hast du deine Mensis?«

Den Ausdruck kannte ich noch nicht, ahnte aber, daß sie damit meine Tage meinte, und sagte:

»Ja.«

Darauf verließ sie das Zimmer und kam mit der ungewohnt freundlichen Bäckerin zurück.

»Ach, mein liebes Kind, das hättest du mir doch gleich sagen können!«

Eher wäre ich gestorben, als ihr meinen Kummer zu erzählen. Nachdem sie mich mit Watte und einer schmerzstillenden Tablette versorgt hatte, stellte sie mich ihren Gästen als armes Waisenkind vor, dessen sie sich angenommen habe. Dafür heimste sie bei allen Bewunderung ein. Hätte man mir im Heim nicht Gehorsam gegenüber Erwachsenen eingetrichtert, hätte ich allen entgegengeschrien, was für eine Hexe sie ist.

Im Heim erzählte ich nun alles meiner Freundin, von Weihnachten und meinen Diensten. Auf irgendeine Weise hörte die Fürsorgerin davon und bestellte mich zu sich. Sie schaute mich ernst an und sagte:

»Warum hast du nicht eher darüber gesprochen? Du hättest dir vieles erspart.«

Das klang sehr resigniert. Vielleicht hatte sie sich für mich wirklich mehr Glück erhofft. Gott sei Dank unternahm sie keinen weiteren Versuch, mich in einer Familie unterzubringen. Nach elf Jahren Heimerziehung wäre es auch zwecklos gewesen. Ich war schon zu sehr Heimkind und betrachtete das Heim als mein Zuhause. Für mich war es normal, ohne Vater und Mutter zu leben.

Jugendweihe

Langsam rückte der Tag näher, an dem wir in die Reihen der Erwachsenen aufgenommen werden sollten. Es war der Tag, den man »Jugendweihe« nannte, wo die Vierzehnjährigen mit Blumen, hochhackigen Schuhen, Frisur nach dem letzten Schrei und großen Büchern mit dem Titel »Weltall, Erde, Mensch« durch die Straßen liefen. Es gab neue Klamotten, dafür ließ der Staat sechshundert Mark springen. Die Erzieher hatten große Mühe, für jede das richtige Kleid zu finden. Unterwäsche, Schuhe und Mäntel brauchten wir auch.

Die Jugendweihestunden verbrachten wir im Sinne der sozialistischen Gesellschaft: Besuch im KZ Sachsenhausen, Besuch in den volkseigenen Betrieben und feierlicher Abschluß eines Patenschaftsvertrages mit der Volksarmee in Adlershof. Die Soldaten nahmen die Partnerschaft sehr ernst und gründeten in unserer Mädchengruppe eine Arbeitsgemeinschaft für Judo und Schießen, in die wir alle wie selbstverständlich eintraten. Wir wollten es den Jungs zeigen, wenn sie uns zu nahe kämen. Nach den ersten Übungen reichte es mir. Das schmerzhafte Werfen auf die harte Matte war noch nicht das schlimmste, aber der Festhaltegriff, bei dem ich auf dem Rücken lag und ein schwitzender Soldat über mir, erregte meinen Widerwillen. Wütend und hilflos gegen seine Stärke, wehrte ich mich und versuchte vergeblich, wieder unter ihm hervorzukommen. Er schien es zu genießen. Ich weigerte mich, weiter dort hinzugehen, und mußte mir das Schimpfen der FDJ-Sekretärin anhören:

»Die Soldaten opfern extra für uns ihre wenige Freizeit!«

Ich sagte, auf dieses Opfer könne ich gerne verzichten. Die Antwort wurde natürlich als Undankbarkeit gegenüber unserem Staat ausgelegt. Ich sollte mich bessern, sonst bekäme ich keine Jugendweihe. Ich sagte nichts mehr.

Fast alle Mädchen waren eingekleidet, nur für mich fand sich nichts Passendes. Schließlich steckten sie mich in ein wadenlanges, hellblaues Kleid mit einem Reißverschluß vom Hals bis zum Hinterteil. Und da es mir zu weit war, kam ein Gürtel herum, und fertig war ich.

Mein Spiegelbild brachte mich zum Lachen und Weinen. Ich sah doppelt so alt aus. Trotzdem, das Kleid wurde gekauft, dazu kamen ein Paar Schuhe mit hohen Absätzen. Gleich nebenan war der Frisör. Die ganze Mädchengruppe mußte unter die Haube, es wurde toupiert und Haarlack in Massen versprüht. Jetzt sahen wir um den Kopf erwachsen aus. Die Erzieherin bewunderte uns und sagte:

»Wie gepflegt ihr gleich aussseht.«

Mich bedachte sie noch mit dem Extra-Satz:

»Jetzt erkennt man sogar dein Gesicht.«

Die Mädchen schliefen die Nacht über im Sitzen, damit an der Frisur nur kein Schaden entstand.

Unsere Feierstunde fand im Fernsehfunk statt. Am Morgen herrschte unter uns schreckliche Aufregung. Fix und fertig angezogen, standen wir schon vor dem Wecken da und probten das Laufen in den Stöckelschuhen. Ich lief recht unsicher, wie auf Eiern, dabei sah ich so komisch aus, daß die Mädchen über mich herzhaft lachten.

Im Fernsehfunk warteten schon die Verwandten, Lehrer und Erzieher sowie der Heimleiter. Wir sollten erst hineingehen, wenn die Gäste schon saßen. Immer paarweise, Junge und Mädchen, schritten wir den roten Teppich entlang zur Bühne, dort oben setzten wir uns.

Es wurde viel über Sozialismus und Frieden geredet und daß jeder sein Bestes geben solle.

Dann betrat Karl-Eduard von Schnitzler das Rednerpult. Durch unsere Reihen ging ein Kichern und Flüstern. Mit seinen Orden und Abzeichen sah er wie eine Schrottsammlung aus, was ich meiner Freundin leise ins Ohr flüsterte. Sie verbiß sich mühsam das Lachen. Schnitzler bemerkte unsere Heiterkeit. Anfangs hatten wir ziemlich ernst und still auf unseren Plätzen gesessen, aber die Aufmerksamkeit ließ rasch nach. Uns war nicht feierlich zumute, sondern wir langweilten uns, und von dem politischen Gerede der Erwachsenen verstand ich sowieso nichts.

Schnitzler kam gleich auf seine Jacke mit dem Blechschmuck zu sprechen.

»Ich trage diese Auszeichnungen nur zu besonderen Anlässen, und heute ist ein besonderer Tag für euch und für mich!«

Dann erzählte er, welche Ehre es für ihn sei, zu uns sprechen zu dürfen. Anschließend rief er alle nach dem Alphabet auf. Ich gehörte zu den ersten drei. Er schüttelte mir die Hand, gab mir die Blumen und das allbekannte Buch, dann fragte er mich:

»Na, weißt du schon, was du werden willst?«

»Nee!« antwortete ich.

Er lächelte mit seinen kleinen Augen durch seine dicke Brille und sagte:

»Na, nun wird es aber Zeit!«

Ich fand seine Rederei ziemlich blöd, ich fühlte mich gar nicht so erwachsen, um mir Gedanken darüber zu machen, welchen Beruf ich erlernen wollte.

Nachdem alle einheitlich mit Blumen und Literatur versorgt waren, hielt Schnitzler noch eine ellenlange Abschlußrede. Er stand unten am Piano, es war totenstill im Saal, da fiel von seiner Sammlung ein Stück ab und rollte übers Parkett unter den Flügel. Wir schauten dem Ding hinterher, das Rollen der Plakette übertönte seine Worte. Gespannt beobachteten wir ihn. Was seine Worte nicht schafften, vollbrachte der Orden. Schnitzler sah ziemlich verblüfft aus, um nicht zu sagen doof. Er wartete, bis sich der Orden nicht mehr rührte, und hielt seine Rede weiter. Aus unseren Reihen kam ab und zu ein Lacher. Als wir den Saal verließen, lag das Ding noch immer unter dem Flügel.

In der S-Bahn, auf dem Weg zurück, steckte ich die leicht verwelkten Blumen in den Abfallbehälter. Einige andere taten das auch; nicht, weil wir keine Blumenfreunde waren, sondern weil wir uns albern vorkamen, alle mit den gleichen Blumensträußen herumzulaufen.

Im Heim durften wir das außergewöhnlich reichhaltige Mittagessen im Speisesaal der Lehrer einnehmen. Nach dem Essen folgte zur Krönung mein erstes Glas Wein. Wegen des sauren Geschmacks hielt ich mich lieber an Brause.

Die Mädchen zeigten sich die Geschenke oder das gesammelte Geld.

Geld spielte an diesem Tag eine große Rolle, denn jede wollte das meiste haben. Auf Geld waren sie stolz, nicht auf die Eltern oder Verwandten, die sich an diesem Tag einfanden und sich großzügig zeigten. Ich hatte nichts zu zeigen und mußte deshalb keine Freude heucheln.

Ich bekam weder Geschenke noch waren in einem Glückwunschumschlag Zehnmarkscheine. Na ja, Schicksal, so bist du, dachte ich und ging in den Schlafraum. Von oben bis unten betrachtete ich mich im Spiegel, mein Pubertätspickelgesicht, dazu die unmögliche, aufgedonnerte Frisur und das Kleid für die nette Frau um vierzig. Ich fand mich potthäßlich. Enttäuscht wandte ich mich ab. Plötzlich stand eine meiner Freundinnen hinter mir und hielt mir ihren Lippenstift hin.

»Mal dich an«, sagte sie. »Wirst sehen, siehst gleich besser aus.«

Ich fand, mit den roten Lippen sah ich aus wie eine, die will und nicht kann. Aber meine Freundin bewunderte mich und erzählte mir, daß wir zum Kaffeetrinken ins Haus Bucarest fahren würden.

Völlig fertig von der Lauferei, kam ich mit ihr dort an. Meine Füße bestanden nur noch aus Blasen, unter dem Tisch zog ich die verhaßten Stöckelschuhe aus. Mir graute schon vor dem Rückweg, ich war jedoch nicht die einzige mit diesem Problem. Ein Lehrer, Herr Gott, hatte Mitleid mit uns, und wir durften mit dem Auto ins Heim zurückfahren. Unterwegs erzählte er, er sei einmal als Frau verkleidet zum Fasching gegangen, da hätten ihm die Füße genau so weh getan wie uns jetzt. Beim besten Willen, so richtig konnte ich mir unseren Lehrer als Frau nicht vorstellen und mußte bei dem Gedanken daran lachen.

Mein erster Gang im Heim führte in den Waschraum. Ich machte mir die Blasen auf und nahm mit Kernseife ein Fußbad. Die Stöckelschuhe flogen in die nächste Ecke. Obwohl mich die wunden Stellen schmerzten, zwängte ich mich in meine neuen, knallroten Twistschuhe. Für diese von mir heißbegehrten modernen Dinger ließ ich einen Unterrock sausen. Ich freute mich, daß es mir gelang, die Erzieherin davon zu überzeugen, daß ich die Schuhe dringender brauchte als ein altmodisches Unterkleid. Echt Leder mit Brandsohle, die Spitzen stopfte ich mit Watte aus, ein schwacher Versuch, zu verhindern, daß sie sich nach oben bogen. Dann lief ich stolz mit den Schuhen vor dem Spiegel hin und her. Das Kleid tauschte ich gegen einen engen Pepitarock und einen Rollkragenpullover. Dann kämmte ich mir die Haare aus, die mir glatt bis auf die Schultern fielen. Mein Blick in den Spiegel bestätigte mir, daß ich der Beatmode entsprechend schick aussah.

Viele Mädchen behielten ihre Kleider an, vor allem diejenigen, die vorn einen großen Ausschnitt hatten. Das gefiel besonders den Jungs.

Nach dem Abendbrot spielte eine Musikband aus der Kaserne Adlershof. Sie gab sich große Mühe und spielte moderne Schlager, aber es traute sich keiner zu tanzen. Wenn wir uns mal am Wochenende den Plattenspieler ausliehen, tanzten wir in unserem Gruppenraum nur mit einer Freundin.

Hier forderten uns die Jungs unter den Augen unserer Lehrer und Erzieher zum Tanz auf. Nach einigem Zieren der Mädchen drehten sich schüchtern die ersten Paare auf der Tanzfläche. Ich schaute zu den Erziehern; sie beschäftigten sich schon mit der Auswertung der Pärchen. Mir ging die Überwachung durch die Erwachsenen auf die Nerven.

Plötzlich stand ein Soldat von der Band vor mir und forderte mich auf. Alle Blicke gingen in meine Richtung, und ich spürte, wie ich feuerrot wurde. Die Hausleiterin nickte mir ermutigend zu. Um nicht länger im Mittelpunkt zu stehen, ging ich mit ihm zur Tanzfläche. Sein gutes Aussehen hinderte mich daran, ihn beim Tanzen anzusehen.

»Wie alt bist du?« vernahm ich seine Stimme dicht an meinem Ohr.

»Raten Sie!«

Als er »siebzehn« sagte, bekam ich einen Schreck. Fast alle Mädchen freuten sich, wenn man sie älter schätzte, aber es konnte auch unangenehm sein. Wegen meiner Größe wurde ich seit meinem elften Lebensjahr für älter gehalten.

Einmal wartete ich am Bahnhof Schöneweide auf meinen Bruder, da traten zwei Bullen an mich heran und wollten meinen Personalausweis sehen. Lang und breit erklärte ich ihnen, woher ich war und daß ich erst dreizehn Jahre alt sei. Sie glaubten mir nicht, und ich mußte ihnen aufs Revier folgen. Die Leute auf der Straße sahen uns hinterher, und ich schämte mich. Die Polizisten überprüften meine Angaben, dann durfte ich wieder gehen. Einige Kinder, die gesehen hatten, wie die mich mitnahmen, verbreiteten die wildesten Gerüchte über mich im Heim: Ich hätte bestimmt geklaut und ähnliches.

Bevor der Soldat weitere Fragen stellen konnte, sagte ich zu ihm, ich sei erst vierzehn Jahre alt. Daraufhin holte er mich nicht mehr zum Tanzen.

Am Abend lag ich noch lange wach im Bett und dachte über einen Jungen aus meiner Klasse nach. Den ganzen Abend hatte ich ihn beobachtet und mich in ihn verknallt.

Mein erster Kuß

Carsten war der Traum aller Mädchen: Er war groß, hatte dunkle Haare, die er mit einer Tolle zur Ente gekämmt trug, blaue Augen, umrahmt von langen, schwarzen, gebogenen Mädchenwimpern, und leider Segelohren, die wir natürlich alle übersahen. Nachdem seine Mutter in den Westen geflüchtet war, lebte er bei seiner Oma. Mit fünfzehn Jahren kam er zu uns.

Fast alle Mädchen verliebten sich in ihn, gaben es aber nicht zu. Wenn er mit einer beim Küssen gesehen wurde, ließen die restlichen kein gutes Haar mehr an ihr. Jede hoffte, selbst die nächste Glückliche zu sein. Bei dem Thema »Carsten« hielt ich mich zurück. Keine sollte merken, daß er mir auch gefiel. Leider beachtete er mich nie.

So freute ich mich, wenn ich ihn in der Schule sah oder wenn wir vor der Haustür noch mit den Jungs herumblödelten und ich mich in seiner Nähe befand.

Im Frühjahr setzten die Erzieher und Klassenlehrer bei der Heimleitung durch, daß wir gemeinsam mit den Jungs nach Priros fahren durften. Gleich am ersten Abend nach unserer Ankunft wollten wir eine Nachtwanderung machen. Die Erzieher hatten nichts dagegen. Aufgeregt zog ich mich warm an. Die Raucher steckten sich ihre Glimmstengel ein, und laut albernd ging's los in die stockdunkle Nacht. Das Ziel war der Frauensee, der irgendwo im Wald lag.

Je tiefer wir in den Wald kamen, um so mehr fürchteten wir uns. Jeder knisternde Ast, das Rauschen der Blätter und die Rufe der Nachttiere versetzten uns in Angst, die wir mit lautem Lachen überspielten. Ein einziges Mal versteckte ich mich vor Übermut mit sechs weiteren Mädchen im Gehölz, und sofort verloren wir den Rest der Klasse. Von nun an war die Angst unser ständiger Begleiter. Wir wußten nicht, wo wir uns befanden, und liefen ziellos durch den Wald. Da stießen wir auf eine Sägemühle. Kurz zuvor hatte ich den Film »Werner Holt« gesehen. In einer Szene wurde ein Mann von den Nazis in einer Sägemühle zersägt. Mir wurde bei dem Gedanken daran unbehaglich, aber der feine Nieselregen begann sich nun in einen stärker werdenden Regen zu verwandeln und ließ uns keine andere Wahl. Also rein in die Mühle, dachte ich.

Nachdem wir eine sichere Ecke gefunden hatten, legten wir uns in die nach Holz duftenden Späne und erzählten gruselige Geschichten. Plötzlich hörten wir in der Nähe eine Männerstimme. Wir verstummten. Wie versteinert lagen wir da; keine wagte sich zu bewegen. Jetzt näherten sich Schritte. Erleichtert atmeten wir auf, als wir die Stimme unseres Lehrers erkannten. Vor Freude sprangen wir kreischend aus dem Versteck und lachten uns über die erschrockenen Ausrufe der Jungs halb tot. Nach und nach trafen alle ein. Die Erzieher beschlossen abzuwarten, bis der starke Regen vorbei war.

Die Raucher rauchten, die Erzieher meckerten, weil sie nicht sahen, wer qualmte, und wir redeten und gackerten laut herum.

Es war eine schöne, aber auch aufregende Situation, in der wir uns befanden. Plötzlich hörte ich Carsten. Er lag dicht neben mir und versuchte, mit Streichhölzern Licht ins Dunkel zu bringen. Als er feststellte, welches Mädchen neben ihm lag, erlosch die kleine Flamme. Schade, daß ich den Ausdruck auf seinem Gesicht nicht erkennen konnte.

Langsam wurde es rundherum ruhiger, nur das Prasseln

der Regentropfen auf dem Dach war bald das einzige Geräusch in der Mühle.

Noch nie hatte ich neben einem Jungen gelegen. Nervös durch Carstens Nähe, fühlte ich nicht die geringste Müdigkeit. Da flüsterte er mir plötzlich ins Ohr:
»Du, ich habe seit fünf Minuten Geburtstag.«
»Ach, ja? Na, dann gratuliere ich dir.«
Plötzlich nahm er mein Gesicht in seine Hände, vorsichtig zog er mich zu sich heran, bis seine Lippen meinen Mund berührten. Mein Herz spielte verrückt, es schlug, als wollte es mir herausspringen. Damit hatte ich nicht gerechnet. Wie sollte ich mich verhalten? Ich wußte es nicht. Lange hatte ich darauf gewartet und mir vorgestellt, wie es sein würde. Er versuchte, seine Zunge in meinen Mund zu schieben, da riß ich mich los und knallte ihm eine. Nicht, weil er mir zuwider war, sondern weil ich es oft in Filmen gesehen hatte; nach dem ersten Kuß bekamen die Männer eine Ohrfeige. Carsten machte sich, wie die Filmhelden, nichts daraus. Er beugte sich über mich und küßte mich einfach noch mal. Durch meinen ganzen Körper ging ein angenehmes Kribbeln, mir machte das Küssen Spaß.

Menschliche Berührung und Zärtlichkeit war mir bis dahin fremd. Für mich bestand sie bisher aus einer Notwendigkeit. An der Hand hinterhergezogen zu werden, bedeutete schneller laufen. Gewaschen werden vom Erzieher verband sich mit dem demütigenden Gefühl, schmutzig zu sein. Und das grobe Haarekämmen tat weh, ziepte und veranlaßte mich, es schnell selbst zu lernen. Bei Krankheit verursachte die Berührung meines Körpers durch Spritzen Schmerzen. Antje wurde das Opfer ihrer Sehnsucht nach Liebe und Zärtlichkeit; sie wurde sexuell mißbraucht und mit einem Kind bestraft.

Ich kannte keine Küsse. Als ich zum ersten Mal sah, wie sich meine Pflegeeltern küßten, schaute ich peinlich berührt weg. Meine Tage begannen und endeten ohne Küsse. Nun erfuhr ich, welch wunderschönes Gefühl es ist, geküßt zu werden.

Den Jungs fiel Carstens Geburtstag ein, sie riefen nach ihm. Wir mußten mit dem Küssen aufhören. Sofort war er von der ganzen Klasse umringt. Die Mädchen, wie sollte es anders sein, küßten ihn ab. Nachdem sie sich wieder beruhigt hatten, verschwanden sie im Dunkeln. Ich fühlte, wie Carstens Hand suchend über meine Jacke glitt. Stocksteif, wie tot, lag ich da. Mein Herz schlug rasend. Sie blieb auf meiner Brust liegen. Jetzt wußte ich endgültig nicht, was ich machen sollte. Eine fremde Hand an meiner Brust. Wenn mich ein Mädchen aus meiner Gruppe so sehen würde, hieße es gleich: »Pfui, die läßt sich anfassen.«

Sofort breitete sich das schlechte Gewissen in mir aus, und dennoch empfand ich es als ein schönes Gefühl, berührt zu werden. Der Druck seiner Hand verstärkte sich. Dann beugte er sich über mich, so daß er halb auf mir lag. Ich fühlte seinen Körper ganz nah, und wir küßten uns richtig. Auf einmal störte mich seine Zunge nicht mehr. Ich weiß nicht, warum, aber ich riß mich los und sprang auf.

Es war auch höchste Zeit, denn die Erzieher begannen, uns zusammenzurufen, um den Rückweg anzutreten. Carsten lief mit mir den Weg zurück. Auf dem Hinweg war Uschi noch an seiner Seite gewesen. Ich empfand leise Schadenfreude, nicht nur ihr, sondern allen Mädchen gegenüber.

Am nächsten Tag konnte ich an Carsten nicht vorbeigehen, ohne rot zu werden. Einmal schaute er aus dem Küchenfenster. Als er mich sah, rief er:

»Bleib doch mal stehen!«

Ich wagte mich keinen Schritt weiter. Er beugte sich aus dem Fenster und küßte mich. Aus Angst, beobachtet zu werden, lief ich schnell fort. Weshalb er mich plötzlich so gut fand, wußte ich nicht. Wir sprachen nie darüber.

An einem Abend spielte ich mit Carsten Versteck. Wir waren, trotz der Küsse, noch kindliche Jugendliche. Er mußte mich suchen; natürlich versteckte ich mich so, daß er mich leicht finden konnte. Nachdem ich eine Ewigkeit hinter der alten Pumpe gehockt und vergeblich auf ihn gewartet hatte, merkte ich instinktiv, daß er mich gar nicht suchte. Zornig verließ ich meinen Platz. Da hörte ich plötzlich seine Stimme und das laute Lachen zweier Mädchen. Die Dunkelheit der Nacht schützte mich davor, gesehen zu werden. Leise schlich ich mich durch das hohe Gras, ich sah Carsten mit Inge und Walli auf der Schaukel.

Neugierig kletterte ich auf eine Kiefer und belauschte das Gespräch der drei. Carsten spielte Lehrer und versuchte, den Mädchen den Sternenhimmel zu erklären. Die Mädchen schauten dabei nicht zu den Sternen, sondern himmelten Carsten an. So ein Idiot, dachte ich, da hätte ich ja die ganze Nacht hinter der Pumpe hocken können.

Das Harz klebte an meinen Händen und der Hose, die Kiefernnadeln piekten überall. Wütend auf mich und die drei versuchte ich, unbemerkt vom Baum zu steigen. Ein morscher Ast knackte unter meinen Füßen weg. Die Mädchen hörten das Geräusch, und Inge sagte:

»Carsten, da ist einer.«

Ich hörte seine Antwort.

»Du spinnst ja, wer soll denn hier sein?«

Aha, stellte ich fest, dieser Traum aller Mädchen ist eine feige Pfeife. Walli forderte Carsten auf, doch mal nachzusehen.

»Geh doch selber«, meinte er und schaukelte weiter.

Das hätte mir noch gefehlt, wenn die drei mich hier entdeckt hätten. Es blieb nur die Möglichkeit, statt Carsten den Baum zu umarmen und darauf zu warten, daß sie vom Schaukeln genug hatten.

In diesem Augenblick mußte ich an einen Lehrer denken. Störte ein Schüler den Unterricht, rief er ihn zu sich und trat mit ihm ans Fenster. Er schaute auf den Schulhof, zeigte auf eine alte Eiche und fragte ihn:

»Kennst du diesen Baum?«

Antwortete der Schüler mit Nein, dann schickte ihn der Lehrer mit den Worten aus der Klasse:

»Gut, dann geh runter, stell dich an den Baum, dann lernst du ihn kennen.«

So wurde er von den Schülern aller Klassen gesehen, und sie wußten, daß er gegen die Disziplin der Schule verstoßen hatte. Oft stand er bis zum Unterrichtsschluß dort. Viele Schüler haben so die alte Eiche kennengelernt.

Ich kannte jetzt die Kiefer und wollte endlich vom Baum. Aber die drei schaukelten und schaukelten. Mir taten vom Festhalten die Hände weh. Ich hielt es nicht mehr aus und sprang in die dunkle Nacht. Hinter mir hörte ich das Kreischen der Mädchen. Wütend auf sie und enttäuscht über Carsten, lief ich ins Haus. Das war es dann auch gewesen mit Carsten. Am nächsten Tag sah ich ihn mit Walli engumschlungen am Strand.

Später lernte ich seinetwegen die Fußballregeln, wofür er mich vor Begeisterung küßte. Meine erste kleine Liebe überstand ich ohne Schaden, doch nur, weil ich mich nicht an Carsten klammerte und ihm meine Eifersucht nicht zeigte, wie es viele Mädchen taten. Wir blieben gute Freunde, und er ließ mich hin und wieder seine Mathe-Hausaufgaben abschreiben.

Eines Nachmittags war ich mit Schularbeiten bei Carsten im Zimmer, da packte er mich und warf mich auf sein Bett. Ich lachte und wollte wieder hoch. Aber er hielt meine Arme fest und versuchte, mich zu küssen. Ich fand es zwar toll, wehrte mich aber trotzdem. Nun entstand eine halb ernste und halb spaßige Balgerei. Mitten in dem Kampf platzte ein Junge ins Zimmer herein und verkündete mir laut:

»Du wirst im ganzen Haus gesucht, du sollst sofort ins Hausleiterbüro kommen!«

Carsten ließ mich los. Hochrot, mit zerwühltem Haar, kam ich ins Büro. Dort stand, o Schreck, der fünfzehnjährige Westler aus Oberhof. Meine Erzieherin und die Hausleiterin schauten mich ernst an. In strengem Ton sagten sie:

»Bitte!«

Jetzt durfte ich den Westler begrüßen. Ich nickte nur mit dem Kopf.

»Sieh mal« sagte er, »ich hab' dir was mitgebracht.«

Dabei hielt er mir eine Postkarte hin, auf der die Beatles abgebildet waren. Die Arme auf dem Rücken verschränkt, sagte ich:

»Nein, danke!«

Erstaunt fragte er:

»Aber wieso denn, stehst du nicht auf die Beatles?«

»Doch, aber wir dürfen hier so was nicht haben.«

In diesem Moment haßte ich ihn, weil er mich in eine schwierige Situation gebracht hatte. Ungestraft würde ich dieses Büro nicht verlassen. Seine wasserblauen Augen blickten ungläubig auf die Pädagogen, und er wunderte sich.

»Aber wieso denn, es ist doch nur eine Postkarte.«

Die Erzieher lauerten jetzt mit gespanntem Gesichtsausdruck auf meine Antwort. Ich fühlte mich wie die Beute zwischen drei Füchsen.

Warum tut sich die Erde nicht auf und läßt mich verschwinden? dachte ich. Jeder Westkontakt war uns verboten, und nun kommt er hierher und bringt noch diese bunte Karte mit. Plötzlich sagte die Hausleiterin freundlich zu mir:

»Nimm die Karte und verabschiede dich!«

Froh, so davonzukommen, nahm ich sie, sagte erleichtert »Tschüs« und lief aus dem Verhörzimmer. Carsten war natürlich der erste, dem ich die Karte zeigte. Begeistert rief er:

»Mensch, hast du ein Glück, der Typ ist in dich verknallt.«

Daran hatte ich nie gedacht. Carsten lachte:

»Hä, weißt du, der fährt doch nicht aus Westdeutschland bis in den roten Osten, nur um dir eine Karte zu schenken; das macht die Post auch.«

Wie ein kleines Mädchen fing ich an zu heulen und sagte:

»Bestimmt kann ich wegen dem noch was erleben. Hier, du kannst sie behalten, ich will sie nicht mehr.« Nach einer halben Stunde stand ich wieder im Büro und hörte mir eine Standpauke über den Feind im Westen an. Der Vortrag endete mit einem Versprechen von mir, nie wieder die Adresse mit einem Westler zu tauschen. Weder im Ferienlager und schon gar nicht im Pionier- oder FDJ-Lager. Auch nicht, wenn die Westler Gäste unseres Landes seien.

Während der Standpauke sagte ich kein einziges Wort, sondern nickte nur schuldbewußt mit dem Kopf. Das schien ihnen zu gefallen, und sie entließen mich mit den Worten:

»Wir hoffen doch, daß wir uns auf dich verlassen können.«

Die Karte wurde nun im Heim getauscht, verschachert oder verkauft; wo sie zuletzt geblieben ist, weiß ich nicht. Die Erzieher haben sie nie gefunden.

Jugendwerkhof

Der Sommer war eine verrückte Zeit. Ständig kamen neue Jungs ins Heim. Sie trugen Parkas, Jeans und lange Haare. Unsere Jungs freundeten sich zum Leidwesen der Erzieher viel zu schnell mit ihnen an. Aufgrund ihres schlechten Benehmens gegenüber den Erziehern verschwanden sie fast genauso schnell, wie sie gekommen waren, nämlich in den Jugendwerkhof. Das ist ein Heim für schwererziehbare Kinder. Mein Bruder schloß sich auch ihnen an und wollte bei seinen Freunden bleiben. Deshalb klaute er mit einem Kumpel Milchflaschen und warf sie mit Schwung in die Container. Das laute Scheppern war für jeden Passanten, besonders in der Nacht, weithin zu hören. Die Polizei hatte es leicht, die Diebe des volkseigenen Gutes zu fangen. Die Nacht verbrachte mein Bruder im Gefängnis. Am nächsten Tag wußten es alle Kinder im Heim. Uns wurde jede Unterhaltung mit den Dieben verboten, auch auf dem Schulhof durften wir nicht zusammen gesehen werden. Als seine Schwester ließen mich die Jungs in ihren Kreis, und mein Bruder erzählte mir, daß er jetzt auch in den Jugendwerkhof käme. Das wollte ich aber nicht. Ich wollte nicht wieder allein sein! Ich hatte Angst um ihn, denn ich wußte, wer einmal aus Berlin weg ist, kommt nie wieder zurück. Für Berlin brauchte man eine Aufenthaltsgenehmigung, und die bekam keiner aus dem Werkhof oder Knast. Das wußten wir alle. Die Pflegeeltern meines Bruders wurden benachrichtigt, und nun merkte er zum ersten Mal, wie gerne sie ihn hatten. Sie kämpften bei den Behörden um ihn und erreichten, daß er nicht in den Jugendwerkhof kam, sondern für immer zu ihnen nach Hause.

Als er mit seinen Sachen das Heim für immer verließ, lief ich traurig bis zum Tor mit. Dort versprach er mir:

»So oft es geht, werde ich dich besuchen. Kopf hoch, Hexe, laß dich nicht unterkriegen, wir schaffen es schon!«

Er nannte mich als einziger liebevoll »Hexe«. Das wußte keiner im Heim.

Im Zeichenunterricht saß ich neben Wolfgang. Er war ein lustiger Dicker, mit strahlendblauen Augen, dunklen Locken und einem dermaßen herzhaften Lachen, daß er alle damit ansteckte. Noch etwas gefiel mir an ihm: Er konnte irre gut malen, und ich bewunderte sein Talent. In meiner Freizeit malte ich auch oft, und schon deswegen verstanden wir uns toll. Wir redeten über Farbmischungen und alberten viel miteinander herum. Besonders bewunderten wir alle die Karikaturen, die er von den Erziehern anfertigte. Sie trafen die Gesichter der Pädagogen bis ins kleinste Detail, und wir amüsierten uns köstlich darüber.

Aus diesem Grund forderte sein Erzieher, der sich beleidigt und in seiner Person angegriffen fühlte, seine Einweisung in den Jugendwerkhof. In unseren Augen war es Psycho-Terror der Erzieher, da man neuerdings für jedes kleinste Vergehen sofort in den Jugendwerkhof eingewiesen werden konnte. Wir waren über den Beschluß so aufgebracht, daß wir gemeinsam mit den älteren Schülern einen Versuch wagten: Wir bestanden auf einer Heimvollversammlung. Zum ersten Mal sollte darüber abgestimmt werden, ob ein Schüler im Heim bleiben oder in den Jugendwerkhof abgeschoben werden sollte.

Die meisten Schüler, die Wolfgang nicht kannten, trauten sich jedoch nicht, gegen die Erzieher und Lehrer zu stimmen. Wir verloren die Abstimmung, unsere letzte Hoffnung und Wolfgang. Gegen den Beschluß der Erwachsenen waren wir machtlos. Am Abend saßen wir auf den Stufen im Treppenhaus und versuchten, unseren Dikken zu trösten. Er weinte wie ein kleines Kind und tat mir leid. Wir waren empört über die Ungerechtigkeit der Pädagogen. Wolfgang war nicht frecher als wir; nur weil ihn ein Erzieher nicht leiden konnte, nutzte dieser seine Macht über Wolfgang und dessen weiteres Schicksal aus. Mir tat seine Abschiebung besonders weh. Für mich war er fast wie ein Bruder, da ich ihn seit meinen ersten Heimtagen kannte. Alle versprachen, ihm zu schreiben, nur müßte er es zuerst tun, da wir seine neue Adresse nicht kannten.

Als Wolfgang weg war, fehlte er uns sehr. Wie groß war die Freude über seinen ersten Brief an mich. Er schrieb:

Alle Briefe, die ich schreibe und bekomme, werden gelesen. Überleg Dir also Deine Antwort gut. Ich bin jetzt im Erzgebirge und nur mit Jungs zusammen. Die Umgebung gefällt mir, nur leider haben alle Fenster Gitterstäbe. Die Erzieher sind nett, aber streng. Ich male auch noch. Nach Euch habe ich oft Heimweh.

Wir waren über den Brief sehr traurig und weinten. Ich antwortete Wolfgang, wir hätten seinetwegen geweint, weil er uns mit seinem Humor sehr fehle, und wir haßten alle Erzieher. »Nur weil wir keine Eltern haben, können sie mit uns machen, was sie wollen.« Ich habe nie wieder etwas von ihm gehört, trotzdem habe ich ihn nicht vergessen.

Wo ist meine Schwester?

Irgendwann faßte ich den Entschluß, zur Fürsorgerin zu gehen und nach meinen Eltern zu fragen.

Frau Acker wunderte sich nicht über meinen Wunsch. Sie sagte, ohne in meine Akte zu sehen:

»Über deine Mutter weiß ich nichts. Vielleicht lebt sie schon in Australien.«

Dann fielen mir die Worte der Kinderschwester ein, die mich immer an meine Schwester erinnert hatte. Ich fragte:

»Habe ich noch eine Schwester?«

Frau Acker lachte und sagte:

»Aber Kind, wie kommst du denn auf so eine Idee?«

»Doch«, erwiderte ich trotzig, »ich habe eine Schwester, ich weiß es ganz genau. Als ich noch klein war, hat mich eine Kinderschwester immer auf den Schoß genommen und mir erzählt, daß ich noch eine Schwester habe. Vielleicht wollte sie, daß ich mich später daran erinnere.«

Sie ging zum Aktenschrank und sagte:

»Dann weißt du mehr als ich.«

Nachdem sie eine Weile in meiner Akte gelesen hatte, hob sie erstaunt ihre Augen, schaute mich an, blickte wieder in die Akte und sagte:

»Ja, du hast eine Schwester, aber wo sie lebt, weiß ich nicht.«

Stolz über meinen Erfolg rannte ich in meine Gruppe und erzählte den Mädchen diese Neuigkeit. Obwohl ich meine Schwester nicht kannte und sie nicht da war, fühlte ich mich nicht mehr allein. Irgendwo in Berlin lebten zwei Menschen, die zu mir gehörten: ein Bruder und eine Schwester.

Meine Bemühungen, von der Fürsorgerin den Aufenthaltsort meiner Schwester zu erfahren, hatten keinen Erfolg. Wenn ich achtzehn Jahre alt bin, nahm ich mir vor, suche ich weiter nach ihr und meiner Mutter.

Was soll ich werden?

Bald hörten wir von unserer Erzieherin, daß wir uns über unseren zukünftigen Beruf Gedanken machen sollten. Aber mir schien der Tag meiner Heimentlassung noch weit weg, und ich wußte wirklich nicht, was ich werden wollte.

Der Termin unserer Bewerbung näherte sich; mir ging es einfach nicht in den Kopf, daß ich mit meinen fünfzehn Jahren schon genau wissen mußte, was ich mein Leben lang arbeiten will. Eines Tages holte mich die Erzieherin zu einem Gespräch ins Büro.

»Du hast jetzt einen Vormund, der dich bis zu deiner Volljährigkeit betreut.«

Sie gab mir die Adresse vom Jugendamt in Lichtenberg, wo ich mich bei einer Frau Karfunkel melden sollte. Ich machte mich gleich auf den Weg und fuhr zum Nöldnerplatz. Die Häuser waren alle verfallen, alles sah schmutzig und grau aus. Ich fürchtete mich vor den Betrunkenen, die aus der Kneipe kamen.

Hier könnte ich nicht leben, dachte ich. Von einer verschlampten Frau ließ ich mir den Weg zum Jugendamt erklären.

Das Jugendamt befand sich in einem dieser vergammelten Häuser. In den Fluren saßen und standen viele Leute herum, aus den Zimmern hörte ich laute Worte oder das Heulen von Frauen, die ihre Kinder in Heimen untergebracht haben wollten, weil sie nicht mehr mit ihnen fertig wurden.

In mir kroch die Angst vor der Beamtin hoch. Hier gab es kein leises, intimes Gespräch. Die Menschen, die hier saßen und auf eine Erlösung von ihren Kindern hofften, stießen mich ab. Mir kam gar nicht der Gedanke, daß es auch noch andere Probleme auf diesem Amt zu klären gab.

Ich schwor mir: Egal, was passiert, wenn ich mal Kinder habe, stecke ich sie nie in ein Heim.

Fast zwei Stunden saß ich vor der Tür. Gerade als ich mich entschloß, wieder zu gehen, rief mich eine weibliche Stimme ins Zimmer. Die Frau, die für meine letzten zwei Jahre im Heim verantwortlich sein sollte, war schon älter. Meine Angst verschwand schnell, aber mein Inneres blieb auf Warnsignale eingestellt. Das ging mir bei Erwachsenen immer so, ich wußte instinktiv, woran ich bei ihnen war. Gefährlich waren die besonders freundlichen, bei denen fiel meistens der Standardsatz:

»Wir wollen doch nur dein Bestes.«

»Nun«, sagte sie, »mein Name ist Karfunkel, und ich hoffe, wir verstehen uns gut.«

Dann redete sie auf mich ein. »Ich denke, mit dir werde

ich keinen Ärger haben. Na ja, du bist ja schon eine ganze Weile im Heim.« Mein bisheriges Leben nannte sie »eine Weile«; aber so drückten sich die Erwachsenen eben manchmal aus.

Ich hörte nicht mehr zu. Im Lauf der Jahre hatte ich gelernt, bei Standpauken meine Ohren auf Durchgang zu schalten. Plötzlich sagte sie:

»Ich habe hier drei Berufe, die du lernen könntest, allerdings müßtest du dazu nach Dresden in ein Internat gehen.«

Hatte ich es doch geahnt, weg wollte sie mich haben. Mir schossen vor Wut die Tränen in die Augen. Raus aus Berlin, weit weg von meinen Freundinnen, in einer fremden Stadt, wo ich keinen Menschen kannte, da sollte ich leben.

»Nein«, schrie ich, »ich lasse mich nicht abschieben!«

»Aber Kind, keiner will dich abschieben, ich will doch nur dein Bestes«, versuchte sie mich zu beruhigen. Hatte ich es doch gewußt.

»Komme ich nach der Lehre wieder nach Berlin zurück?« fragte ich.

»Das kann ich dir nicht versprechen, hier gibt es keine Halbmondteppichweberei.«

In meiner Verzweiflung sagte ich mutig:

»Ich bleibe in Berlin, und wenn ich sonstwas lerne.«

»Ach, Ursula, nun sei doch nicht so trotzig, ich komme dich auch in Dresden besuchen und schreibe dir.«

Was wußte diese Frau schon von mir. Nichts! Bis vor drei Stunden kannte sie mich nur aus meiner Akte, die vor ihr auf dem Tisch lag. Ihr Besuch hätte mir nichts genützt, sie war mir fremd, sie konnte mir meine Heimfreunde nicht ersetzen. Rein gar nichts war sie für mich, aber hatte trotzdem die Macht, über mein Leben zu entscheiden. Plötzlich verwandelte sich ihr Gesichtsausdruck, sie wirkte müde, alt und erschöpft. Mitleidige Augen schauten auf mich, sie stützte ihren Kopf auf die Hand und sagte:

»Gut, drei Wochen hast du Zeit, dir in Berlin eine Lehrstelle zu suchen.«

Immer noch heulend, verließ ich das Jugendamt, triumphierte aber innerlich. Zum ersten Mal hatte ich mich einem Erwachsenen gegenüber durchgesetzt.

Was wird aus mir? überlegte ich.

Ich konnte mir einfach nicht vorstellen, das Heim für immer zu verlassen.

Am nächsten Tag unterhielt ich mich mit Elke, einem Mädchen aus der Nebengruppe, über mein Problem. Sie hatte einen tollen Einfall. Ihre Oma arbeitete in den Gummiwerken in Weißensee.

»Dort werden Luftmatratzen hergestellt«, sagte sie. »Vielleicht suchen sie noch Lehrlinge.«

Gemeinsam fuhren wir zum Arbeitsamt in die Schneeglöckchenstraße. Ich fragte, ob in den Gummiwerken noch eine Lehrstelle frei sei. Eine unpersönlich wirkende Frau schaute in ihre Bücher und sagte:

»Du müßtest dich dort schnell mit deinen Zeugnissen bewerben.«

Befreit von der Angst, in Berlin nichts zu finden, fuhr ich überglücklich ins Heim zurück. Meine Bewerbung wurde angenommen. Freudestrahlend erzählte ich es in der Gruppe:

»Nach Beendigung der Lehre bin ich dann Gummifacharbeiter.«

Die Mädchen lachten darüber. Mir war es gleich, ich konnte in Berlin bleiben.

Ferieneinsatz

Nach dem letzten Schultag fuhren wir zum Zelten nach Boeck an der Müritz. Der Ort, ein kleines, verschlafenes Nest, schien zeitlich stehengeblieben zu sein. Ein Konsum in einem Zimmer des ehemaligen Gasthauses, die Kirche, eine winzige Kneipe und ein paar alte Wohnhäuschen, das war das ganze Dorf.

Innerhalb von zehn Minuten kannten wir alles. Unser Zeltplatz lag auf einer Wiese, ganz einsam am Waldrand. Wie immer mußten wir in den Ferien einen Einsatz für das Dorf machen. Der lief diesmal unter dem Motto: Solidarität mit dem kämpfenden Volk in Vietnam, gegen den Aggressor Amerika. Als Zehnjährige tanzten wir in bunten Röcken gegen den Aggressor Amerika in Kuba. Der Erlös kam dann auf ein Spendenkonto. Tanzen machte uns Spaß, aber hier mußten wir bei der glühenden Hitze auf dem Kartoffelacker Unkraut ziehen. Carlotta, Monika und ich hatten nach drei Stunden genug von der Solidarität. Wir suchten nach einem Fluchtweg vom Acker, aber leider wurden wir von »Affe«, einem Erzieher der Jungs, streng überwacht. Er selbst zog nicht eine Distel. Ich konnte diesen Typ nicht ausstehen. Er belauerte das ganze Zeltlager.

Unsere Erzieherin hatte sich bei einer Tramptour mit uns in einen Armeeoffizier verliebt. Das war so gekommen: Wir wollten eine Wanderung um den See machen und verliefen uns dabei. Ein Armeejeep, der uns begegnete, hielt auf unser Winken. Der Offizier erlaubte seinem Fahrer, uns in das Zeltlager zurückzubringen. Von diesem Tag an hielt der Jeep öfter vor unseren Zelten, und unsere Erzieherin fuhr mit oder schickte jemanden von uns mit kleinen Liebesbriefen zu dem Wagen. Wir fanden es lustig und spannend. Einmal kam ich als letztes der Mädchen vom Waschen am See. Von weitem hatte ich den Jeep schon gesehen. Als ich das Zelt betrat, fragte mich unsere Erzieherin: »Kannst du diesen Brief noch zum Auto bringen?«

»Natürlich«, sagte ich.

»Aber paß auf, daß dich keiner sieht!«

Im Erzieherzelt hatte vor einer halben Stunde eine Aussprache mit der Lagerleiterin stattgefunden. Die Leitung hatte beschlossen, sich über die Vergeudung ihrer Steuergelder für das Benzin der Armee zu beschweren. Sie versuchten herauszufinden, weshalb der Jeep ständig in der Nähe unseres Lagers stand und wer damit privat im Dunkeln wegfuhr. Barfuß rannte ich durch den sumpfigen Wald. Obwohl ich Angst vor Schlangen und Ungeziefer hatte, lief ich wie um mein Leben. Neben mir, auf der Landstraße, hatte »Affe« zum Spurt angesetzt. Ich erreichte als erste das Auto. Glücklicherweise stand der Fahrer rauchend vor der Tür. Leise rief ich ihn und warnte ihn vor dem Beschluß unserer Lagerleitung. Ich gab ihm den Brief. Er lachte nur und sagte:

»Sollen sie sich doch bei uns beschweren, ich fahr' ja unsern höchsten Chef immer zu euch.«

Wir winkten uns noch einmal verschwörerisch zu, dann gab er Gas, gerade als »Affe« den Jeep fast erreicht hatte.

Lachend lief ich zurück, schlich mich von hinten in das Zelt und erzählte, was für ein dummes Gesicht »Affe« gemacht hatte, als ihm der Fang durch die Lappen ging. Unsere Erzieherin lachte herzlich mit und war froh, daß mich keiner erwischt hatte.

Nun standen wir hier zwischen den Furchen, und es

schien keinen Ausweg zu geben. Da tuckerte am Horizont ein Panzergeschwader heran. Ich sagte zu den Mädchen:

»Los jetzt, das ist unsere Chance. ›Affe‹ guckt gerade nicht zu uns.«

Wir stolperten über das Feld und kletterten auf die Panzer. Dabei wurden wir von »Affe« entdeckt, aber zu spät für ihn. Wir hatten es geschafft. Die Panzer fuhren mit uns auf und davon in den Wald. Als wir uns in Ruhe umsahen, stellten wir zu unserem Erstaunen fest, daß wir auf Russenpanzern saßen. Die Soldaten sprachen kein Wort, sie guckten nur sehr eigenartig ernst. Mir wurde unter ihren Blicken unbehaglich; ich fragte Carlotta und Monika, wie sie die Blicke deuteten. Sie hatten auch Angst. Dann teilte sich plötzlich der Weg, rechts führte er durch den Wald nach Speck und links nach Boeck. Als der Panzer nach Speck einbog, sprang ich hoch und schrie nach unten:

»Halt, stop, stoi!«

Wie auf Kommando sprangen nun die Soldaten hoch und riefen auf russisch etwas durch die Luke nach unten. Der Fahrer hielt, er wußte wohl nicht, was los war. Diesen Moment nutzte ich und sprang von dem kochendheißen Panzer. Carlotta folgte mir. Als ich mich umdrehte, sah ich, wie die Russen Monika festhielten und dabei »dawei« (schnell) riefen. Wir kamen Monika zu Hilfe und zogen von unten an ihren Füßen. Endlich hatten wir sie frei. Da hielten die anderen zwei Panzer, überall gingen die Luken hoch, und Soldaten krochen heraus. Jetzt rannten wir, so schnell wir konnten, durch den Wald. Erschöpft ließen wir uns auf dem Waldweg nach Boeck fallen. Wir überlegten gerade, was wir nun machen sollten. Da traten plötzlich die khakifarbenen Russen hinter den Bäumen hervor, schnappten sich Monika und wollten sie von uns wegziehen. Mit aller Kraft hielten wir sie fest, und Carlotta schlug dabei mit ihrem Holzschuh auf einen Russen ein. Ich hatte Angst und schrie auf russisch:

»Schweinehunde!« Aber das machte sie nur noch wütender. Wir schlugen und schrien wie um unser Leben, als eine donnernde Stimme in Russisch zu hören war. Sofort ließen sie uns los, ein Offizier war unsere Rettung. In Reih und Glied marschierten sie brav davon.

Uns war die Flucht vergangen. Wir hockten im staubigen Sand und beschlossen, zum Acker zurückzugehen. Der Weg durch den Wald machte uns angst.

Bei unserem Anblick leuchtete »Affes« Rache richtig aus seinen Augen. Er schien nur darauf gewartet zu haben, uns zu bestrafen.

Die anderen durften mit der Arbeit aufhören, von uns verlangte er in lautem Ton:

»Jeder zieht eine Reihe Unkraut, aber allein.«

Die Mittagshitze machte uns fertig, nirgendwo der geringste Schatten und nichts zu trinken. Ich überlegte, wie wir die Solidaritätsstrafe schneller hinter uns bringen könnten, und kam wieder auf einen rettenden Einfall.

»Wenn wir weit genug im Feld sind, überspringen wir die Furchen und laufen durch die schon gezogenen Reihen«, flüsterte ich den beiden zu.

Ich drehte mich nach unserem Aufseher um – ein günstiger Augenblick. Er trank genüßlich aus einer Flasche und hielt die Augen geschlossen. Wir übersprangen die Reihen, gerade noch rechtzeitig, bevor er die Flasche absetzte. Lachend warfen wir das schon vorher gezogene Unkraut in die Luft. Er traute seinen Augen nicht, mit welcher Schnelligkeit wir das Unkraut zogen und am Ende der Reihen anlangten.

»Donnerwetter, warum nicht gleich so!« meckerte er, als wir fertig waren.

In unserem Zelt schlief ein älteres Mädchen, das schon lange nicht mehr im Heim war. Sie machte in ihrem Urlaub Ferienhelferin bei den Kleinen.

Carlotta und Monika schliefen mit ihr in einer Reihe. Monika erzählte uns, die Helferin habe sie in der Nacht an die Brust gefaßt.

»So eine Sau«, sagte sie, »die ist eine Lesbe.« Aber wir sollten unseren Mund halten, sie habe versprochen, es nicht mehr zu tun. Monika wurde wirklich in Ruhe gelassen.

Eines Tages bekam ich plötzlich starke Schmerzen in der linken Schulter. Schon als kleines Mädchen hatte ich dieselben Schmerzen im Knie gehabt. Was es war, wußte ich nicht. Ich mußte aber eine Zeitlang zur Kurzwelle.

Die Schmerzen wurden unerträglich, leise jammerte ich vor mich hin, schließlich hielt ich es nicht mehr aus und weinte in meine Decke hinein. Plötzlich fühlte ich am Fußende eine Berührung, es war das Mädchen. Vor Schreck vergaß ich das Weinen.

»Was ist mit dir, weshalb weinst du?« fragte sie.

Meine Angst vor ihr verflog, und die Schmerzen bohrten weiter in meinem Kugelgelenk.

»Mir tut der Arm so weh«, klagte ich.

Sie verlangte mein Handtuch und rannte damit durch das Zeltlager zur Gulaschkanone. Dort war die einzige Möglichkeit, warmes Wasser zu bekommen. Die ganze Nacht machte sie mir warme Umschläge, bis ich einschlief. Am Morgen wachte ich schmerzfrei auf. Es war mir egal geworden, daß sie Mädchen lieber mochte als Jungen, ich fand sie nett. Ich lernte dadurch, nichts auf das Gerede anderer zu geben, sondern die Menschen danach zu beurteilen, wie sie sich mir gegenüber verhielten.

Einsamkeit

Nach den Ferien rückte der Tag meines Auszuges aus dem Heim immer näher. Ich lenkte mich mit Arbeit ab, indem ich bei den Kleinen im Vorschulhaus bei der Betreuung half. Dafür wurden wir bezahlt.

Die Kinder hingen wie Kletten an mir. Eifersüchtig schubsten sie sich gegenseitig beiseite. Jedes beanspruchte meine Aufmerksamkeit ganz für sich alleine. Sie drängten sich in meine Nähe, um mal gedrückt oder gestreichelt zu werden. Ich erkannte mich in ihnen wieder, sie suchten Liebe.

Ist die schlechteste Mutter immer noch besser als gar keine? fragte ich mich. Wie oft hatte ich mich nach ihr gesehnt, nie die Hoffnung verloren, sie sucht mich, eines Tages kommt sie mich ganz bestimmt holen. In den vierzehn Jahren meines Lebens, die ich im Heim zubrachte, habe ich diese Einsamkeit durchlebt, habe erfahren, wie traurig und allein ich immer in meinem Kummer gelassen wurde. Nie hat mich ein Erzieher liebevoll gestreichelt. Mir fehlte die Anerkennung, die Liebe; so sehr ich danach suchte, ich fand sie nie.

Nach drei Tagen konnte ich die hündischen Blicke der Kinder und das ständige Gedrängel um mich nicht mehr ertragen.

Ich schubste sie grob von mir, das Berühren der Kinderhände war mir lästig. Wenn sie dann weinten, taten sie mir wieder leid. Schnell erfand ich lustige Spiele, und im Wald konnten sie sich richtig austoben. Auch hinter die Bäume durften sie gehen oder ins Gebüsch machen, obwohl das verboten war. Kein Kind sollte sich zur Toilette abmelden. Sie wälzten sich mit ihren Sachen auf dem Waldboden und waren richtig ausgelassen vor Freude. Bei der Gruppenerzieherin mußten sie Hand in Hand spazierengehen, wobei sie sich nur leise etwas zuflüsterten.

Immer wurden wir unter Aufsicht des Erziehers in unserem Bewegungsdrang und der Redefreudigkeit eingeengt. Wenn wir den Speisesaal betraten, hatten wir keinen Mund mehr zu haben. Flüsterten wir doch, mußte die Gruppe den Weg vom Heimtor bis zur Schule dreimal auf und ab gehen, bis wirklich kein Wort mehr fiel. Erst dann durften wir zum Essen, meistens war dann nichts mehr zum Nachholen da.

Traurig war ich dann aber doch, als die zwei Wochen Arbeit vorbei waren. Und die Kinder! Ich wußte, daß ich sie vierzehn Tage lang gerne hatte und sie mit mir glücklich waren.

Krankenhaus

Anke arbeitete auf der Säuglingsstation. Eines Abends bracht sie von dort weiße Salbe mit und sagte:

»Sieh mal, was ich heimlich mitgehen ließ. Es ist bestimmt Zinksalbe, gut gegen Pickel.«

Jeden Abend schmierten wir uns die Gesichter mit irgendeiner Creme ein. Jetzt hatten wir wieder etwas

Neues. Am Morgen brannte mein Gesicht wie Feuer. Als ich in den Spiegel blickte, leuchtete mir eine knallrote Tomate entgegen. Entsetzt über mein Aussehen, ging ich nicht zum Frühstück. Sonja steckte mir durch das Küchenfenster einige Mohrrüben zu, die meinen großen Hunger vorerst stillten. Sie verdiente sich ein wenig Geld in der Küche. Dadurch, daß das Heim so groß war, bot es vielen Schülern eine Möglichkeit zur Ferienarbeit.

Als sich am Abend mein Äußeres noch nicht geändert hatte, versteckte ich mich unter meiner Decke und heulte aus Angst, daß ich nun für immer so bleiben müsse. In der Frühe weckten mich starke Schmerzen im Gesicht. Schnell lief ich zum Spiegel. Mein Gesicht glich einer scheußlichen Fratze, als hätte man mich mit kochendem Wasser übergossen.

Ich zog mich an und rannte zum Ambulatorium. Der Arzt steckte mich gleich ins Bett, und Schwester Brigitta gab mir eine Spritze. Sie war immer sehr nett zu uns. Sie fragte, was ich mit meinem Gesicht gemacht hätte. Ich erzählte ihr alles. Weder Spritzen noch Tabletten konnten verhindern, daß mein Kopf wie eine Wassermelone anschwoll. Meine Augen bekam ich nur mit großer Anstrengung auf, die Lippen hätten jeden Eingeborenen aus Afrika vor Neid erblassen lassen. Ich sah abstoßend aus; wenn ich mich im Spiegel erblickte, erschrak ich. Der Arzt, Dr. Mocka, ließ einen Rettungswagen kommen, und eine Schwester begleitete mich. Vor dem Krankenhaus drückte sie mir einen Ausweis (Sozialversicherung) in die Hand, wünschte mir gute Besserung und stieg wieder in den Wagen. Der Fahrer brachte mich zum Arzt, der mich sofort weiter ins Polizeikrankenhaus schickte. Auf den Fluren standen viele Patienten, die mich neugierig anstarrten. In einigen Gesichtern konnte ich sehen, wie sie sich vor mir ekelten. Der Spießrutenlauf endete in einem Vierbettzimmer, drei ältere Frauen blickten mich besorgt an. Sie zeigten mir den Schrank für meine Kleidung; zu weiteren Fragen blieb ihnen keine Zeit, da die Ärztin mit einem Fragebogen das Zimmer betrat.

»Name der Mutter?«

»Weiß ich nicht!«

»Name des Vaters?«

»Weiß ich auch nicht!«

Es war mir so peinlich, ich spürte die erstaunten Blicke der Patientinnen und der Ärztin. Die Ärztin wurde ungehalten und sagte:

»Du mußt doch wissen, wer deine Eltern sind, oder wer hat dich hierhergebracht?«

»Ich bin aus einem Heim«, flüsterte ich.

Meine Antwort brachte sie in Verlegenheit, und sie sagte:

»Na, lassen wir das, ich werde ja sicherlich alles in deinem SV-Ausweis finden.«

Als sie das Zimmer verließ, drehte ich mich zur Wand und kämpfte gegen meine Tränen und dachte: Wer weiß, wie oft ich in meinem Leben noch diese Fragen beantworten muß, vielleicht denke ich mir beim nächsten Mal einfach irgendwelche Namen aus.

Bis alle Untersuchungen abgeschlossen waren, hörten die Fragen nach meiner Herkunft nicht auf. Zum ersten Mal litt ich entsetzlich darunter, keine Eltern zu haben. Alle Menschen, die mir im Krankenhaus begegneten, waren sehr erstaunt darüber, daß es unschuldige Heimkinder gab. Auch die Frauen in meinem Zimmer dachten, daß nur Kinder in Heimen sind, die nicht auf ihre Eltern hören.

Daran merkte ich, wie wenig die Erwachsenen über uns Heimkinder nachdachten. Ob aus Mitleid oder Sympathie, die Frauen waren richtig lieb zu mir. Als mein ganzer Kopf wie der einer Mumie verbunden war und nur noch eine Nasen- und Mundöffnung übrigblieb, fütterten sie mich mit kleinen Häppchen und sprachen mir Trost zu:

»Es wird schon wieder.«

Überhaupt lebte ich hier wie eine Fürstin. Zwei Wahlessen standen jeden Tag auf der Speisekarte, es gab auch ein zweites Frühstück.

»Aber«, so sagten die Frauen, »so ist es nicht in allen Krankenhäusern, nur hier, weil es der Regierung gehört und man Angehöriger der Polizei sein muß.«

Abschied vom Heim

Während meines Krankenhausaufenthaltes mußten die Mädchen das Heim verlassen und in das Jugendwohnheim Treptow ziehen. Bei Besuchen erzählten sie mir schreckliche Dinge über das Mädchenwohnheim.

Die Leute in der Gegend nannten es nur »Rote Laterne« oder »Tripperburg«. Ich konnte mit den Namen nichts anfangen, es graute mir aber schon sehr davor.

Mir wurde klar, daß die Bindung an mein Heim mit dem Ende von Kindheit und Schule jetzt endgültig zerriß. Ich konnte mir nicht vorstellen, nie mehr dort zu leben. Vierzehn Jahre hatte ich da geweint, gelacht und mindestens zwanzig Erzieher erlebt. Das, was ich jetzt war, das war das Resultat pädagogischer Versuche mehrerer Erzieher. Ich war unsicher im Umgang mit fremden Menschen, was ich hinter lockeren Sprüchen versteckte. Ich lernte statt Ehrlichkeit das Lügen und daß man niemals seine wahren Gefühle zeigen durfte.

Die Gruselgeschichten über das neue Heim häuften sich. In der ersten Etage wohnten die Mädchen, die keinen Beruf lernten, sondern gleich arbeiten gingen. Sie waren von zu Hause weggelaufen, hatten sich herumgetrieben oder kamen aus dem Jugendwerkhof. Diese sollten besonders gemein sein, sie unterdrückten die anderen oder klauten. Später stellte sich bis auf das Klauen alles als Gerücht heraus.

Lehrlinge wohnten in der zweiten Etage, und in der dritten Etage lebten Studentinnen oder schwangere Mädchen.

Bei der Visite fing ich zu lügen an, wie schlecht es mir noch ginge, weil ich Angst vor der Entlassung hatte. Aber nach drei Wochen sah die Ärztin keinen Grund mehr, meinen Aufenthalt zu verlängern, und entließ mich mit den Worten:

»Vorsicht mit unbekannten Medikamenten und vorerst keine Sonne! Du bist allergisch.«

Nach der Abmeldung im Krankenhaus stand ich allein auf der Straße. Niemand holte mich ab. Ich fragte einen alten Mann, wie ich zum S-Bahnhof Friedrichstraße käme. Ich hatte den Eindruck, er hätte mir lieber den Weg zu seiner Wohnung erklärt. Ekliger Typ!

Auszug aus dem Heim

Im Kinderheim meldete ich mich bei der Hausleiterin, sie sagte:

»Pack deine Sachen, morgen fährst du nach Treptow!«

Mühsam hielt ich meine Tränen zurück und ging in mein Zimmer. Es war kein Mädchen da, mit dem ich die letzten Stunden hätte verbringen können. Bis zum Abend saß ich auf meinem Bett und schaute aus dem Fenster. Bald, in wenigen Stunden, würde ich das alles hier nicht mehr sehen, meine Kindheit war zu Ende! Ab morgen mußte ich mich draußen allein zurechtfinden. Ich war so traurig wie noch nie in meinem Leben und weinte fürchterlich.

Abends gegen sieben dachte ich an die Kinder, die jetzt lachend und schwatzend beim Abendbrot saßen. Nie hätte ich geglaubt, daß ich einmal so viel Traurigkeit darüber empfinden würde, nicht mehr dazuzugehören. Ich mochte nicht zum Essen gehen. Als ich um acht in den Fernsehraum kam, sagte eine neue Erzieherin zu mir:

»Was willst du denn noch hier?«

Mit einem bösen Blick sah ich sie von oben bis unten an und antwortete:

»Halten Sie Ihr blödes Maul!«

Im Fernsehraum trat Totenstille ein, und sie meckerte los, wie ich es erwartet hatte. Mein Interesse galt nur dem Fernseher. Mit meiner Gleichgültigkeit zeigte ich ihr, daß sie für mich Luft war. Endlich verließ sie den Raum, und zehn Minuten später ging ich auch. Kein Erzieher kam noch zu mir, um mir auf Wiedersehen zu sagen. Es war meine letzte und kürzeste Nacht im Heim.

Im Jugendwohnheim

Ohne Koffer fuhr ich am nächsten Morgen mit der S-Bahn nach Treptow. Einige langhaarige Typen saßen im Abteil. Als sie sahen, daß ich aussteigen wollte, sagte einer:

»Ah, kiek mal, die jeht ooch zur roten Laterne.«

»Blödsinn«, sagte ein anderer, »die habe ich da noch nie gesehen.«

Vor Scham machte ich, daß ich aus der S-Bahn kam.

Die Heimleiterin begrüßte mich lächelnd. Mit großen, veilchenblauen Kuhaugen sah sie mich an:

»Aha, du bist also die letzte, auf die wir gewartet haben.«

Ihr Blick hatte etwas Aufdringliches, als versuchte sie, bis auf den Grund meines Wesens vorzustoßen. Die Augen glichen zwei Röntgenstrahlen.

Ich erwiderte nichts. Sie ging mit mir in die zweite Etage. Auf den Treppenabsätzen saßen Mädchen an Tischen und rauchten, neugierig musterten sie mich.

In einem Fünfbettzimmer zeigte mir Frau Mücke mein Bett und den Schrank für meine Sachen. Dabei stellte sie fest, daß ich keinen Koffer dabeihatte. In strengem Ton fragte sie:

»Wo sind deine Sachen?«

Ich sagte ihr, daß ich bis gestern im Krankenhaus gewesen sei.

»Du holst sofort deine Sachen, hier wird nichts geklaut, jeder Schrank hat seinen Schlüssel.«

Sie hatte mich durchleuchtet! Nachdem ich mit meinem Koffer zurück war und den Schrank armeemäßig eingeräumt hatte, kamen die vier Mädchen, die zu meinem Zimmer gehörten, herein.

Die erste war eine Schönheit, bloß das hochtoupierte Haar fand ich altmodisch. Sie stellte sich vor:

»Mein Name ist Maggy, ich lerne in den Gummiwerken.«

»Was«, rief ich erfreut, »so ein Zufall, ich lerne auch dort.«

Aber dann erzählte sie mir, daß sie eine Sonderschülerin sei und nur eine Teilausbildung machen könne. »Wir sind also in der Schule und im Betrieb in verschiedenen Klassen.«

Wie schade, dachte ich.

Die zweite hieß Regina, lernte Verkäuferin und war Maggys Freundin. Sie war mir sofort sympathisch. Danach kam Dixi, klein und rund, sie wollte Maurer werden. Ich fragte sie, ob es nicht zu schwer sei für ein Mädchen, da lachte sie nur und sagte:

»Wir werden ja sehen!«

Zu meiner Freude war das vierte Mädchen aus meinem Heim. Erika lernte ebenfalls Verkäuferin. Wir schlossen sofort Freundschaft. Ihre jüngere Schwester Karin war in meiner Gruppe gewesen. Ihr hatte ich vor einigen Jahren den Tod ihrer Mutter mitgeteilt.

Karin, ein großes, schlankes Mädchen mit tiefliegenden Augen, hatte Schwierigkeiten mit der Sprache; wenn sie sich aufregte, stotterte sie stark. Wir saßen beim Mittagstisch, da trat die Hausleiterin an unseren Tisch und sprach mit der Gruppenerzieherin, dabei schauten beide zu Karin. Nach dem Essen sagte die Erzieherin zu uns:

»Kinder, hört mal, Karins Mutti ist eben gestorben, bitte sagt ihr noch nichts, wir wollen ihr das Wochenende in Priros nicht verderben.«

Wir freuten uns auf Priros und waren zu Karin besonders lieb. Keine hänselte sie, wenn sie stotterte. Unser verändertes Verhalten fiel Karin natürlich auf, sie fragte mich:

»Was habt ihr denn alle?«

»Ach, nichts«, meinte ich. Sie liebte ihre Mutter sehr. Oft war ich mit ihr ins Krankenhaus gefahren, wo sie sterbenskrank lag. Gesehen habe ich Karins Mutter nie, sie ging lieber allein zu ihr. Ich wartete dann die Stunde draußen vor der Tür. Niemals vergaß sie, von ihren drei Mark Taschengeld Blumen zu kaufen, um ihrer Mutter eine Freude zu machen.

Im Priroser Wald, wir gingen allein spazieren, fing sie plötzlich an zu weinen.

»Warum weinst du?« fragte ich sie.

»Ihr seid alle so anders zu mir, bestimmt ist etwas mit meiner Mutti passiert, ich fühle es.«

Sie tat mir furchtbar leid, und ich sah nicht ein, weshalb ich ihr den Tod ihrer Mutter länger verschweigen sollte. Vorsichtig sagte ich leise:

»Karin, du hast recht, deine Mutter ist gestern gestorben.«

Sie weinte und weinte. Still lief ich mit ihr eine Stunde durch den Wald, ich konnte sie nicht trösten. Wir wurden schon von den anderen vermißt. Aber als sie Karins Gesicht sahen, sagten sie kein Wort und ließen uns in Ruhe.

Jetzt wurde Karins Schwester im Mädchenwohnheim meine beste Freundin.

Die Fabrik

Zum ersten Gespräch für die neuen Lehrlinge und ihre Eltern in einer Weißenseer Gaststätte ging ich allein. Von einem Mädchen erfuhr ich, daß wir uns am nächsten Morgen um sechs Uhr in einer Fabrik in Ostkreuz treffen sollten.

Noch fast in der Nacht wurde ich von der Nachtwache geweckt. Über meine Kleidung, die ich anziehen wollte, dachte ich nicht lange nach; alte Jeans und einen alten Pullover trug ich am liebsten. Nur bei meinen Haaren überlegte ich, ob ich sie zusammenbinden oder offenlassen sollte. Ach, egal, was die anderen von mir denken, ich ließ die Haare in voller Länge fallen.

Im Speisesaal saßen vereinzelt noch müde Mädchen, sie strichen sich ihre Brote für den Tag.

Auf meinen Gutenmorgengruß antwortete keine. Von da an ließ ich das Grüßen auch sein.

An der Essenausgabe standen drei Teller, einer mit Brot, einer mit Butter und einer mit Wurst. Angewidert von den durchwühlten Tellern nahm ich keine Stullen mit, trank nur eine Tasse kalte Milch und ging los.

Zwanzig Minuten wartete ich auf Marie, das Mädchen von der Elternversammlung, aber sie kam nicht. Mir war kalt, ich lief allein zum Werk. Die Straßen und Häuser grau in grau, genau wie die Gesichter der Menschen, die mir so früh begegneten. Ob ich später auch mal so aussehe? überlegte ich.

Als ich rechts in die Boshagener Straße einbog und das häßliche Tor der Gummifabrik sah, bereute ich sofort, daß ich dort lernen »wollte«. Nach und nach trafen die neuen

Lehrlinge ein. Der Lehrmeister kam und führte uns durch das Werk. Es war schmutzig, laut und stank gewaltig. Zum zweiten Mal bereute ich meine Berufswahl.

In der Klasse hatte ich unter den Schülern bald eine Sonderstellung. Ich war die aus dem Heim, für die anderen etwas Besonderes. Marie hatte es allen erzählt. In den Pausen saßen wir zusammen, ich mußte vom Heim berichten, sie konnten sich ein Leben ohne Eltern nicht vorstellen. Hunderte von Fragen stürmten auf mich ein, ich bemühte mich um ehrliche Antworten. Sie hatten alle eine falsche Vorstellung von Heimkindern und dem Leben dort. Sie staunten über die vielen Reisen, die ich gemacht hatte. So viele Erlebnisse hatten sie zu Hause nicht gemacht und konnten demzufolge auch nicht darüber berichten. Dann wollten sie wissen, ob wir Kinder im Heim geschlagen wurden. Ich mußte darüber lachen und erzählte von meiner einzigen Ohrfeige. Sie wollten es kaum glauben. Danach sprachen wir über ihre Eltern und wie sie lebten. Die meisten hatten Problem mit ihren Eltern. Einige wurden von den betrunkenen Vätern geschlagen, oder die Eltern stritten häufig miteinander. Es gab kaum einen Schüler, der mit seinen Eltern zufrieden war. Von da an war ich nicht mehr traurig, keine Eltern zu haben.

Lieber keine als solche Eltern, dachte ich, da hatte ich es ja teilweise im Heim besser.

Berufsschule

Zur Berufsschule mußten wir bis zur Leninallee mit der S-Bahn fahren, von dort aus mit der Straßenbahn 17 in Richtung Roederplatz. Die Fahrt ging durch Straßen mit Lauben und vielen grünen Büschen und Bäumen. Ich freute mich nicht auf die Schule, trotzdem war ich neugierig darauf. Zum ersten Mal sollte kein Kind aus einem Heim da sein.

Am Roederplatz stieg ich aus und lief quer durch die Laubenkolonie. Als ich einen schönen alten Apfelbaum sah, kletterte ich über den Zaun und klaute mir einen Apfel, dabei mußte ich unwillkürlich an das Heim denken.

Waren wir am Abend durch die hinter unserem Wald gelegenen Laubenkolonien gewandert, hatten wir oft Birnen oder Äpfel geklaut. Die Erzieherin stand abseits und tat, als sehe sie nichts, dabei paßte sie auf, daß wir nicht erwischt wurden. Kam doch jemand vorbei, dann rief sie in gespielter Entrüstung:

»Aber Kinder, was soll denn das?«

Schnell sprangen wir vom Zaun und taten ganz unschuldig. Waren die Leute vorbei, bogen wir uns vor Lachen. Es war ein stilles Übereinkommen zwischen den Erziehern und uns.

Wir erhielten im Heim Obst, aber selten. Und Geklautes schmeckte eben besser. Kurz nach dem Mauerbau bekamen wir zwar Grundstücke von abgehauenen Berlinern, aber da wir keine Ahnung von Gartenbau hatten und nur durch den Garten tobten oder die Gegend mit unserem Geschrei nervten, wurden uns die Grundstücke wieder weggenommen.

Jeden Morgen klaute ich mir nun von diesem Baum einen Apfel, meist auch vor Hunger. Nach wie vor machte ich mir keine Stullen, zu sehr ekelte ich mich vor dem Wurstteller.

Unser Klassenraum hätte ein Kino sein können. Die Bänke bestanden aus schräg nach oben verlaufenden Reihen mit Klappsitzen. Ich setzte mich in die erste Reihe, ganz rechts an die Wand. Wenn ich zur Tafel gerufen wurde, mußten alle in der Reihe aufstehen, das störte den Unterricht sehr. Aber meine Platzwahl hatte einen Grund. In der Heimschule hatten sich die Jungs mit dem Älterwerden etwas Gemeines angewöhnt. Jedesmal, wenn es zur Pause klingelte, sprangen sie zur Tür und hielten sie zu – natürlich nur, wenn der Klassenlehrer schon den Raum verlassen hatte –, dann griffen sie sich ein Mädchen, drängten es in eine Ecke und begrapschten es an der Brust. Zum Glück saß ich an der Tür und war meistens mit dem Lehrer draußen. Da ich meine Mitschüler noch nicht kannte, war ich vorsichtig. Das zweite Mädchen, das den Raum betrat, setzte sich sofort zu mir. Zum Stundenbeginn zählte ich fünfundzwanzig Jungs und fünf Mädchen. Wir saßen wie die Hühner auf einer Stange, alle in der ersten Reihe. Von oben regnete es plötzlich Pflaumen, ich sagte zu Marie:

»Wenn mich eine Pflaume trifft, geh' ich nach oben und knall dem Typen eine.«

Die Tür öffnete sich, und der Direktor erschien mit unserem neuen Klassenlehrer. Wenn die Pädagogen die Klasse betraten, mußten wir uns von den Plätzen erheben und stehen bleiben, bis der Lehrer sagte: »Setzen!« Das kannte ich schon aus dem Heim. Als das Kommando »Setzen!« erfolgte, flog mir eine Pflaume an den Kopf. Der Direktor wollte uns gerade mit einer Rede begrüßen, da

stand ich auf. Nun folgten alle Mädchen. Ich ging durch die Reihe und stand vor der Klasse. Alle Schüler sahen mich gespannt an, es war mir peinlich, aber ich dachte: Jetzt oder nie. Leider wußte ich nicht, welcher Schüler die Pflaumen geworfen hatte. Ich stieg ein paar Stufen nach oben, da entdeckte ich einen Jungen, der ein besonders dußliges Gesicht machte. Ich holte aus und knallte ihm ein paar, erst rechts, dann links. Seine Ohren glühten sofort. In der Klasse herrschte Totenstille; ich stieg die Stufen wieder hinunter. Der Klassenlehrer fragte mich:
»Sind Sie fertig?«
Ich schaute auf den etwa 1,60 m kleinen Mann und sagte:
»Das sehen Sie doch.«
»Dann gehen Sie auf Ihren Platz.«
Seit diesem Tag ließen mich die Jungs in Ruhe, sie verhielten sich mir gegenüber kumpelhaft und boten mir teure Zigaretten an, aber ich rauchte nicht.
Über unseren Wurzelgnom, den Klassenlehrer, lachten wir noch oft. Detlef mit seiner Länge von 1,98 m machte einmal eine witzige Bemerkung über den Gnom. Da dieser ihn nicht richtig verstanden hatte, ging er einige Stufen zu Detlef nach oben, blieb vor ihm stehen und sagte in ernstem Ton:
»Sie Würstchen Sie, stehen Sie auf!«
Detlefs Kopf wirkte tatsächlich wie eine kleine Murmel, und er hatte den unschuldigen und glatten Gesichtsausdruck eines Zwölfjährigen. Zuerst rutschte er mit seinem Oberkörper nach oben, damit erreichte er im Sitzen schon fast die Größe des Lehrers. Aus unseren Reihen hörte man schon vereinzeltes Lachen. Als Detlef stand und auf den Lehrer hinunterschaute, brüllten wir vor Lachen. Mit rotem Kopf schrie der Lehrer:

»Setzen, setzen Sie sich sofort wieder!«

Wir konnten uns die Stunde über nicht beruhigen, der Lehrer konnte sich nicht mehr durchsetzen. Das war fast wie im Heim. Wir machten, was wir wollten, einige spielten Karten, Käsekästchen oder lasen Bücher, die nicht zum Unterricht gehörten. Einmal sagte Marie zu mir:

»Schau mal, was der Zwerg macht.«

Ich konnte nichts Besonderes an ihm feststellen und fragte:

»Was denn?«

Marie lachte mich aus.

»Mensch, bist du doof, sieh doch mal richtig hin, der spielt Taschenbillard.«

Weder Billard noch Taschenbillard waren mir ein Begriff.

»Was ist denn das nun wieder?«

»O Gott, bist du wirklich so blöd oder tust du nur so? Er fummelte sich an seinen Eiern.«

»Wie, was macht der?« Ich sah zu ihm hin, er hatte seine Hände in den Kitteltaschen, ich konnte nichts sehen.

»Paß mal auf, wenn er zum Lehrertisch geht«, sagte Marie, »dann schubbert er sich an der Tischkante.«

Tatsache, als ich es sah, fing ich so laut zu lachen an, daß er mich fragte:

»Worüber lachen Sie denn so?«

Die Frage brachte mich noch mehr zum Lachen. Ich konnte doch nicht sagen: Weil Sie Taschenbillard spielen! Plötzlich brüllte er:

»Raus!«

Den Rest der Unterrichtsstunde verbrachte ich auf dem Klo. Das hatte ich nun Marie zu verdanken.

Marie war überhaupt schon viel weiter als ich, sie

schminkte sich, hatte einen Verlobten und fragte mich, ob ich schon mal gebumst hätte. Sie bumste schon seit zwei Jahren.

»Nein«, sagte ich, »ich habe noch nicht mal einen Freund.«

Sie meinte, das Bumsen sei irre toll und mache richtig Spaß. Ich traute mich nicht zu fragen, was daran Spaß macht, sonst hätte sie mich für noch blöder gehalten. Ich nahm mir vor, ein Mädchen aus dem Heim zu fragen. Sie hatten fast alle einen Freund, auch die Mädchen in meinem Zimmer. Erika ging mit einem Jungen aus unserem Heim, der jetzt zur See fuhr, er wollte Matrose werden. Lange Zeit war er auch mein Schwarm, natürlich heimlich. Er ging aber nur mit den Mädchen aus der großen Gruppe. Wenn Erika Post von ihm bekam, las sie mir immer seine Briefe vor. Von ihr wußte ich, daß sie auch noch nicht mit einem Jungen geschlafen hatte, obwohl ihr Freund es gern wollte. Erika und ich hatten Angst vor dem ersten Mal.

Eines Nachmittags kam ein Mädchen aus der obersten Etage in unser Zimmer. Wir kannten sie aus unserem Kinderheim, sie war schon ein Jahr hier und studierte, sie wollte Lehrerin werden.

»Weißt du, wie man bumst?« fragten wir sie. Sie lachte und sagte:

»Na klar!«

Dann erklärte sie uns alles ganz genau, auch daß es beim ersten Mal sehr weh tut.

Nach der Theorie kam die Praxis. Dazu legte sie sich auf das Bett und machte Liegestütze. Ich konnte mich vor Lachen kaum noch halten, es sah einfach witzig aus. Vom Lachen und den Liegestützen entkräftet, sagte sie: »Tja, so geht es, ungefähr!«

Im Jugendwohnheim mußten wir auch einige Vorschriften einhalten. Am Abend hatten wir um 18 Uhr im Heim zu sein. Mittwochs hatten wir bis 21 Uhr Ausgang und am Sonnabend bis 22 Uhr. Wer dreimal zu spät kam, erhielt vier Wochen Ausgangsverbot. Blieb ein Mädchen eine Nacht weg, mußte es am nächsten Tag zur Untersuchung zum Frauenarzt. Es spielte keine Rolle, wo die Nacht verbracht wurde, ob bei Verwandten, bei einer Freundin oder den Eltern. Die Heimleitung ging immer zuerst vom Negativen aus. Das Mädchen war eine Herumtreiberin. Viele hatten vor der Untersuchung Angst und weinten. Außerdem schämten sie sich, weil sie durch die Begleitung einer Erzieherin oder durch den Anruf der Heimleitung schon vor der Untersuchung einen schlechten Ruf bekamen. Deshalb hatte das Heim die Bezeichnung »Tripperburg«. Ich habe kein einziges Mädchen gekannt, das geschlechtskrank war.

Freizeit

Mit Erika vertrieb ich mir die Ausgangszeit, indem wir viel spazieren und sonnabends zum Tanzen in den Treptower Park gingen.

Dort gingen fast alle Mädchen aus dem Heim tanzen, er war nicht weit vom Heim entfernt. Wenn man sich verspätete, schaffte man es im Dauerlauf, die Ausgangszeit einigermaßen einzuhalten. Bei der Nachtwache hatten wir oft Glück. Sie war schon eine alte Dame und schrieb uns nicht immer gleich in das Buch der Verspätungen ein.

Erika war dunkelhaarig, hatte braune Augen, eine

Stupsnase und zu ihrem Ärger immer eine rosige Gesichtshaut. Sie war noch größer als ich und vollbusig. Komischerweise war das Anziehendste an ihr der Po. Jedesmal, wenn wir tanzen gingen, bekam sie von den Jungs oder von den Männern einen Klaps auf ihren Allerwertesten. Das machte sie sehr wütend.

An einem Sonnabend, wir standen im Waschraum und schminkten uns, sagte sie zu mir:

»Wenn mir heute einer auf den Arsch schlägt, dann hau ich ihm eine runter.«

Ich lachte und sagte:

»Na gut, dann laß uns gehen.«

Ich tanzte nicht gern, viel lieber sah ich den anderen dabei zu und amüsierte mich über die komischsten Paare. Ich fand es interessant, wie sie sich zusammenfanden und anschließend gemeinsam nach Hause gingen. Erika tanzte oft. Die meisten der anwesenden Männer waren Soldaten. Diese Typen wurden beim Tanzen ziemlich aufdringlich. Sie drückten einen so fest an ihren Körper, daß man etwas Hartes zwischen sich und dem Tänzer spürte. Deswegen ließ ich sie einfach stehen und ging zu meinem Platz. Mir war diese Art von Berührung so unangenehm, daß ich lieber gar nicht tanzte. Das brachte einen Soldaten so in Rage, daß er mich beschimpfte.

»Was bildest du dir eigentlich ein, du blöde Kuh?«

Ich hatte genug und sagte zu Erika, die gerade mit einem Soldaten an den Tisch kam:

»Komm, wir gehen, mir reicht es hier.«

An der Garderobe holte ich meine Jacke. Durch das Gewimmel der vielen Soldaten, die noch hinein wollten, erreichte ich den Ausgang. Die Soldaten grapschten nach mir und pöbelten mich an. Auf der Straße drehte ich mich suchend nach Erika um. Sie war schon fast an den Soldaten vorbei, als plötzlich einer, ein Offizier, ausholte und ihr einen kräftigen Schlag auf den Hintern gab. Blitzschnell schlug Erika ihm ins Gesicht, so daß ihm die Mütze vom Kopf flog, und rannte mir nach. Mir erstarb das Lachen auf den Lippen, als ich sah, wie er Erika hinterherlief. Ich konnte nur noch »Erika« rufen, da hatte er sie auch schon und versuchte, auf sie einzuschlagen. Erika, groß und kräftig, wehrte den Schlag ab und scheuerte ihm noch eine. Zum Glück kam der Bus, wir rannten los. In letzter Sekunde erreichten wir ihn und entwischten dem Schläger. Aufgeregt und wütend über die Kerle, nahmen wir uns vor, dort nicht mehr tanzen zu gehen.

Der Mode entsprechend liefen wir mit langen Haaren und kurzen Röcken, die knapp unter dem Po endeten, umher. Auch die Jungs ließen sich die Haare wachsen. Einige hatten so langes, dichtes und welliges Haar, daß sie von hinten wie Mädchen aussahen. In der Schule war das lange Haar für Jungen verboten, deswegen banden sie es mit Gummi zusammen und steckten den Zopf in den Hemdkragen. Viele hatten aber Pech, sie wurden von der Polizei auf der Straße angehalten und gewaltsam zum Frisör gebracht. Anschließend mußten sie dann auch noch die Rechnung bezahlen. Die Erwachsenen wußten nichts Besseres als schlaue Sprüche klopfen, wie: »Je länger die Haare, desto kürzer der Verstand« oder »Das sind ja bloß alles Gammler, blöd und dreckig.«

Auch ich mußte mir das oft anhören, ob ich wollte oder nicht. Plötzlich, mitten auf der Straße, fingen die Erwachsenen ohne Grund an, über mich und die heutige Jugend zu meckern. Ich konnte den Satz »Zu meiner Zeit hätte es so etwas nicht gegeben« schon nicht mehr hören. Wir waren jung und wollten für uns sein, ohne die ständigen Vorschriften und Ermahnungen, und so trafen wir uns in kleinen Gruppen privat oder auf Konzertveranstaltungen der Ost-Beat-Gruppen. Westfernsehen war im Jugendwohnheim verboten, genau wie im Kinderheim. Den Beatclub sah ich heimlich bei Schulfreundinnen, wenn die Eltern nicht zu Hause waren. Ein Mädchen hatte sehr tolerante Eltern, sie durfte sich die Wände mit Postern von Westgruppen bekleben, die sehr teuer unter der Hand verkauft wurden. Bei ihr sah ich dann Westsendungen, und wir redeten über die Jungs in unserer Schule. Wenn wir Jugendlichen uns trafen, sahen wir alle gleich aus. Langes Haar, Jeans, egal, wie alt, und Parkas, egal, woher.

Bei Rotwein saßen wir zusammen, redeten von den neuesten Westgruppen, der Mauer, der Liebe und der Freiheit, nach der wir uns sehnten. Wir lachten und waren einfach nur glücklich. Viele aus unserem Kreis waren Studenten oder Lehrlinge, wenige gingen noch zur Oberschule.

Von wegen Hilfsarbeiter oder Asoziale! Warum wurden wir nur nach unserem Äußeren beurteilt? Immer standen uns die Erwachsenen ablehnend gegenüber. Lag es an unserer Jugend oder weil wir uns selbstbewußter verhielten als sie sich früher? Keiner hatte den »Knigge«, das Buch über gute Umgangsformen, gelesen. Wir machten keinen Knicks mehr.

Aber ob man lernte, studierte oder arbeitete, das war ganz egal. Wir waren jung, und das war das eigentliche Problem. Wie konnten sie von uns für sich Verständnis erwarten, wenn sie uns nicht verstanden. Und daß es ihnen in ihrer Jugend schlechter gegangen war, dafür konnten wir doch nichts. Sie sollten sich lieber freuen, daß wir es besser hatten, ohne Krieg und Hungersnot. Parolen hatten sie ja reichlich: »Alles für die Zukunft unserer Kinder.« Aber dafür erwarteten sie ewige Dankbarkeit in Form von Gehorsam und Anpassung. Es war unmöglich, mit ihnen auf einer Welle zu schwimmen.

Hinter unserem Jugendheim gab es einen Laden, der nannte sich Twistkeller. Lange vorher mußte man sich nach Karten anstellen, um hineinzukommen. Dort spielten die Jazzer. Licht, Qualm von billigen Zigaretten Marke Karo oder Real und Bier machten den Keller gemütlich. Vor allem traf ich hier interessante Gestalten. Sie trugen lange Bärte und Haare, alte Lewis-Hosen, die bald vom Hintern zu fallen drohten, erzählten verrückte Geschichten aus ihrem Leben, all das zog mich magisch an. Sehr bald merkte ich aber, daß sich die Gespräche wiederholten. Die sogenannten Intellektuellen, die nur redeten und nichts taten, hatte ich bald durchschaut. Das Gerede konnte ich nicht mehr hören. Jeder hielt seine Meinung für die einzige richtige. Ihre endlosen Streitgespräche endeten meistens mit sinnlosem Bierlallen.

Die Musik schien mir immer dieselbe zu sein, als wenn alle Musiker durcheinander spielten. Der alte Jazz gefiel mir besser als der Free Jazz. Ich verstand zwar nichts davon, aber die Musik ging mir unter die Haut. Dazu konnte man tanzen oder rhythmische Bewegungen machen. Das gefiel mir besser als der moderne Jazz. Ich fing an, mir nur noch Karten für bestimmte Gruppen zu kaufen, und ich hatte mehr von dem Abend.

Inzwischen hatte die Gammlerzeit ihren Höhepunkt erreicht. Die wirklich echten Gammler trafen sich in Gammlerecken. Bekannt und verrufen, sogar gefürchtet war der

Tunnel im Lichtenberger U-Bahnhof. Hier versammelten sie sich, tranken und pöbelten die Leute an, die dann die Bullen riefen. Regelmäßig machten sie dort Razzia, aber es half wenig. Wenn ich den Tunnel benutzen mußte, hatte ich auch Angst vor diesen Typen. Mit Herzklopfen lief ich an ihnen vorbei. Aber nur wer auf ihre Sprüche oder Pöbeleien antwortete, mußte mit Aggressionen rechnen. Meist waren es die Erwachsenen, die ihren Mund nicht halten konnten. Schlimme Geschichten von Vergewaltigungen, Belästigungen und Überfällen verbreiteten sich in Berlin. Das hatte zur Folge, daß ich beim Umsteigen den Tunnel lieber mied.

Tag der Republik

7. Oktober, siebzehn Jahre DDR, Feiertag! Keiner brauchte zu arbeiten, alles, was Beine hatte, lief zum Alex oder auf die Karl-Marx-Allee. Die Stadt war mit Fahnen in Rot übersät. Auf den Straßen spielten Armeeorchester der NVA oder der russischen Bruderarmee ihre Volksweisen, dazu tanzten Volkstanzgruppen. Das sahen sich die Muttis und Vatis gern mit ihren Kindern an.

Für uns wurde der »Geburtstag« erst am Abend interessant. Dann spielten hier die Beatgruppen.

Ich hatte mich mit meinem Bruder verabredet und freute mich, als ich ihn in dem Gewühle der Menschen fand. Er stand mit Freunden zusammen, die ich nicht kannte. Wir winkten uns zu und begrüßten uns fröhlich. Die Jungs pfiffen und sagten:

»Tolle Puppe!«

»Mensch, wo hast du die denn her?«

Keiner glaubte, daß wir Geschwister waren. Mein Bruder war stolz auf mich. Ich hatte mich äußerlich wirklich zu meinem Vorteil verändert. Meine offenen Haare trug ich blond gefärbt, und schminken konnte ich mich dank Marie ausgezeichnet.

Wir überlegten gerade, wohin wir gehen wollten, als ein Bulle kam und ohne Grund zu uns sagte:

»Los, auseinander!«

Wir standen nur zu viert. Ich fragte:

»Wieso sollen wir auseinandergehen?«

Er sagte stur, aber etwas lauter:

»Auseinander!«

Unsere Frage, ob es verboten sei, auf der Straße zu stehen, beantwortete er mit einer Drohung:

»Noch ein freches Wort und ich nehme euch mit!«

Wir hatten uns sehr auf den Abend gefreut, und da mein Ausgang sowieso begrenzt war, hatte ich keine Lust, ihn auf einem Polizeirevier zu verbringen. Hintereinander setzten wir uns in Richtung Alex in Bewegung. Auf dem Straußberger Platz ging nichts mehr, er war so voller Menschen, daß wir nur noch auf einem Fleck stehen konnten. Ich sah, wie zwei Lastwagen versuchten, in die Menschenmenge zu fahren.

»Sind die verrückt!« sagte ich zu meinem Bruder, da hielten sie auch schon. Die Planen wurden hochgeschlagen, und Bullen mit Gummiknüppeln in den Händen sprangen schlagend in die Menschenmenge. Das löste Panik unter den Menschen aus, jeder versuchte, davonzukommen. Alles lief, soweit es ging, durcheinander, ich fand meinen Bruder nicht mehr. Die Angst vor den Schlägen drängte mich vorwärts, die Luft dröhnte von dem Geschrei der Verletzten.

Nur weg hier, war mein einziger Gedanke, ich hörte die tosende Menge hinter mir und wußte, ich war draußen.

Vor dem Haus Berlin überlegte ich, wie ich am günstigsten zum Heim zurückkäme. Da beobachtete ich eine entsetzliche Szene. Eine junge Frau wurde von mehreren Polizisten in eine Hausecke gedrückt. Dabei drehten sie ihr die Arme mit Gewalt nach hinten auf den Rücken, sie schrie wie eine Wahnsinnige vor Schmerzen. Die Menschenmenge war in eine regelrechte Panik geraten, keiner nahm sich Zeit, sich um den anderen zu kümmern. Obwohl ich schrecklich entsetzt und aufgeregt war, konnte ich mich nicht von der Stelle rühren. Die Frau in ihrer Hilflosigkeit löste in mir einen unglaublichen Zorn und Haß auf die grün Uniformierten aus, die den Staat vertraten. Ich, die isoliert von der Außenwelt in dem Glauben erzogen worden war, daß in der DDR alles gut und schön und richtig sei und wir dem Staat alles zu verdanken hätten, ich empfand, daß alle Vorstellungen von der Freiheit und dem Leben in der sozialistischen Gemeinschaft Lügen waren. Wie selbstverständlich hatte ich die Funktionen in der Pionier- und FDJ-Organisation ausgeübt. Und jetzt sah ich so etwas!

Die Polizisten schlugen auf alles, was lange Haare hatte, besonders ein. Es schien für mich keinen Ausweg der Flucht zu geben. Brüllende Bullen und schreiende Menschen. Die Frau schrie:

»Nazischweine, ihr habt mein Handgelenk gebrochen!«

Sie heulte wie ein Tier. Zivilbeamte versuchten, sie in ein Auto zu bringen. Wie ein Orkan tobte die Menge. Mit Gewalt trugen sie die Frau zum Auto, dabei verlor sie einen Schuh. Der fiel neben mich, ich hob ihn auf und warf ihn mit den Worten durch das offene Fenster des Autos:

»Sie kann nicht weglaufen, dazu braucht sie ihre Schuhe!«

Plötzlich stand ich einem Lehrer unserer Berufsschule gegenüber. Ein eisiger Schreck durchfuhr mich. Ich machte, daß ich wegkam. Als ich nochmal zurückschaute, traute ich meinen Augen nicht: Er stieg in das Auto, freiwillig!

In den Neubauten sah ich Jugendliche breitbeinig in den Hausfluren mit dem Gesicht zur Wand stehen. Die Arme hatten sie über ihren Köpfen erhoben, dabei wurden sie von Zivilisten abgetastet. Ein Junge sagte etwas, ein Zivilist schlug ihm von hinten an den Kopf, so daß er gegen die Wand prallte. Ich konnte gerade noch sehen, wie der Junge sein Gesicht herumdrehte, dabei schoß ihm das Blut nur so aus der Nase. Angesichts dieser Brutalität änderte ich meine bis dahin unbedarfte Einstellung zu diesem Staat.

Als ich schließlich im Heim war und im Bett lag, konnte ich lange nicht einschlafen. Ich versuchte, meine Gedanken zu ordnen.

Die Mao-Plakette

Mao Tse-tung kam in Mode. Die kleine goldene Plakette wurde mit hundertfünfzig Mark gehandelt. Aber wenn man von der Polizei mit einer erwischt wurde, mußte man mit Bestrafung rechnen. Wer sie trug, war der King, unwichtig, weshalb und warum, man mußte sie nur haben. Ich hatte keine Ahnung, was in China los war. Als die Kulturrevolution ausbrach, war China plötzlich auch unser Klassenfeind. Im Heim durften wir keine Bilder aus China mehr an der Wand haben, warum und weshalb, erfuhren wir nicht. Zwei Jungs aus meiner Klasse waren scharf auf diese Plakette. Sie überredeten Marie und mich, mit ihnen gemeinsam in die chinesische Botschaft zu gehen, dort hätten sie vielleicht die Chance, eine zu bekommen.

Gesagt, getan. Gleich nach der Schule fuhren wir bei strömendem Regen nach Karlshorst. Vor der Tür liefen Polizisten auf und ab. Was die wohl machen, wenn sie sehen, daß wir in die Botschaft wollen, fragte ich mich.

»Kommt, wir rennen einfach auf die Tür zu; wenn wir einmal dort sind, können sie nichts mehr machen.«

Wir rannten zur Tür, die glücklicherweise nicht verschlossen war. Noch ehe wir uns überlegen konnten, was wir sagen wollten, stand ein kleiner, lächelnder Chinese im grauen Anzug vor uns und begrüßte uns mit den Worten:

»Bitte, kommen Sie herein, ich schicke gleich einen Genossen.«

Dabei führte er uns durch mehrere Räume, an deren Wände riesige Plakate und Fahnen mit Maos Bild hingen; sie sahen wie überdimensionale Wandzeitungen aus. In einem kleineren Zimmer standen auf einem Plakat in deutscher Sprache die Worte: *Mao, die Sonne unseres Herzens.* Hier bat er uns, Platz zu nehmen, und verschwand. Wir nutzten die Gelegenheit, uns abzusprechen, welche Fragen wir stellen wollten. Nachdem uns ein zweiter chinesischer Genosse begrüßt hatte, fragte er uns, ob wir noch Schüler seien. Er sprach perfekt deutsch. Wir sagten, wir seien Lehrlinge und wollten uns gerne über die Kulturrevolution informieren, da wir darüber nichts wüßten. Dabei schauten wir nur auf seine Plakette. Nach der Kulturrevolution zu fragen, erwies sich als Fehler, denn jetzt erfolgte ein zweistündiger Vortrag über Chinas Kultur und Revolution. Dem Chinesen waren alle Agitationsmethoden vertraut, von der ruhigen, begeisterten bis zur mitreißenden. Er ließ sich nur einmal in seinem Vortrag stören, indem er sich ungeniert mit einem Finger eines Popels entledigte. Der grinsende Maoredner mit dem Finger in der Nase. Obwohl ich mich ekelte, kam mir das Lachen, was ich mir anstandshalber verkniff. Die anderen zuckten auch mit den Mundwinkeln. Den Vortrag schloß er mit den Worten:

»Ihr dürft euch nichts gefallen lassen, ihr müßt kämpfen; wenn es sein muß, mit der Waffe in der Hand. Wir helfen euch!«

Ich hatte so viel über China gehört, daß ich benebelt war. Mir dröhnte der Kopf, ich war überzeugt von dem, was er alles erzählt hatte. Dann kam die Frage:

»Kann ich noch etwas für euch tun?«

Darauf hatten wir nur gewartet. Als er hörte, daß wir die Maoplakette wollten, schickte er einen Genossen los, um sie zu holen. Lächelnd überreichte er sie jedem mit der Pekinger Rundschau in deutscher Sprache und ermahnte uns, sie auch immer zu tragen. Ab nun sollten wir jeden Mittwoch zu einem Gespräch in die Botschaft kommen. Wenn er dann sähe, daß wir gute Freunde seien, bekämen wir die Rote Bibel geschenkt.

Ich versteckte die Rundschau im Schnellhefter, die Plakette behielt ich in meiner Hand. Ich wollte das mühsam Erworbene nicht wieder loswerden.

Vor der Tür standen die Polizisten im Regen, sie sahen uns kurz an, mir schlug das Herz bis zum Hals, aber sie ließen uns gleichgültig vorbei. In der Straßenbahn lachten wir uns über den Popel fast tot.

Ich hätte mich ehrlich für China begeistern können. Leider hatten die anderen kein weiteres Interesse an China, und allein fehlte mir der Mut, in die Botschaft zu gehen.

Die Vorträge, die man von den Genossen der DDR hören konnte, wurden wochenlang vorher geübt und dann monoton vom Zettel abgelesen. Bei solchen Vorträgen erstickte man bald in Langeweile und wußte zum Schluß nie, worum es eigentlich ging.

Buchenwald

Der Herbst kam und brachte unserer Klasse wegen ihrer bis dahin noch guten Disziplin eine Reise nach Erfurt ein. Wir fuhren mit den Lehrausbildern in eine Jugendherberge, wo wir uns in Doppelstockbetten austobten und wo die Jungen versuchten, uns beim Ausziehen zu beobachten. Einige Male saß auch ein Lehrer bei einem Mädchen auf dem Bett. Mich konnte nichts mehr erschüttern, selbst nicht, als ich sie einmal beim Knutschen sah. Dem Lehrer schien es wenigstens noch peinlich zu sein, hingegen das Mädchen hatte nur Angst, daß es die Klasse erfuhr. Ich sagte ihr, daß ich schon ganz andere Dinge im Heim erlebt hätte und daß über sie und den Lehrer schon lange geredet würde. Von da an machte sie aus ihrer Verliebtheit kein Geheimnis mehr. Bald hatten sich alle an ihre Schwärmerei für den Lehrer gewöhnt.

Zu unser aller Ärger mußten wir das KZ Buchenwald besuchen. Ich konnte schon keine Konzentrationslager mehr sehen. Wie oft ich schon im KZ war, natürlich als

Pflichtveranstaltung, kann ich nicht zählen. Auch hier gehörte es zum Programm. Im kalten Wind stiegen wir den Ettersberg hinauf, wir froren, und der Schnee machte alles noch schlimmer. Im Schnelldurchlauf rannten wir durch die Mahn- und Gedenkstätte, hörten uns an, wo Ernst Thälmann erschossen wurde, und verließen, so schnell wir konnten, die eisige Vergangenheit. Keiner von uns zeigte sich über das Geschehene betroffen. Zu oft hatte man uns zu den nicht miterlebten Schandtaten der Nazis geschickt. Es gehörte schon zu meinem Leben, in ein KZ zu gehen. Oft hatte ich Träume, als sei ich selbst schon drin gewesen. Jetzt schwor ich mir, nie wieder ein KZ zu besuchen.

Vormilitärische Ausbildung

Kaum waren wir aus Erfurt zurück, teilte uns der Lehrobermeister mit, wir könnten nun unsere Treue zum Staat unter Beweis stellen und zur vormilitärischen Ausbildung fahren. Ohne die Teilnahme daran könnten wir sowieso unseren Facharbeiterbrief vergessen. Es sollte kumpelhaft klingen, war aber sehr ernst gemeint, denn alle, die nicht mitmachen wollten, bat man zu einer Unterredung. Schließlich hatte keiner Lust, umsonst gelernt zu haben, und so fuhren wir alle geschlossen in dieses Lager. Irgendwo in der Nähe von Berlin, versteckt im Wald, standen mehrere Bungalows, die waren für eine Woche unsere Unterkunft. Gegenüber den fast dreißig Jungen war uns fünf Mädchen nicht wohl in unserer Haut. Die Einrichtung war sehr dürftig: drei Doppelstockbetten, sechs Stühle und eine Heizsonne, die nicht ausreichte, unseren Raum, bestehend aus vier einfachen Holzwänden, richtig zu erwärmen.

Wir schoben gerade unsere Rucksäcke unter die Betten, da schrie schon eine Männerstimme:

»Alles raustreten!«

Langsam kamen alle aus ihren Hütten. Der Ausbilder schrie wieder:

»Bißchen dalli, hopp, hopp, ihr seid doch nicht zur Erholung hier!«

Nachdem wir uns einigermaßen geordnet hatten, schrie er:

»Achtung, rechts um! Achtung, links um!«

Wir drehten uns alle durcheinander. Die Übung der Wende dauerte so lange, bis jeder einzelne sie begriffen hatte. Er ließ die Jungen wegtreten und beschäftigte sich nun ausgiebig mit uns. Mir war das einfach zu blöde, und ich weigerte mich, weiter im Kreis die Pirouetten zu drehen. Darauf entließ er die vier Mädchen. Unter dem Gejohle der Jungen sollte ich seine Kommandos befolgen. Nun reichte es mir endgültig, ich ließ ihn brüllen und rannte in meine Hütte, riß mir die Klamotten vom Körper und wartete auf die Dinge, die da kommen sollten. Wütend über das Gelächter der Jungen und meine Flucht, rannte er mir natürlich hinterher. Die Mädchen schlossen die Tür ab und schrien:

»Ursula ist nackend!«

Mit voller Wucht warf er sich gegen die Tür und brüllte:

»Komm sofort raus!«

Ich dachte, er tritt sie ein, da rief ich, so laut ich konnte:

»Wenn Sie reinkommen, zeige ich Sie im Heim wegen Belästigung an!«

Schlagartig wurde es vor der Tür ruhig, erleichtert warfen wir uns auf unsere Betten.

»Wer weiß, was uns hier noch erwartet, ein Zuckerschlecken wird es wohl nicht«, sagte ich.

Am nächsten Tag mußten wir unsere Zivilsachen gegen Uniformen eintauschen, und nun kam die eigentliche Ausbildung: über den feuchten Waldboden robben, Holzkeulen als Handgranaten durch die Luft schleudern und Schießübungen. Wenn ich auf der Erde kroch, mir der modrige Dunst des verfaulten Laubes in die Nase stieg und mir dazu kleine Würmer und andere Tierchen über die Arme liefen, packte mich nicht nur Ekel, sondern auch maßlose Wut über diese für mich sinnlose Ausbildung. Da redeten sie alle von »Nie wieder Krieg«, und wir säuberten hier den Waldboden mit unserem Körper.

Nach so einer Übung waren wir meist fix und fertig. In Reih und Glied marschierten wir einmal durch ein Dorf. Keine Menschenseele war zu sehen, als ob sich die Bauern vor uns versteckten. Niemand von uns wußte, wo wir hier überhaupt waren. Nachdem wir das Dorf durchquert hatten, führte uns der Ausbilder zu einem schmalen Waldweg, der über eine kleine Holzbrücke führte. Darunter plätscherte glasklares Wasser. Für einen kurzen Augenblick sah ich kleine Fische schwimmen und hätte diesen Ort, wären wir nicht marschiert, richtig romantisch gefunden. Erstaunt blickten wir auf eine Art Waldschlößchen, vor dem der Weg endete. Mit dem Ausbilder vornweg, trampelten wir mit unseren schmutzigen Schuhen und Sachen über einen roten Teppich in das kleine Familienhotel. An der Tür stand plötzlich die Dame des Hauses, eine kleine, rundliche Frau, auf ihrem Gesicht spiegelte sich das Entsetzen über unseren Anblick wider. Überall hinterließen wir Spuren des Waldes, sie traute sich jedoch nicht, uns rauszuwerfen. Der Ausbilder bestellte Getränke, und die ohnehin schon leisen Hotelgäste sprachen gar nicht mehr, sondern sahen uns nur schweigend an.

Die Jungs erzählten sich laut dreckige Witze und grölten vor Lachen, es dauerte nicht lange, da kippten schon die ersten Gläser auf die weißen Tischdecken, und sie tranken keine Brause mehr, sondern Bier. Mir kam das alles wie ein Schauspiel vor, die ernsten Gesichter der Erwachsenen und wir Jugendlichen in Uniform, niemand wagte, uns zur Ordnung zu rufen. Mühsam rang sich die Hotelbesitzerin ein Lächeln ab, als wir endlich gingen.

Todmüde fiel ich am Abend in mein Bett. Plötzlich, mitten in der Nacht, Alarm. Schlaftrunken suchten wir unsere Sachen, da schrie auch schon draußen einer:

»Schneller, schneller, hier wird nicht gepennt!«

An der Stimme erkannte ich den Lagerleiter.

»Ist der besoffen?« fragte ich die Mädchen, »der muß doch wohl spinnen, uns nachts herauszuholen.«

Und wirklich ließ er uns alle antreten, und dann mußten wir durch den dunklen Wald marschieren. Dazu folgte das Kommando:

»Ein Lied! Zwo, drei, vier Ofenrohr!«

Zitternd vor Kälte, es war schon Ende Oktober, wollten wir es schnell hinter uns bringen und sangen:

> »Ofenrohr, Ofenrohr
> das war ein schöner Lied,
> das war ein feiner Lied,
> das Lied hat schön geklungen,
> drum wird's noch mal gesingt.
> Ofenrohr, Ofenrohr«, usw.

Ich weiß nicht, wie oft wir dieses idiotische Lied gesungen haben, irgendwann hört man auf zu denken. Die Füße liefen automatisch, und als wir endlich abtreten durften, graute der Morgen. Ich konnte es nicht begreifen, was diese Ausbildung für einen Zweck erfüllen sollte.

Wie war ich froh, als die Woche des Waldes, der Sauferei und der Nachtwanderungen mit Kommandos endete. Im Heim konnte ich die Mädchen nur vor diesem Ausbilder warnen.

Vorweihnachtszeit

Der Weihnachtsmarkt an der Sporthalle auf der Karl-Marx-Allee hatte geöffnet, und ich gönnte mir mit Erika einen Bummel. Hier war immer etwas los. Die Jungs umlagerten die Karussells und die Mädchen, wir standen in Cliquen und redeten über dies und jenes. Wo sollten wir auch sonst hin. In den Bierzelten waren die besoffenen Männer, die uns nur anpöbelten, und die Lokale kosteten Eintritt, das war uns zu teuer. Lustig wurde es, wenn ich Leute aus meiner Berufsschule traf. Redete man in der Schule auch kaum miteinander, so war das hier auf dem Weihnachtsmarkt ganz anders. Man rief sich »Hallo« zu, blieb stehen und alberte miteinander. Erika staunte, wie viele Leute ich kannte, vor allem Jungs. Sie als Verkaufslehrling hatte an ihrer Schule keine Jungs, und bei mir waren die Mädchen Ausnahmen.

Wir liefen über den Markt; was wir uns leisten konnten, hatten wir probiert. Langsam wurde mir kalt, meine Füße und Hände begannen zu schmerzen. Die Hände vergrub ich hin und wieder in meinen Jackentaschen, aber meine Füße steckten in billigen, ungefütterten Stiefeln und waren trotz dicker Socken kalt. Wir mußten uns im Jugendwohnheim von unserem Lehrlingsgeld selbst einkleiden, dazu kamen Heimkosten, Fahrgeld, Spargeld (Mindestabgabe fünf Mark) und alles Sanitäre auch noch, da blieben von meinen achtzig Mark monatlich keine großen Summen übrig.

Erika wollte zum Aufwärmen nun doch mit mir in ein Bierzelt gehen. Ich wollte aber nicht.

»Komm, laß uns lieber nach Hause fahren.«

»Na gut«, sagte sie, »aber wir kaufen hier noch Mandeln.«

Ich ließ mich überreden und ging mit ihr frierend zum Mandelstand, als plötzlich ein Windstoß meine Haare nach hinten wehte. Genau in diesem Augenblick standen mir zwei Polizisten gegenüber, und Mao blinkte im grellen Karussellicht auf. Ich besaß noch als letzte diese Plakette, die anderen hatten schon eher Pech gehabt und sich von ihr unfreiwillig trennen müssen. Für einen winzigen Augenblick sahen wir uns in die Augen, und ich wußte, daß sie Mao gesehen hatten.

»Schnell«, sagte ich zu Erika, »wir müssen hier abhauen.«

Da hörte ich schon hinter mir das Rufen:

»Halt! Stehenbleiben!«

Ich tat, als gelte es nicht mir, und ging mit Erika weiter. Die Leute drehten sich suchend um, wer war wohl gemeint?

Ich hörte ihre Schritte und wußte, daß sie hinter mir herliefen. Mir war es einfach zu albern, jetzt loszurennen, und ich blieb stehen, ich hatte ja nichts getan. Als sie vor uns standen, hieß es gleich:

»Los, mitkommen!«

»Warum denn, ich habe doch nichts gemacht«, sagte ich.

»Das wirst du gleich sehen, los, mach schon.«

Dabei faßte mich einer grob am Arm und schob mich durch das Gedränge der Neugierigen zu einem Platz in U-Bahn-Nähe. Hier fragte er mich:

»Was hast du da?«

Als ich fragte: »Was denn?«, sagte er drohend: »Werd nicht frech, du weißt genau, was ich meine.«

»Ich weiß nicht, was Sie meinen.«

»Na, das Ding da, was du trägst.«

»Ach so, das ist eine Plakette.«

»Das sehe ich auch«, sagte er, »und wer ist drauf?«

»Sieht man doch«, sagte ich, »aber falls Sie ihn nicht kennen, es ist Mao.«

Es reichte ihm. Jugendliche hatten sich um uns versammelt und verfolgten lachend das Frage-und-Antwort-Spiel. Mit seiner Beherrschung war es vorbei, er schrie mich an:

»Los, nimm die Hände aus den Taschen, stell dich ordentlich hin und mach das Ding ab! Es ist verboten, so etwas zu tragen. Gib es mir!«

Erst hatte ich das Hin und Her lustig gefunden, aber nun wurde ich sauer. Er behandelte mich wie einen Verbrecher, duzte mich, und nun sollte ich noch militärische Haltung einnehmen. Ich stellte mich übertrieben stramm hin, wie ein Soldat, gelernt ist eben gelernt.

Als ich ihn fragte, warum es verboten sei, »Mao« zu tragen, antwortete er:

»Auch dafür werde ich mir eine Stunde Zeit nehmen, dir das zu erklären.«

Ich war mir nicht mehr sicher, ob es eine Drohung war oder ob er dicke Bücher wälzen wollte. Meiner ungeturn Ahnung folgend, machte ich die Plakette lieber ab. Er freute sich über seinen Erfolg und fragte:

»Weißt du, weshalb du dieses Ding überhaupt trägst?«

Und ob ich es wußte, nur zu gut hatte ich noch den Vortrag des Chinesen im Kopf und legte los. Das machte die Jugendlichen lebendig, einige klatschten, andere pfiffen und lachten.

Ich hörte den Satz: »Das Ding her, oder wir nehmen dich mit.«

Ich bekam einen fürchterlichen Schreck, dachte an das Heim, den Ärger und das damit verbundene Ausgangsverbot, das war mir »Mao« nun doch nicht wert. Wie zufällig ließ ich die Plakette beim Übergehen in den Gulli vor mir fallen; ich sah »Mao« in der Kloake von Berlin verschwinden und war irgendwie erleichtert. Erika stand hinter einem Bullen, und ich streckte ihm die Zunge heraus und wollte gehen. Plötzlich siezte er mich:

»Beleidigen Sie nicht meinen Kollegen! Und damit du klarsiehst«, da war er wieder beim »Du«, »ab sofort hast du Weihnachtsmarktverbot.«

Ich zuckte mit den Schultern und ging mit Erika am Rande des Weihnachtsmarktes entlang. Ich wartete, bis sie sich ihre Mandeln geholt hatte, und in meiner Nähe warteten die Bullen. Erika kam zurück, was ist schon »Mao« gegen süße warme Mandeln! Mir war auf einmal nicht mehr kalt, ich wurde richtig fröhlich und lachte über die Bullen, die sich meinetwegen in ihrer warmen Kleidung geärgert hatten.

Verdacht

Eines Abends, ich lag im Bett, hörte ich im Dunkeln, wie sich Regina und ihre Freundin über den Weihnachtsmarkt unterhielten. Dabei sagte Regina leise:
»Fünfzig Mark habe ich ausgegeben.«
Müde dachte ich: Mensch, ist das viel Geld, und schlief ein. Zwei Tage später, ich kam von der Berufsschule, sah ich Dixi in der Telefonzelle am S-Bahnhof Treptow.
»Hallo, Dixi«, rief ich in die Zelle. Sie drehte sich zu mir um, und ich sah in ein verheultes Gesicht. »Mensch, Dixi, was ist denn mit dir los?«
Sie weinte sofort wieder und sagte:
»Mir hat einer fünfzig Mark geklaut.«
»Was?«
Mir fiel sofort das nächtliche Gespräch ein. Ich versuchte, sie zu beruhigen, behielt meine Gedanken aber für mich. Im Heim erwartete mich ein Kripobeamter. Im Hausleiterbüro wurde ich gefragt, ob ich das Geld genommen hätte. Entrüstet wehrte ich mich gegen diese Verdächtigung. Danach sollte ich einen Verdacht äußern. Ich traute diese Gemeinheit keiner aus dem Zimmer zu und sagte es auch. Der Mann von der Kripo klärte mich auf, daß sich Dixis Geldbörse versteckt in ihrem Schmutzwäschesack befand und daß sich auf der Börse nur Dixis Fingerabdrücke und die des Täters befinden könnten.

Er bat mich, pünktlich um 16 Uhr auf dem Polizeirevier zu erscheinen, dort wollten sie allen Mädchen aus unserem Zimmer die Fingerabdrücke nehmen. Nach diesem Gespräch wollte er in meinen Schrank sehen.

»Donnerwetter!« entfuhr es ihm. »Solche Ordnung hätte ich dir ja gar nicht zugetraut.«

Typisch, dachte ich, wieder wurde ich nach meinem Aussehen beurteilt. Er wußte nicht, daß man mir diese verhaßte Ordnung mit den Jahren eingetrimmt hatte. Als er mit dem Schrank fertig war, stocherte er im Blumentopf herum, der auf meinem Bücherregal über dem Bett stand.

»Na gut, dann bis 16 Uhr!«

Aufgeregt diskutierten wir auf dem Weg zur Polizei, wer wohl so gemein sein könnte, und kamen zu dem Ergebnis, auf keinen Fall eine aus unserem Zimmer.

Wie ein Verbrecher mußte ich meine zehn Finger in schwarze Farbe tauchen und über ein weißes Blatt Papier wälzen.

Nun haben sie mein Leben lang meine Fingerabdrücke, dachte ich.

Instinktiv fühlte ich mich nicht mehr so frei wie vorher. Bis zum Jüngsten Tag war ich polizeilich erfaßt; den anderen Mädchen erging es ebenso. Es war ein Gefühl, das man gar nicht richtig beschreiben kann, man war unschuldig und doch beschmutzt.

Drei Tage später wurden wir ins Büro der Heimleitung gerufen.

»So«, sagte der Polizist, »eine von euch ist die Täterin, die Fingerabdrücke stimmen zweifelsfrei überein. Ich gebe euch die Chance, daß diejenige sich freiwillig meldet, ansonsten gibt es Anzeige, und die Sache landet vor Gericht. Ihr seid noch jung und wollt euch doch nicht die Zukunft verbauen, oder?«

Betretenes Schweigen. Ich dachte nur: Wer ist es? Als sich nach einer Stunde niemand meldete, reichte es dem Polizisten, und er sagte:

»Ursula« – mir lief es siedendheiß über den Körper, ich wurde dunkelrot –, »du bist verdächtigt worden.«

Alle Mädchen starrten mich an.

»Ich war es nicht!«

Die Worte kamen ziemlich kläglich aus meinem Mund.

»Das weiß ich«, sagte der Polizist, »die Diebin hat dich aber als einzige Verdächtige angegeben, sie heißt Regina.«

Regina, ich war schockiert, ausgerechnet sie, die ich so nett fand, niemals hätte ich ihr so viel Gemeinheit zugetraut. Sie fing sofort an zu schreien: »Ich war es nicht!« und wurde richtig hysterisch. Die Hausleiterin schickte uns aus dem Raum. Regina war die einzige, die schon ihre Lehre im September beendet hatte und richtig Geld verdiente. Im Heim hätte sie, trotz ihrer Volljährigkeit, so lange bleiben dürfen, bis sie eine Wohnung bekam.

Am Abend betrat sie unser Zimmer. Ohne ein Wort der Entschuldigung packte sie ihre Sachen und ging für immer. Die Heimleiterin schickte sie in ihr Elternhaus zurück, obwohl es dort Probleme gab.

Trotz der Enttäuschung tat sie mir leid.

Zwei Tage später kam eine Neue. Die Mutter, Alkoholikerin, kümmerte sich nicht um sie. Ein hübsches Mädchen, leider ohne richtige Schulausbildung. Sie wurde als Zimmermädchen in einem Hotel angelernt.

Weihnachten 1967

Wir gingen in den Speiseraum, ein Tannenbaum stand festlich geschmückt in der Ecke, eine Schallplatte leierte Weihnachtslieder. Einzeln riefen uns die Erzieher mit Namen auf, und wir erhielten Staatsgeschenke in Form von Bettwäsche und zwei Handtüchern sowie einen bunten Teller. Erika und ich hatten uns gegenseitig beschenkt. Wir brachten unsere Präsente in unser Zimmer und wußten nicht, was wir noch mit dem Weihnachtsabend anfangen sollten.

»Komm«, sagte ich, »wir fahren S-Bahn.«

Die Abteile der S-Bahn waren gespenstisch leer, wir saßen und schauten in die vorbeifliegenden Weihnachtsstuben.

»Es muß schön sein, eine richtige Familie zu haben«, sagte ich.

Erika gab mir recht, und traurig wandte sie sich ab. Ich ließ sie in Ruhe, bestimmt dachte sie an ihre Mutter.

Hinter der Mauer, im Westen, glänzten die Lichter noch stärker, die Fenster übertrafen sich mit ihren Lichterketten gegenseitig. Dagegen wirkte unser Ostteil richtig dunkel. Und schon lebten wir auf. Wie es wohl im Westen ist? Schade, daß man nicht rüberfahren kann. Viele Bücher von Emile Zola hatten wir gelesen. Ob wir jemals nach Frankreich kommen? Wird unser Reiseland immer die DDR bleiben? Bleibt die Mauer für immer? Über solche Fragen redeten wir von Endstation bis Endstation. Ehe wir es uns versahen, war es neun Uhr. Zurückgekehrt ins Heim, machten wir es uns noch mit einigen Mädchen gemütlich. Ich erlebte Weihnachten einmal ganz anders: vom Gefühl der Einsamkeit und dem Nachdenken über uns und die Welt bis zur ausgelassenen Fröhlichkeit. Es ging mir gut.

Gedanken

In den ersten warmen Frühlingstagen legte ich mich mit einem Buch in den Garten hinterm Haus. Ich genoß die Ruhe, den Blütenduft der Obstbäume und las. Eine Erzieherin trat zu mir und sagte:

»Bitte steh auf, du holst dir was weg!«

»Ach, Quatsch«, antwortete ich, »ich werde schon nicht krank.«

Sie verschwand wieder. In Ruhe las ich weiter. Als ich später ins Haus gehen wollte, hörte ich nebenan auf dem Grundstück eine alte Frau weinen. Schlagartig wurde mir bewußt, daß neben unserem Jugendwohnheim ein Altersheim stand. Ich wußte es schon vom ersten Tag an, aber so richtig hatte ich mir darüber keine Gedanken gemacht. War das mein Schicksal: Kinderheim, Jugendwohnheim und zur Krönung das Altersheim? Panik erfaßte mich, bloß das nicht! Ich empfand den Frühling nicht mehr, mir wollten die Gedanken nicht aus dem Kopf. Lieber sterbe ich, als nur im Heim zu leben. Mit wem konnte ich darüber sprechen? Mit niemandem.

Ich sortierte meine Gedanken und freute mich über das Ergebnis: Nur ich allein werde mir mein Leben gestalten und versuchen, das Beste daraus zu machen; so schnell wollte ich nicht aufgeben.

Also beschloß ich, die Welt zu entdecken, auch wenn diese Welt erst einmal die Hälfte einer Stadt mit ihrer Umgebung war.

Potsdam

Meine erste Entdeckung war Potsdam. Eine kleine, total vergammelte Altstadt. Sofort verliebte ich mich in ihre traurig wirkende Fassade. Stundenlang konnte ich mit Erika durch die Gassen spazieren, immer wieder entdeckten wir neue Details an den alten Häusern. Keine Hektik wie in Berlin; Potsdam wirkte ruhiger, richtig verträumt. Die größte Freude war allerdings das Schloß mit seinem riesigen Park. Jedes Wochenende fuhren wir bei schönem Wetter dorthin. Nicht auf den breiten Touristenwegen liefen wir, sondern wir entdeckten die entferntesten Winkel des Parks. Im Schatten der Bäume redeten wir über alles mögliche und freuten uns über das lange Leben, das noch vor uns lag. Wir wollten alles besser machen als die Erwachsenen. Zum Beweis unserer Freundschaft ritzten wir unsere Namen in einen jungen Baum, er sollte mit uns wachsen.

Hausarrest

Im Mai hieß es: Wir fahren gemeinsam zur Kaserne nach Adlershof zu einer politischen Veranstaltung, danach ist Tanz. Die »Genossen Soldaten« haben eine Einladung geschickt. Erika und ich hatten keine Lust, aber unsere Erzieherin meinte:

»Na gut, wenn ihr nicht wollt, dann will ich beim nächsten Mal auch nicht.«

Ab und zu erhielten wir die Erlaubnis zum verlängerten

Ausgang, aber das waren Ausnahmen. Wir verstanden den Wink und fuhren notgedrungen mit.

Die Band spielte schon, als wir eintrafen, nur es tanzte niemand. Mir wurde sofort klar, was hier lief: Die Mädchen fehlten, und wo bekommt man auf die Schnelle so viele Mädchen her?

Natürlich aus einem Heim. Stinksauer ließ ich jeden Soldaten, der mit mir tanzen wollte, abblitzen. Ich hatte meine Schuldigkeit mit meiner Anwesenheit getan, glaubte ich. Daß es sich nicht so verhielt, bekam ich im Heim mit einer Standpauke der Hausleiterin zu hören. Während sie vor mir stand und mein unmögliches Verhalten gegenüber der Nationalen Volksarmee rügte, stellte ich sie mir nackt vor und mußte plötzlich lachen.

»Drei Wochen Ausgangsverbot«, schrie sie.

Ich konnte gehen.

Am nächsten Wochenende hatten fünf Mädchen Stubenarrest. Wir legten zusammen und ließen uns von einem Mädchen aus der ersten Etage vier Flaschen Rotwein ins Heim schmuggeln. Es galt im Heim ein absolutes Alkoholverbot.

Mit unseren Zahnputzbechern setzten wir uns gemeinsam in ein Zimmer, tranken das eklige Zeug und wurden immer lustiger. Irgendwie hatten wir plötzlich ein Kondom in unserer Runde. Woher das Ding kam, wußte ich nicht, es war ja auch egal. Wir lachten uns halb tot darüber, dann wollten wir wissen, wieviel Wasser da hineingeht. Vor Lachen konnten wir den aufgefüllten Ballon kaum halten. Plötzlich gab es einen Knall wie eine Explosion, und das Wasser ergoß sich auf den Fußboden. Aber, wo war das Ding geblieben? Nirgendwo war es zu finden. Ich drehte mich zu einem Mädchen um, das sich gerade am

Spiegel in der Schranktür die Haare zurechtmachte. Ich dachte, ich sehe nicht richtig, auf ihrem Kopf lag das kaputte Kondom. Jetzt konnte ich mich nicht mehr halten, ich fiel rückwärts aufs Bett und krümmte mich vor Lachen. Ich war nicht in der Lage, ihr den Grund zu sagen. Als ich mich halbwegs gefangen hatte, zeigte ich auf den Kopf und lachte wieder los. Langsam wurde sie sauer, endlich stand ich auf und nahm es von ihrem Haar. Als die Mädchen sahen, was ich in der Hand hielt, lachten sie noch mehr. Wir mußten mit unserem Lachen im ganzen Haus zu hören gewesen sein, denn die Tür öffnete sich ruckartig, und eine Erzieherin stand im Raum.

»Na, ihr seid aber lustig, habt ihr was getrunken?«
»Niemals«, sagte ich, »wir erzählen uns nur Witze.«
»Na, dann viel Spaß noch.«

Damit verließ sie uns wieder. Hatten wir ein Glück, wir lachten weiter. Keine von uns hätte sich draußen besser amüsiert. Wir hielten dicht und verbrachten die restlichen zwei Wochenenden auch noch ohne Langeweile.

Eine Enttäuschung und ein Entschluß

Wenn Erika sich mit ihrem Freund traf, erzählte sie mir, daß er so gerne mit ihr schlafen wolle, sie aber Schiß habe.

Ich wußte auch keinen Rat. In der Schule war es das Thema Nummer eins unter den Mädchen.

»Wann machst du es denn endlich?« fragten sie mich. »Oder willst du als alte Jungfer sterben?«

So beschloß ich, es bei der ersten Gelegenheit hinter mich zu bringen. Beim Tanzen lernten Erika und ich zwei

Typen kennen. Der eine war schon alt, ich schätzte ihn auf siebenundzwanzig Jahre. Sein Freund war erst achtzehn Jahre alt und gefiel mir sofort. Groß, schlank, schwarzes, welliges, langes Haar, wunderschöne Zähne, und er war humorvoll.

Seit ich mir die Jungs ansah, achtete ich auf ihre Zähne. Dabei stellte ich fest, daß die meisten kein besonders schönes Gebiß hatten. Wichtig fand ich auch die Hände, ich ekelte mich vor schmutzigen Fingernägeln. Bei Jürgen stimmte alles. Erika verabredete sich mit dem anderen, der für sein Alter noch gut aussah. Mit Jürgen konnte ich über alles reden, niemals wurde er aufdringlich. Im Gegenteil, ich entdeckte, wenn ich mit ihm allein war, seine Schüchternheit. Wir wurden beide verlegen, wenn wir uns zufällig berührten. Nach dem ersten Kuß war ich bis über beide Ohren verliebt.

Mit seiner Mutter verstand er sich überhaupt nicht. Weshalb, erzählte er mir nicht. Einmal, seine Mutter war nicht zu Hause, nahm er mich mit in die Wohnung. Die Wände seines kleinen Zimmers waren über und über mit Plakaten von Westgruppen tapeziert. Seelenruhig schaute ich mir alles genau an, da zog er mich am Arm auf seinen Schoß und küßte mich ganz sacht, als wäre ich eine Puppe. Er war einfach lieb zu mir. Weiter passierte nichts. Darüber war ich eigentlich froh, denn vor dem ersten Mal hatte ich immer noch gewaltige Angst.

Wir hatten uns für den kommenden Mittwoch am Teltowkanal verabredet. Während des Unterrichts dachte ich nur an ihn, die Stunden in der Schule wollten einfach nicht vergehen. Der Weg ins Heim schien endlos.

Schnell die Mappe in die Ecke, umziehen und zu ihm, dachte ich. Gerade als ich die Treppen am Büro vorbei nach oben stürmte, bremste mich die Stimme im Lautsprecher, der in jeder Etage hing:

»Ursula, bitte sofort zur Heimleitung.«

Was denn nun schon wieder, dachte ich. Ach, erstmal umziehen, ich wollte keine Zeit verlieren. Fröhlich klopfte ich an die Bürotür, hoffentlich dauerte es nicht lange!

Kuhauge bat mich scheinheilig auf die Couch.

»Was machst du heute im Ausgang?« fragte sie mich.

Ich dachte, ich höre nicht richtig.

»Das geht Sie überhaupt nichts an«, sagte ich.

Ein langes »O doch, meine Liebe« zischte aus ihrem grell übermalten Mund. »Solange du nicht volljährig bist, bin ich für dich verantwortlich. Hast du einen Freund?«

Nun reichte es mir. Ich stand auf und sagte:

»Und wenn ich einen hätte, Ihnen würde ich es nie sagen.«

Sie lächelte noch schmalziger und erwiderte:

»Brauchst du auch nicht, ich weiß, daß du einen Freund hast. Er heißt Jürgen und wohnt bei seiner Mutter und Schwester.« Mir verschlug es die Sprache. »Na komm, Kind, setz dich und hör mir zu.«

Sie erzählte, daß er seiner Mutter große Schwierigkeiten mache und sie deshalb sein Vormund sei.

»Was soll das hier alles?« fragte ich. »Das hat er mir schon längst erzählt.«

Ich wußte nicht, daß ausgerechnet meine Heimleiterin sein Vormund war; darüber hatten wir nicht geredet. Dann ertönte der altbekannte Satz:

»Ich will doch nur dein Bestes, bitte laß die Verabredungen mit ihm, er ist kein Umgang für dich, und außerdem hat er schon eine Freundin.«

Ich spürte einen Stromschlag durch meinen Körper. Nein, dachte ich, das spinnt sie sich jetzt zusammen, um uns auseinanderzubringen. Ruckartig stand ich auf und sagte mit fester Stimme:

»Das soll er mir selbst sagen.«

Gerade ihr hätte ich am allerwenigsten gezeigt, wie ich mich nach diesen Worten fühlte.

»Gut«, sagte sie, »ich wußte, daß du vernünftig bist.«

Viel zu wütend, um zu heulen, hatte ich plötzlich keine Lust mehr, zum Treffpunkt zu gehen. Aber ich wollte sein Gesicht sehen, wenn ich ihm das erzählte. Also ging ich mit klopfendem Herzen zu der Verabredung und wünschte, die Heimleiterin hätte nicht recht.

Ich stand auf der Brücke und sah ihn von weitem kommen, wir winkten uns zu, und er lief schneller. Außer Atem, mit fröhlichem Lachen begrüßte er mich.

Dann erzählte ich ihm, was ich von Kuhauge gehört hatte. Stumm lief er eine ganze Weile neben mir her und schien nachzudenken.

»Tja«, sagte er, »das haben wir alles meiner Mutter zu verdanken.«

Ich wollte nur eins wissen:

»Hast du eine Freundin, ja oder nein?«

Er nickte. Ich weiß nicht, wie ich es fertigbrachte, so ruhig zu reagieren.

»Na, dann tschüs, ich wünsch' dir noch was«, sagte ich und reichte ihm die Hand. Er hielt sie fest.

»Sehen wir uns trotzdem mal wieder?«

»Ich glaube nicht.«

Meine Tränen zurückhaltend, lief ich zur S-Bahn und fuhr ins Heim. Erika tröstete mich und fand es gemein, daß die Heimleiterin sich in Freundschaften einmischte und sie damit zerstörte. Zwei Wochen hatte ich Trauer, dann war ich wieder in Ordnung.

Weshalb ließen uns die Erzieher nicht in Ruhe unsere eigenen Erfahrungen machen? Alle Verbote wurden immer in unserem Interesse ausgesprochen. Ich dachte über meine Gehorsamkeit nach. Ja, ich war mit Verboten groß geworden. Es war verboten, sich ohne zu fragen von der Gruppe zu entfernen. Es war verboten, über den Rasen zu gehen, das bedeutete fünfzig Pfennig Taschengeldentzug. Es war verboten, beim Essen zu reden. Es war verboten, krumm zu sitzen, deshalb klemmte man mir einen Bügel zwischen Rücken und Oberarme. Es war verboten, zu lügen, zu lieben und zu hassen. Es war verboten zu rauchen. Bücher und Fernsehen aus dem Westen waren auch verboten. Erlaubte man uns noch das Atmen?

In der Masse der Kinder fühlte ich mich wohl, allein aber schwach und hilflos. Brauchte ich schon die Verbote, um zu wissen, wie es weiterging mit mir? Sollte immer einer da sein, der mir sagte, was ich durfte und was nicht?

Nein, ich will mich allein zurechtfinden, von nun an werde ich mir in mein Leben nicht mehr hineinreden lassen.

Mein »erstes Mal«

Kurz vor den Sommerferien traf ich den älteren Freund von Jürgen wieder. Robert kannte meinen vergangenen Liebeskummer, und so sprachen wir über Jürgen. Er hatte schon lange nichts mehr von ihm gehört.

Er schlug mir ein Treffen für den nächsten Mittwoch

vor. Erstaunt wollte ich wegen Erika ablehnen, aber er sagte, sie sähen sich schon lange nicht mehr. Davon wußte ich nichts. Es konnte gut möglich sein, denn sie sprach nur noch von ihrem Seemann. Ich sagte zu, weil er der Freund von Jürgen war. Denn so toll fand ich ihn gar nicht.

Als wir uns trafen, schämte ich mich ein wenig, mit einem so alten Mann herumzulaufen. Aber dank seiner lockeren Art merkte ich den Altersunterschied bald nicht mehr. Wir unterhielten uns über ihn. Die Scheidung von seiner Frau habe ihn getroffen, sagte er. Zum Glück habe er keine Kinder, die darunter leiden würden. Bald hielt ich es vor Neugier nicht mehr aus und fragte, weshalb er sich unbedingt mit mir treffen wollte.

»Du warst von Anfang an mein Typ und nicht Erika, aber dich interessierte ja nur Jürgen.«

Ich empfand ein komisches Gefühl zwischen Schadenfreude und Mitleid, wie wohl jedes Mädchen, wenn es einer Freundin gegenüber bevorzugt wird.

Natürlich erzählte ich Erika von dem Treffen, aber nicht, wie er sie fand.

Eines Abends sagte ich zu ihr:

»Erika, das ist der Mann, von dem ich mich entjungfern lasse.«

»Hast du denn keine Angst?«

»Doch«, sagte ich, »gerade deshalb muß es ja sein. Er ist älter und geschieden, also muß er Erfahrungen mit einer Frau haben.«

Ich hatte von den ewigen Fragereien nach meinem Unterleib die Nase voll.

17. Juni, mein Entschluß stand fest, heute sollte es passieren. Erika versprach, mich zu wecken, wenn sie später käme, und dann wollte ich es ihr genau erzählen.

Robert lachte, als ich an der Gartentür klingelte und ihm zurief:

»Ich bleibe heute länger!«

»Keine Angst vor der Ausgangssperre?«

»Nein«, ich lachte zurück.

Er merkte nicht, was ich vorhatte.

Wir saßen auf der Liege, als plötzlich seine Zärtlichkeiten anders wurden. Ich fühlte seine feuchten Lippen überall. Nacken, Stirn, Nase und Mund, nichts ließ er aus. Dann ging sein Atem anders, er stöhnte und schob seine Hand in meinen Schlüpfer. Mit seinem Finger versuchte er, mich zu streicheln. Ich ließ alles geschehen und dachte: Entweder lügen alle oder er macht etwas falsch. Von einem Finger hatte mir niemand etwas gesagt. Plötzlich stand er auf und sagte:

»Zieh dich aus!«

Niemals würde ich mich vor einem Mann einfach so entkleiden. Kurz antwortete ich:

»Nein, ich schäme mich.«

Er lächelte und verdunkelte das Zimmer, indem er die Läden schloß. Dann ging er hinaus. Wenig später stand er splitternackt mit einem geschützten Steifen vor mir. Bei diesem Anblick dachte ich an Flucht, einfach jetzt weglaufen! Ich fand ihn, so wie er da stand, abstoßend.

»Nanu, du bist ja noch nicht ausgezogen«, sagte er und störte meine Fluchtpläne.

Da wartete schon ein Wandklappbett, benutzt zu werden. Ich ergab mich und verschwand blitzschnell unter der Decke.

Als sich sein großer schwerer Körper auf mich legte und er in mich drang, schrie ich vor Schmerz und schlug wie wild um mich. Ich riß an seinen Haaren, kratzte und biß und schlug immer und immer wieder zu. Er hörte nicht auf. Bei jeder seiner Bewegungen dachte ich, er würde mir innerlich alles zerreißen.

Keuchend stieß er hervor:

»Was ist denn? Hab dich doch nicht so, du tust ja, als wäre es das erste Mal.«

Heulend schrie ich: »Geh runter, geh runter, es tut so weh!«

Und wirklich, er ließ mich in Ruhe, machte Licht, und ich lag im Blut.

»Menschenskind, eine Jungfrau, und du hast mir nichts gesagt!« rief er erstaunt.

Er war besorgt, aber nicht um mich, sondern um sein Laken. Nackt rannte er mit einer Schüssel Wasser und dem Bettuch in den Garten.

Ziemlich hilflos stand ich in der Küche und versuchte, mich zu waschen, das Bluten hörte nicht auf.

Frisch, lustig und angezogen stand er wieder vor mir, umarmte mich und sagte:

»Das hätte ich von dir nicht gedacht. Ich glaubte immer, ihr Mädchen aus dem Heim habt es faustdick hinter den Ohren.«

Wütend schubste ich ihn von mir und brüllte ihn an:

»Aha, mit uns könnt ihr's ja machen! Wer im Heim lebt, ist verdorben und selbst daran schuld! Auf so einen Arsch wie dich kann ich verzichten!«

Ich zog mich an und rannte davon.

Verheult, aber entjungfert stand ich im Regen und wartete auf den Bus. Beim Einsteigen fühlte ich alle Blicke auf mich gerichtet und bildete mir ein, alle Leute sähen mir an, was ich getan hatte.

Ich hab' es hinter mir, dachte ich, und weiß, wie es geht.

Auf alle Fälle macht es keinen Spaß, was die Mädchen in der Schule auch immer erzählen. Und ich werde es nie wieder tun.

Erika weckte mich nicht. Als sie vom Ausgang kam und mein gequältes Gesicht im Schlaf sah, wußte sie, was los war. Nach meinem Bericht wollte sie als Jungfrau sterben.

Tanzabend

Mit allen Mädchen aus dem Jugendwohnheim fuhren wir in den Sommerurlaub. Am Stadtrand von Schwerin, in der Nähe eines kleinen Sees, sollte eine Landschule unser Reiseziel sein. Die Zuckelei mit der Reichsbahn machte trotz der wenigen Sitzplätze Spaß. Muttis mit nervenden Kleinkindern waren über unsere Anwesenheit froh. Die Kinder hielten erstaunt ihre plärrenden Münder und beobachteten uns bei den Albernheiten, die wir miteinander trieben. Die Erzieher mahnten uns vergeblich zur Ruhe.

Wie haßte ich die Gaffer. Wo wir in Massen auftraten, wurden wir wie Weltwunder angestarrt. Auch hier am Bahnhof in Schwerin wurden wir taxiert. Eine Mädchenhorde mit langen Haaren, Koffern und Miniröcken konnte nichts Gutes bringen. Die Angestellten der Geschäfte traten auf die Straße und verfolgten uns mit ihren Blicken.

Die Schule, ein altes Haus, stand malerisch auf einem grasbewachsenen Hügel. Von hier oben hatte man einen schönen Blick zum See, der über Weidekoppeln mit Kühen in wenigen Minuten zu erreichen war.

Die Klassenzimmer waren mit Luftmatratzen ausgelegt. Ich suchte mir mit Erika eine Ecke, wir stellten unsere Sachen ab und machten einen Erkundungsspaziergang um den See. Er bot viele kleine romantische Stellen, wo man ungestört vor den anderen Ruhe finden konnte.

Schöne Tage begannen. Die Sonne schien immer. Gleich nach dem Frühstück, das besser als im Heim war, liefen wir zu unserer Brombeerhecke, die wir für uns entdeckt hatten. Die Hecke war so dicht, daß wir nicht gesehen werden konnten. Durch einen versteckten Durchgang fanden wir einen schönen, völlig eingeschlossenen Fleck Rasen. Wenn wir Lust hatten, badeten wir oder lagen faul in der Sonne, hörten Radio, lasen und redeten über uns.

Die meisten Mädchen lagen am Strand, wo sich auch schon die einheimischen Jungs mit ihren Motorrädern einfanden. Bald sahen wir nur noch Pärchen, fast jedes Mädchen von uns schien verliebt.

Noch nie hatte ich mich so frei gefühlt wie hier. Den ganzen Tag verbrachten wir draußen am See. Es gab natürlich auch Pflichtveranstaltungen wie Dampferfahrt, Stadtbesichtigung und Kinobesuch, aber zum Glück keine KZ-Besichtigung.

Dann schlug die Nachricht von einer Einladung in die Kaserne wie eine Bombe ein. Wieder einmal erfuhr die hier in der Nähe stehende Kaserne »rein zufällig« von unserem Aufenthalt. Unsere Heimleiterin mahnte uns eindringlich, am Abend vollzählig zu erscheinen. Widerstand zwecklos!

Lustlos schminkten wir uns, einige Mädchen heulten, weil sie schon für den Abend Verabredungen mit ihren Jungs hatten.

Mein Gott, was sind wir eigentlich, dachte ich wütend, Leihpuppen!

Vor der Schule standen die Sommerlieben und buhten uns aus. Aufgetakelt stolzierten wir wie zum Schlachtfest an den Jungs vorbei. Mir war das sehr peinlich, ich schämte mich, wagte keinen anzusehen und schaute nur nach unten auf die Straße. Ich kam mir wie eine Nutte vor. Verkauft für eine Nacht zur Unterhaltung der Soldaten.

Wir wurden nicht nach unserer Meinung zu dieser Einladung gefragt, wir hatten nichts zu melden. Aber wir sollten dankbar dafür sein. Was machte der Staat nicht alles für uns arme Heimkinder möglich! Dagegen war doch so ein kleiner Tanzabend zur Aufmunterung der Friedenswächter gar nichts. So etwas dachten und redeten die Pädagogen, und wir folgten gehorsam.

Der Saal in der Kaserne machte einen festlichen Eindruck. Auf den blendendweißen Tischdecken lagen Blumen, und vor jedem Platz stand eine Tischkarte, jeweils mit einem Mädchennamen und dem eines Soldaten. Allein die Tischkarten sagten mir, daß der Abend nicht einer spontanen Einladung entsprungen sein konnte, sondern schon viel länger vorher abgesprochen worden war.

Erika saß am anderen Tischende, wir wollten aber zusammensitzen. Leider tauschte kein Mädchen mit uns. Auf meiner Tischkarte stand der Name des Soldaten »Willi Laurenz«. Ich nahm die Karte und stellte sie weit von mir an die äußerste Tischkante. Wie es der Zufall wollte, wurde diese Karte Erika zum Verhängnis. Ein großer, rotblonder Soldat suchte seine Tischkarte, es war Willi Laurenz, ihm gegenüber saß Erika. Nach kurzer Zeit hörte man aus dieser Ecke lautes, lustiges Lachen, er mußte eine Stimmungskanone sein. Erika schien mich nicht zu vermissen.

Noch immer wollte keine den Platz mit mir tauschen.

Meine Stimmung sank bis fast auf den Nullpunkt. Mein anderer Tischpartner, ein kleiner, dünner, langweiliger Offizier, interessierte mich nicht.

Erst nach dem Essen, als die Musik spielte und die ersten tanzten, wechselte ich endlich meinen Platz. Willi und Erika verstanden sich prima, und ich fand meine gute Laune wieder, als ich bei ihnen saß. Die Soldaten wirkten fast noch wie Schuljungen, ich schätzte sie auf höchstens neunzehn bis einundzwanzig Jahre. Dank des Alkohols fühlten sich bald alle in Hochstimmung, und der Abend wurde immer ausgelassener. Ich trank keinen Wein und sah den anderen zu. Aufforderungen zum Tanz lehnte ich aus Prinzip ab. Bald sagten die Angetrunkenen nur noch »Zicke« zu mir, daraus machte ich mir aber nichts. Immer, wenn einer kam, hieß es:

»Ach, laß doch die Zicke!«

Viele reizte es nun erst recht, einen Versuch bei mir zu wagen. Wetten wurden abgeschlossen, wer es wohl schaffte, mit mir zu tanzen. Beinahe wäre ich schwach geworden, weil ich, ohne es zu wollen, plötzlich im Mittelpunkt stand. Die Rettung für mich war ein Vorgesetzter der Soldaten, er lud mich zur Bar ein. Nun hatten die Soldaten nur noch Pfiffe für mich übrig.

Neugierig fragte er mich an der Bar, warum ich nicht tanzte. Als ich ihm erklärte, daß ich mich gezwungenermaßen hier befände, tat er erstaunt.

»Aber wir haben euch doch eingeladen und dachten nach der Zusage, ihr seid einverstanden«, sagte er.

»Wir sind gar nicht gefragt worden und haben es heute erst erfahren«, antwortete ich.

Das Thema schien ihm peinlich zu sein, und er beendete es schnell mit den Worten:

»Na ja, schön ist es nicht, aber es ist doch noch recht lustig geworden, oder?«

»Ja, ja«, sagte ich und ließ ihn allein weitertrinken.

Wo war Erika? Nirgendwo konnte ich sie entdecken, weder am Tisch noch auf der Tanzfläche, von Willi auch keine Spur. Ich ging sie suchen und fand sie draußen vor der Tür. Küssen war dafür schon kein Ausdruck mehr, was Willi mit ihr machte. Er knutschte sie regelrecht zu Boden.

»Mensch, Erika, spinnst du, denkst du denn nicht an deinen Freund?«

Sie lachte nur und sagte:

»Ist doch nur heute, ich sehe ihn ja doch nie wieder.«

Ich ging in den Saal zurück, setzte mich in eine Ecke und wartete auf das Ende dieser Fete. Erika hatte auf dem Heimweg echte Probleme mit dem Laufen, sie war total betrunken. Andere Mädchen auch, aber das ging mich nichts an. So gut ich konnte, stützte ich sie bis zur Schule, und wie ein nasser Sack ließ sie sich auf ihre Luftmatratze fallen. Dabei schlug sie mit dem Kopf so unglücklich gegen die Wand, daß sie sofort eine dicke Beule bekam. Von alledem merkte sie nichts, sie schlief sofort ein.

Am nächsten Morgen sah sie nicht nur fürchterlich aus, sondern sie fühlte sich auch so. Auf der Stirn leuchtete die Beule in allen Regenbogenfarben. Den Hals umschloß eine Kette von Knutschflecken, gegen die kein Make-up mehr half. Dazu war ihr entsetzlich übel, und sie erbrach sich immer wieder. Sie hatte zwar selbst Schuld an ihrem Zustand, aber ich konnte sie nicht einfach allein lassen.

Mit einer Decke unterm Arm gingen wir zum Strand.

Wir schafften es nicht bis zu unserer Ecke, so elend war ihr. Nachdem sie sich einigermaßen erholt hatte, redeten wir über den Abend. Das schlechte Gewissen ihrem Freund gegenüber plagte sie sehr.

»Na, von mir wird er nichts erfahren«, sagte ich, »und überhaupt, weißt du denn so genau, was er in der Ferne macht?«

Da sah ich oben auf dem Hügel einen Soldaten stehen.

»Erika, was würdest du machen, wenn Willi plötzlich hier aufkreuzen würde?«

»Nichts, ich will ihn nie wiedersehen.«

»Na, dann schau mal nach oben, dort steht er nämlich.«

Vor Schreck sprang sie sofort auf und rief:

»Was soll ich denn jetzt machen?«

»Laß ihn stehen.«

Aber sie brachte es nicht fertig und lief zu ihm. Die restlichen Tage des Urlaubs teilte Erika mit mir und Willi. Hatte er frei, war ich allein am Strand. Sie war völlig verändert, sie hatte nur noch Augen für Willi. Ich konnte ihn nicht ausstehen, nahm er mir doch meine Freundin weg.

Ich war froh, als wir wieder nach Berlin fuhren. Erika heulte Rotz und Wasser beim Abschied auf dem Bahnhof, dabei hatte sie doch einen Freund.

Freundin Marie

Im September begann die Schule, und ich traf wieder mit den Leuten aus meiner Klasse zusammen. Gleich am ersten Schultag schwänzten wir alle den Sportunterricht, der auf die letzte Stunde fiel, und tauschten in einem Café unsere Erlebnisse aus.

Prompt erschien am nächsten Tag der Schulleiter in unserer Klasse und ließ uns folgenden Text schreiben:

Liebe Eltern! Ich habe gestern den Sportunterricht geschwänzt.

Mit der Unterschrift der Eltern sollten wir den Zettel zur nächsten Stunde mitbringen. Für mich hätte dieser Zettel Ausgangssperre bedeutet. Der größte Teil der Schüler konnte eine Entschuldigung vorlegen. Ich gab den Zettel ohne Unterschrift ab.

Als der Schulleiter mich aufrief und fragte, weshalb die Unterschrift fehle, meldete sich Marie und sagte:

»Kann ich Sie bitte unter vier Augen sprechen?«

Sie verließen das Klassenzimmer. Nach wenigen Minuten wurde ich nach draußen gerufen.

»Weshalb hast du nicht gesagt, daß du aus einem Heim bist?« fragte der Schulleiter. »In Zukunft komm bei Problemen zu mir. Du hast es nicht nötig, jemanden vorzuschicken.«

»Ich habe Marie nicht geschickt, sie hat sich von allein gemeldet.«

»Na gut, dann sei froh, daß du so eine Freundin hast. Die Sache mit der Fehlstunde ist erledigt.«

Ich konnte es nicht fassen: Zum ersten Mal hielt ein Pädagoge zu mir. Bei den Elternversammlungen wurde nur positiv von seiten der Berufsschule über mich berichtet. Ich hatte mit meiner Schule Glück.

Mein erster Freund

Im Oktober 1967 lernte ich Peter kennen. Erika hatte gerade Zeit für mich, und wir gingen wieder einmal tanzen. Da stand er plötzlich mit seinen blonden Locken vor mir und deutete verschämt mit einer Handdrehung eine Aufforderung zum Tanzen an. Er gefiel mir, und ich tanzte den ganzen Abend mit ihm. Seit diesem Tag trafen wir uns regelmäßig.

Er war neunzehn Jahre alt und erlernte den Beruf eines Matrosen. Die Mädchen fanden ihn hübsch, und wenn er mich abholte, standen sie neugierig auf der Treppe. Einige wunderten sich, wie ausgerechnet ich zu diesem Jungen kam.

Endlich hatte ich für alle sichtbar einen Freund. Leider ließ er bald Verabredungen mit mir platzen. Ich stand dann traurig am Fenster und schaute stundenlang zum S-Bahn-Ausgang. Dabei redete ich mir ein: Wenn ich fest daran glaube, daß er kommt, dann kommt er auch. Oft klappte es tatsächlich. Dann freute ich mich, und wir gingen spazieren. Geld hatten wir beide nicht viel, um etwas zu unternehmen. Bei Peter reichte es nicht einmal für Zigaretten, obwohl er Raucher war.

Einmal gestand er mir, daß er schon lange nichts mehr gegessen habe. Voller Mitleid organisierte ich aus dem Heim etwas Eßbares. Oft verzichtete ich auf das Abendbrot und hob es für ihn auf.

Seine Mutter lebte in einem kleinen Dorf irgendwo auf dem Lande. Er wohnte mit noch fünf Lehrlingen in Berlin in einer umgebauten Wohnung, die sich Internat nannte.

Die meiste Zeit verbrachten wir bei seinem Freund.

Wenn die Mutter des Freundes nicht da war, hörten wir Musik und alberten herum. Ernsthafte Gespräche führten wir selten, und wenn, dann sprachen wir über den Bruder seines Freundes, der aus politischen Gründen im Gefängnis saß.

Für mich, die ich nicht viel von draußen wußte, war es schwer zu begreifen, daß junge Menschen ins Gefängnis kamen, nur weil sie auf der Straße zu einer Gitarre verbotene Lieder sangen. Jetzt lernte ich den verstohlenen Blick über die Schulter und das »Pst, leise, hört uns einer?« kennen. Der Bruder hatte folgendes Lied gespielt:

> Es steht ein Haus in Ost-Berlin,
> ein Haus, weitab von rechts,
> da sieht man nie ein' Sonnenschein,
> ein' freien Mann als Knecht.
> Sie trugen lange Haare
> und liebten Stones und Beat,
> dafür sitzen sie im alten
> Haus in der Keibelstreet.
> Die Haare sind zu lang, zu lang,
> die Hosen sind zu weit,
> sie paßten wohl zu dieser Zeit,
> aber nicht in dieses Land.

Wer das Lied gedichtet hatte, wußten sie nicht. Wenn seine Mutter nach Hause kam, schimpfte sie mit ihm. Wir sollten nicht über dieses Thema reden, man könne ja nie wissen. Sie hatte Angst, daß Peters Freund auch noch abgeholt würde. Erst nachdem wir schon längere Zeit miteinander befreundet waren, schwand ihr Mißtrauen uns gegenüber.

Wenn sich die Jungs trafen, ging ich immer seltener mit.

Ich merkte, daß immer öfter Alkohol gekauft wurde und sie sich bei irgendwelcher Musik sinnlos betranken. Der Freund begann oft zu weinen, er mußte seinen Bruder sehr lieben und vermissen. In betrunkenem Zustand wollten sie dann Rache üben. Ich fand das kindisch, hatte aber keinen Einfluß mehr auf sie. Die Sorgen, die sich die Mutter um ihren Sohn machte, verstand ich sehr gut.

Zwei Wochen lang traf ich mich nicht mehr mit Peter. Meine Hoffnung, er würde mich vermissen und nicht mehr so oft zu seinem Freund gehen, erfüllte sich leider nicht. Also machte ich mich eines Tages auf den Weg, um ihn zu suchen. Die Mutter wies mich mit den Worten »Peter war lange nicht hier« unfreundlich an der Tür ab.

Vielleicht wollte er mich nicht mehr treffen. Meine Gedanken gingen in eine andere Richtung. Er wollte jedesmal, wenn wir zusammen waren, mit mir schlafen, aber dazu hatte ich keine Lust. Zum Glück fehlte auch die Gelegenheit. Peter sagte immer: »Wenn du mich liebst, dann willst du es auch!«

Bald begannen die ersten Probleme. Ständig nörgelte er an mir herum. Er warf mir vor, ihn nicht zu lieben. Wie sollte ich darauf eine Antwort finden? Die einzige Antwort, die es gab, war die Angst, es könnte weh tun.

Oft genug hatte ich mich auch schon gefragt, ob ich ihn liebte. Wenn er mit dem Schiff unterwegs war, dachte ich nur an ihn. Wie oft hatte ich vergeblich in meiner Ausgangszeit auf ihn gewartet und war traurig gewesen, wenn er nicht kam. Stundenlang konnte ich aus dem Fenster zum S-Bahn-Ausgang auf einen Fleck starren und hoffen, der schwarze Punkt, der sich näherte, sei er. Und war er es wirklich, dann freute ich mich. Aber nur so wie bei jedem guten Freund, den ich zufällig traf.

Eigentlich wollte ich nur nicht allein sein. Im Heim und in der Schule hatten alle Mädchen einen Freund. Und seit ich mit Peter ging, gehörte ich dazu und hatte meine Ruhe vor ihren ewigen Fragen.

Nein, ich liebte ihn nicht. Ich suchte die Liebe, ich wollte geliebt werden. Er war mein Freund, ich vertraute ihm, und das reichte mir. Weshalb gehörte zur Freundschaft das Bett?

Ich wollte mich nicht in einer Enttäuschung verlieren. Mir gefielen seine Einfälle, etwas zu unternehmen, wie tanzen oder ins Kino gehen oder einfach nur reden. Es ist schön, wenn man jemanden hat, mit dem man reden kann. Für mich sah ich keinen Grund, an meiner Beziehung zu ihm etwas zu ändern. So kam, was kommen mußte, wir stritten uns, und er sagte:

»Dann müssen wir uns eben trennen.«

Damit hatte ich nicht gerechnet, und ich versprach, mir alles noch einmal genau zu überlegen. Zwischen den Ratschlägen zweier Freundinnen war ich hin und her gerissen. Die eine sagte, Bumsen gehöre dazu, und die andere, selbst noch Jungfer, meinte, es sei Erpressung. Ich entschied mich dann doch für das Bett. Glücklicherweise fanden wir keine Möglichkeit, denn es war Januar und draußen fürchterlich kalt. Und eine Wohnung hatten wir nicht.

Die Verwandten

Mir blieb mein Bruder, der mich an den Wochenenden mit seinem Rennrad besuchte. Wenn er Zeit hatte, unternahmen wir Ausflüge oder sprachen über uns. Eines Tages stand er ganz aufgeregt vor dem Heim und sagte:

»Ich habe eine Adresse unserer Tante in meiner Akte gefunden!«

Als er achtzehn Jahre alt wurde, durfte er seine Heimakte lesen. Darin befand sich die Adresse unserer echten Verwandten, unserer Tante und unseres Onkels. Man hatte sie uns die ganzen Jahre über verschwiegen. Warum?

Mir schlug das Herz bis zum Hals. Die Gedanken rasten nur so durch meinen Kopf. Richtige Verwandte, und niemand hatte sich um uns gekümmert! Mein Bruder sagte mir, daß sie hier in Berlin wohnten. Am Sonnabend wollten wir sie besuchen und nach unserer Mutter fragen.

Was waren das für Leute, die uns allein ließen? Schon jetzt haßte ich sie, gnadenlos, kein freundliches Gefühl wollte ich in mir aufkommen lassen.

Die Nächte bis zum Sonnabend dehnten sich endlos. Ich lag wach und dachte über die Ausreden nach, die sie zu ihrer Entschuldigung vorbringen würden. Manchmal kamen mir die Tränen vor Haß und Wut. Keine fünfzehn Kilometer von unserem Heim entfernt lebten sie und dachten in den fast siebzehn Jahren meines Lebens nicht einmal an uns. Keine Besuche, keine Briefe, nichts. Als ob wir nie gelebt hätten. Für sie waren wir schon tot.

Endlich der Sonnabend. Mein Bruder, der eigentlich viel ruhiger und beherrschter war als ich, konnte seine Aufregung nicht mehr verbergen.

»Komm, komm, beeil dich!« rief er mir zu, als ich das Heim verließ.

Am Bahnhof kaufte er noch drei Tafeln Schokolade und schenkte sie mir. Sie waren sehr teuer, aber er wußte, wie gerne ich Schokolade aß. Nur hätte ich jetzt kein Stück hinuntergebracht. Er steckte sie in seine Tasche, und ungeduldig schauten wir auf die S-Bahn-Uhr.

Als der Zug endlich kam, setzten wir uns schweigend einander gegenüber und sahen uns ernst in die Augen. Ab und zu stahl sich ein wissendes Lächeln auf unsere Lippen, ein Lächeln im Wissen um uns beide, um unsere Situation, und wir lachten plötzlich aus vollem Halse. Aber das Lachen klang nicht fröhlich oder glücklich. Es war nur ein sich Befreien von der Last, nicht zu wissen, wer man ist. Bald würden wir erfahren, wer wir sind, nur darüber konnten wir lachen.

Wir stiegen in Mahlsdorf in einen Bus um; irgendwo in Kaulsdorf wohnten sie. Je näher wir dem Ziel kamen, desto weiter weg wünschte ich mich. Ich bekam Angst. Ich konnte mir diese Angst nicht erklären. Mein Bruder sprach jetzt kein Wort mehr, hatte er auch Angst? Ich sah ihn an und konnte auch nicht mehr sprechen. Die Angst vor der Wahrheit! Mit einem Mal erkannte ich sie und wurde ruhig. Jetzt konnte mir nichts mehr passieren. Da fing plötzlich wie aus heiterem Himmel die Kühlerhaube des Busses an zu qualmen, und wir mußten aussteigen.

So gewannen wir noch etwas Zeit für uns zum Nachdenken. Am liebsten wäre ich zurückgefahren, aber automatisch, wie vom Mittelpunkt der Erde angezogen, setzte ich einen Fuß vor den anderen, als wenn das Rätsel meines irdischen Daseins nur dort bei dieser Familie eine Lösung finden könnte.

Ein Mädchen mit einem Kofferradio lief an uns vorüber.

»Das Girl kann man vergessen«, sagte mein Bruder, »aber das Radio war echt toll.«

Ich lachte und antwortete:

»Stell dir mal vor, es war vielleicht unsere Kusine! Es ist doch möglich, daß unsere Tante und unser Onkel eigene Kinder haben.«

Plötzlich hatte ich einen Gedanken, der mir nicht mehr aus dem Kopf ging. Ob ich wie meine Mutter aussehe oder ihr ähnlich bin? Ich fragte meinen Bruder.

»Bist du verrückt?« meinte er »So wie du ist keine zweite, dich gibt es nur einmal.«

Dankbar für diese liebe Antwort drückte ich seine Hand.

»Aber wenn ich lache oder spreche? Sie werden bestimmt sagen: Wie die Käthe.«

Den Namen haßte ich wie die Pest, er war bei den Jungs große Mode, fast alle Mädchen wurden als »Käthe« oder »Stoneskäthe« bezeichnet. Und als ich in meiner Geburtsurkunde las, daß meine Mutter Käthe hieß, hoffte ich, daß es nie jemand erfahren würde.

Wir näherten uns dem Haus Nummer vier. Aus dem Fenster lehnte eine Frau, die ich auf Ende Vierzig schätzte. Ein eigenartiges Gefühl beschlich mich, als ich unseren Nachnamen auf dem fremden Klingelknopf las. Gerade als mein Bruder den Knopf drücken wollte, rief die Frau:

»Ach, Kinder, da seid ihr ja, kommt herein!«

Unwillkürlich dachte ich an das Märchen von Hänsel und Gretel. Sie hatte uns schon wie eine Hexe erwartet, so als wären wir nur mal kurz zum Holzsammeln im Wald gewesen.

Meine richtige Tante – wie hatte ich den Tag herbeigesehnt und mir vorgestellt, wie es wäre, wenn ... Nun stand sie endlich vor mir. Klein, mit wachen Augen, die flink hin und her huschten. Ich sagte ihr guten Tag und hatte dabei überhaupt keine Gefühle wie Freude oder Glück. Sie war für mich wie eine Fremde.

»Daß ihr noch lebt, das gibt es doch gar nicht!«

Immer wieder stammelte sie diesen Satz. Ihre Freude schien ehrlich zu sein, beeindruckte mich aber nicht im geringsten. Dann unterdrückte sie ihre Aufregung, indem sie geschäftig zwischen Küche und Wohnzimmer hin- und herlief. Schließlich zeigte sie auf den Kaffeetisch und sagte:

»Kommt, Kinder, setzt euch schon, ich werde euch alles erzählen!«

Nun erfuhren wir, wie wir in dem Haus gefunden worden waren und daß keiner mehr daran geglaubt hatte, daß wir überleben würden. Als ich sie fragte, warum sie nie den Versuch unternommen hätten, uns zu suchen, rechtfertigte sie sich verlegen:

»Aber, Kind, wo denn? Das Jugendamt hat uns nie gesagt, wo ihr euch befindet. Es hieß immer: Wir wissen nicht, wo die Kinder sind.«

Ich erkannte die Notlüge als Folge ihres schlechten Gewissens und glaubte ihr kein Wort. Plötzlich merkte sie, daß ich sie nicht duzte, und sagte erschrocken:

»Aber Kind, ich bin doch deine Tante, du brauchst doch nicht Sie zu mir zu sagen.«

»Nein«, entgegnete ich heftig, »für mich sind Sie eine Fremde. Wenn Sie sich um uns gekümmert hätten, könnte ich Du sagen. Aber so – ich kann es nicht.«

Stark erregt sprach sie weiter auf uns ein.

»Die fünfziger Jahre waren schlechte Zeiten. Wir hatten

doch nichts, und dein Onkel war fast zehn Jahre in russischer Kriegsgefangenschaft, wie hätte ich damals fünf Kinder versorgen sollen?«

Ausgerechnet mich fragte sie das. Ich wehrte mich verzweifelt:

»Ich weiß es nicht.«

Dem Heulen nahe, unterdrückte ich mühsam die aufkommenden Tränen, sie sollte mich nicht weinen sehen.

»Eure Mutter war immer unterwegs«, sagte sie. »Wenn ich mal bei euch vorbeikam, wart ihr immer allein und habt geweint vor Hunger. Ins Haus ist man ja nicht hineingekommen, sie vergaß nie, die Tür zu verriegeln. Und wenn mal zufällig ein Fenster offen war, habe ich euch Brot hineingeworfen.«

Was für eine Familie sind wir nur, dachte ich, und ich verachtete sie alle.

Auf dem Teppich spielte ein neunjähriges Mädchen, das mich neugierig musterte.

»Ist das meine Kusine?« fragte ich.

Froh, das peinliche Thema beenden zu können, sagte sie:

»Ja, ein Nachkömmling.«

Wie auf ein Stichwort öffnete sich die Tür und das »Kofferradiomädchen« trat herein. Mein Bruder sah mich an, und dann lachten wir los. Verständnislos blickten uns die drei an. Auf einmal sagte meine Tante:

»Wie die Käthe!«

Mir erstarb das Lachen auf den Lippen, ich hatte es geahnt. Ich ähnelte meiner Mutter. Oh, wie ich sie haßte.

Zur Familie gehörte noch ein Sohn, den man gleich losschickte, unseren Opa zu holen. Er wohnte ganz in der Nähe. Mein Herz schlug schneller, und ich freute mich auf ihn. Große Dankbarkeit erfüllte mich ihm gegenüber, nachdem ich die Geschichte über uns gehört hatte. Ich schlug meinem Bruder vor, ihn auf der Treppe zu erwarten.

Ein wackliger, vom Alter gebeugter Mann trat durch die rostige Gartenpforte, die beim Öffnen quietschte. Das Laufen bereitete ihm offensichtlich große Mühe, denn er stützte sich schwer auf seinen Enkelsohn. Wir gingen ihm entgegen. Tränen der Freude liefen aus seinen fast erblindeten Augen über sein faltenreiches Gesicht. Schluchzend stammelte er Worte, die ich nicht verstand. Er fiel meinem Bruder um den Hals. Umarmt standen sie auf der Treppe.

»Daß ich das noch erleben darf, ist ein großes Geschenk Gottes«, hörte ich ihn sagen und trat einen Schritt näher. Ich wollte ihn auch begrüßen, aber er drückte mir nur ein Foto in die Hand und sagte:

»Deine Mutter!«

Dann schob er mich beiseite. Ein eisiger Schreck durchfuhr mich: Sah ich ihr so ähnlich? Tieftraurig über sein Verhalten blieb ich allein auf der Treppe zurück. Als die anderen ins Haus gingen, schossen mir die Tränen aus den Augen und tropften auf das Foto, so daß ich die Frau, die darauf abgebildet war, nicht erkennen konnte. Ich wischte und wischte auf dem Foto herum, bis ich schmerzhaft merkte, wie sehr sie mir an diesem Tag fehlte. Ich bekam Angst, sie nicht mehr erkennen zu können. Sofort hörte ich zu weinen auf und betrachtete mir die Fotografie.

Eine wunderschöne Frau saß an einem Tisch, sie hielt in der rechten Hand ein Schnapsglas und prostete einem Mann lächelnd zu. Von dem Mann waren nur die Hand und die Ärmelmanschette zu sehen. Auf dem Tisch standen eine Kaffeetasse mit Untertasse und Biergläser. Meine Mutter, lustig lächelnd in einer Kneipe! Meine Augen füllten sich erneut mit Tränen, und langsam zerriß ich das Bild in kleine Fetzen.

Die Adresse meiner Mutter kannten unsere Verwandten nicht. Ich drängte meinen Bruder zu gehen. So schnell wie möglich wollte ich aus diesem Haus, in dem kein Platz für uns war und nie sein würde. Mit einer Lüge – bald wiederzukommen – verabschiedeten wir uns.

Als ich meinem Großvater die Hand drückte, wußte ich, es war das erste und letzte Mal. Als könnte er Gedanken lesen, sagte er zu meinem Bruder:

»Nun kann ich beruhigt sterben!«

Mein Großvater war wohl der einzige Mensch auf der Welt, dem wir wirklich etwas bedeutet haben.

Wiedersehen mit Antje

Ich traf Antje wieder. Eines Tages war sie plötzlich im Heim. Ihr Kind lebte in einem anderen Heim. Die Freude über unser Wiedersehen war wahnsinnig; leider schlief sie wieder nicht in meinem Zimmer. Sie mußte schon arbeiten gehen, um die Heimkosten für das Kind aufzubringen.

Stundenlang saßen wir zusammen und redeten über die vergangene Zeit, in der wir uns nicht gesehen hatten. Sie war mit dem Mann ihrer Schwester noch zusammen. Seit der Scheidung lebte er allein und wollte bis zu ihrem achtzehnten Geburtstag auf sie warten. Dann sollte sie für immer zu ihm ziehen. Ich verstand sie nicht.

»Wie kannst du bloß so einen alten Knacker lieben?«

»Was soll ich denn machen? Überall lauert er mir auf. Nirgendwo kann ich allein hingehen, gleich nach der Arbeit steht er schon am Werktor und verfolgt mich sogar bis ins Heim.«

Wir konnten in unserer Freizeit machen, was wir wollten, und sie mußte Mutter und Geliebte spielen.

»Paß mal auf«, sagte ich zu ihr, »den nächsten Ausgang verbringen wir gemeinsam, dann kommst du endlich wieder unter Jugendliche.«

Es war viel schwerer, als ich es mir vorgestellt hatte. Am Sonntagmorgen nahmen wir uns vor, ihr Kind, nach dem sie große Sehnsucht hatte, zu besuchen. Kaum traten wir aus der Haustür, stand ihr Verlobter, wie sie ihn nannte, schon abholbereit auf der anderen Straßenseite. Sie flüsterte mir zu:

»Siehst du, was nun?«

»Beachte ihn einfach nicht«, antwortete ich und zog sie am Ärmel ihres Pullovers mit fort. Prompt setzte er sich auch in Bewegung; im Abstand von wenigen Metern trottete er uns zur S-Bahn hinterher. Antje wirkte unruhig, nervös drehte sie ihre roten Locken zwischen den Fingern und schielte ständig in seine Richtung.

»Hast du Angst?« fragte ich sie.

»Nein, nein«, sagte sie hastig.

»Wenn du Angst hast, gehe ich zu ihm und frage ihn, weshalb er uns nicht in Ruhe läßt, und sage ihm, daß er verschwinden soll.«

»Laß es lieber, sonst wird er nur wütend, und dann kann ich mir später was anhören.«

»Möchtest du, daß ich zurückfahre?« fragte ich.

»Auf gar keinen Fall, wir verbringen den Tag gemeinsam.«

Sie schien doch mutiger zu sein, als ich dachte.

Das Säuglingsheim lag in einer schönen Villengegend in Berlin. Haus und Garten machten einen gepflegten Eindruck. Die Schwestern zeigten sich erfreut über Antjes Besuch. Sie holten die Kleine, aber vorher wollten sie wissen, wer ich sei. Der Vater durfte das Kind nicht besuchen.

Das Baby sah einfach zum Knuddeln aus. Winzige Löckchen kringelten sich auf seinem Kopf, und es lachte jedem zu. Als ich versuchte, es hinzusetzen, blieb es tatsächlich sitzen. Zum ersten Mal saß Antjes Kind, und sie war dabei. Wir lachten und alberten mit der Kleinen fröhlich herum, da kam die Schwester und sagte:

»Tut mir leid, die Besuchszeit ist zu Ende.«

»Was?« fragte ich fassungslos. »Nur dreißig Minuten können wir die Kleine sehen?«

»Es tut mir leid, aber Vorschriften sind nun einmal Vorschriften.«

Sie nahm das Kind, das fröhlich weiterlachte und nicht merkte, wie es gewaltsam von der Mutter getrennt wurde, und brachte es weg.

Bei Antjes Anblick wurde ich traurig, sie weinte leise. Ich versuchte sie aufzumuntern

»Ach, laß mal, wir sind bald wieder hier.«

Der Verfolger oder Wachhund stand wieder in der Nähe, als wir das Heim verließen. Na warte, dachte ich, jetzt soll er sich mal wundern, und sagte zu Antje:

»Komm, wir fahren auf den Rummel, da ist immer was los.«

Zum Glück hatte ich mich nicht geirrt, eine große Clique von Jugendlichen war schon da. Wir stellten uns dazu, und im Nu war Antje von allen umringt. Sie bewunderten ihre Haare und fragten, ob sie echt seien oder gefärbt. Es dauerte nicht lange, da hörte ich ihr fröhliches Lachen wieder, und sie fuhr mit den Jungs Karussell.

Aber wo war ihr Typ geblieben? So sehr ich mich anstrengte, ich konnte ihn nirgends entdecken. Hatte er genug vom Nachlaufen und war vielleicht doch abgehauen? Antje jedenfalls hatte ihren Spaß und amüsierte sich prächtig. Glücklich drückte sie mich und sagte:

»Wenn ich dich nicht hätte!«

»Wer weiß, wie es mir mal geht«, sagte ich. »Komm, laß uns noch eine Runde drehen, dann müssen wir ins Heim zurück.«

Als wir aus der S-Bahn stiegen und zur Straße liefen, hätte uns beinahe ein Motorrad erwischt. Ich drehte mich erschrocken um, da hörte ich Antje sagen:

»Komm, schnell, ins Heim! Das war er!«

Ich war wütend. So verdarb er uns doch noch den Abend, indem er Antje in Angst und Schrecken versetzte.

Parteitag

Wieder näherte sich ein Parteitag. Rotbeflaggt leuchteten die trüben Fassaden der alten Mietskasernen. Und im Stadtkern, wo die Neubauten standen, hingen noch mehr Stoffetzen in bunten Farben und riesige Köpfe der Bonzen aus Pappe. Überall begegnete man einem von ihnen im Anzug, mit Schlips und Bonbon (Parteiabzeichen).

Nach der Schule lief ich mit Marie durch die Stadt, wir suchten ein Kleid für ihre Verlobung. Verloben mit vergoldeten Ringen war gerade groß in Mode, und jeder, der einen Freund oder eine Freundin hatte, versuchte, eine

Verlobung daraus zu machen. Am Alex fanden wir im Kaufhaus ein Kleid, das ihr gefiel. Bei diesem Kaufhausbummel entdeckten wir auch die häßlichen, blumenbedruckten Papierkleider, die man nach dreimaligem Waschen wegwerfen mußte. Sie faßten sich wie Fließstoff an. Nachdem wir noch einen hübschen »Liebestöter« gefunden hatten – eine bunte, elastische Unterhose mit langen Beinen –, als Ersatz für die kaum erschwingliche Strumpfhose, sagte sie »Tschüs« und fuhr nach Hause.

Was soll ich nun mit dem angefangenen Ausgangsabend machen? überlegte ich. Zum Glück traf ich eine Freundin.

»Hallo, was machst du denn hier?« fragten wir gleichzeitig.

Darüber mußten wir so lachen, daß wir, angegackert, wie wir waren, beschlossen, uns etwas Außergewöhnliches zu gönnen. Sie hatte Lehrlingsgeld bekommen und lud mich zum Essen ein. Das war leichter gesagt als getan. Die Tische in den Restaurants zierte ein und dasselbe Wort: »Reserviert.« Einige Kneipen hatten ganz geschlossen. Mit dem Schild »Geschlossene Gesellschaft« verkündeten sie ihre Parteizugehörigkeit. Langsam reichte uns die Wanderung durch das rote Berlin, wo Lehrlinge wie wir, ohne Bonbon, keinen Einlaß fanden. Uns blieb noch eine Variante offen, ein Hotel. Aber auch dort hing ein Schild am Eingang, diesmal mit der Aufschrift: »Bitte warten, Sie werden plaziert«, als ob man zu dumm sei, seinen Platz selbst zu suchen. Wir gingen einfach an den wartenden Gästen vorbei. An der Bar bekamen wir übereck zwei freie Hocker. Freundlich säuselnd fragte der Barmensch hinterm Tresen nach unseren Wünschen. Mein einziger Wunsch war, schnell zu essen und dann das Lokal wieder zu verlassen.

Wir waren offenbar nicht die richtigen Gäste, denn sein Wunsch schien dem unseren gleichzukommen. In Windeseile brachte er unsere Bestellung. Unter den vielen Genossen fühlte ich mich fehl am Platz, und gierig schlang ich das Essen hinunter. Plötzlich sagte Renate zu mir:

»Du, der Dicke neben mir hat gesagt: Einmal Anfassen fünfzig Mark!«

»Wie bitte? Ich verstehe dich nicht. Was sollst du einmal anfassen?«

Sie lachte leise und sagte:

»Na, den Schwanz!«

Mir wurde übel. Jetzt begriff ich, woher der Ausdruck »Parteischwein« kam. »Wehe, du machst es«, drohte ich.

Wir bezahlten schnell die Rechnung und verließen das Hotel. Der Dicke verfolgte uns, und ehe ich etwas sagen konnte, sah ich, wie Renate ihm an die Hose ging.

»Bist du verrückt?« zischte ich ihr zu. »Wenn es unbedingt sein muß, so laß dir erst die Kohle geben! Der lacht sich später ins Parteifäustchen!«

Er merkte ziemlich schnell, daß ich für ihn eine Behinderung war, und versuchte, mich zu locken, indem er jeder von uns hundert Mark für einmal Anfassen bot. Schnell reifte in mir ein Plan, und ich flüsterte Renate zu:

»Ich laß mir das Geld zeigen, und wenn er es hochhält, dann nimm es von hinten und renn damit los!«

In seiner Geilheit war er sofort bereit, mir das Geld zu zeigen. Er holte zwei blaue Scheine aus seiner Brieftasche, hielt sie über seinen Kopf und sagte:

»Na komm, Kleine, jetzt nur noch anfassen, und sie sind deine!«

Renate stand regungslos, da faßte ich zu, aber nicht sein Ding hielt ich in der Hand, sondern die Scheine. Der Dicke wollte retten, was zu retten war, und entriß mir mit einer Schnelligkeit, die ich ihm nicht zugetraut hätte, meine Handtasche. In der Aufregung ließ ich einen Blauen fallen. Blitzschnell bückte er sich und hob ihn auf. In diesem Moment erschien ein Freund und Helfer in Grün, von denen an diesem Abend viele unterwegs waren. Sofort ließ der Dicke meine Tasche fallen und rannte davon. Ich nutzte die Sekunde und schrie:

»Überfall, Hilfe, der Mann wollte meine Handtasche stehlen!«

»Das habe ich gesehen«, sagte der Polizist, der ausgesprochen gut aussah. Großgewachsen, mit sehr markanten Gesichtszügen, stand er vor uns, eigentlich ein Mann zum Verlieben. Schade, daß er ein Bulle war.

»Wartet hier, bis ich zurückkomme«, sagte er und rannte sportlich dem Genossen hinterher. Am S-Bahnhof hatte er den Dicken eingeholt, und nun setzten wir zum Sprint an.

»Nichts wie weg hier«, sagte ich, und wir rannten lachend in entgegengesetzter Richtung durch die dunkle Nacht. Den Hunderter teilten wir uns, und noch oft mußten wir über unser Abenteuer lachen.

Schwanger

Endlich hatte mein Freund Peter eine Möglichkeit gefunden, daß ich meine Liebe zu ihm beweisen konnte, sollte oder mußte, nämlich auf seinem Schiff.

Der Kapitän hatte in Berlin angelegt. Wir waren hier ganz allein. Er zeigte und erklärte mir den Kahn, als ob er eine Prüfung ablegte. Ich verstand nur die Hälfte davon.

Schließlich landeten wir in der Mannschaftsunterkunft. Es war ein kleiner Raum mit einem Ofen, den er vorher vorsorglich angeheizt hatte. Ein Tisch und die Koje waren der ganze Luxus. Nachdem er eine Flasche Rotwein entkorkt hatte, wußte ich, was folgen würde. Ich duldete seine Zärtlichkeiten, die mich nicht erregten, schloß die Augen und wartete auf den Schmerz, der zum Glück nicht kam.

Ich hatte es hinter mir, und er war glücklich. Von diesem Tag an kam er plötzlich öfter nach Berlin, und wir verbrachten viel Zeit miteinander, ohne weitere Möglichkeiten.

Dann blieb meine Regel aus. Ich machte mir keine Gedanken darüber, denn von den Mädchen wußte ich ja, daß so etwas schon mal vorkommen kann. Nachdem sie aber zwei Wochen überfällig war, suchte ich eine Frauenärztin auf. Die Untersuchung tat nicht weh, aber sie war unangenehm. Dieser Stuhl – was man als Mädchen alles mitmachen mußte! In der unbequemen Stellung kam ich mir so hilflos und ausgeliefert vor. Ich dachte an einen Maikäfer, der auf dem Rücken liegt und nicht fliegen kann.

Schwanger!

Die Diagnose klang aus dem Mund der Ärztin wie ein Urteil. Komischerweise fühlte ich mich davon nicht so sehr betroffen, wie sie es vielleicht vermutete. Ich nahm es hin. Konnte ich denn noch etwas daran ändern? Nein. Oder wollte ich daran nichts ändern? Ich wußte in diesem Moment nur eins: Ich bekam ein Kind.

Die Ärztin schrieb einen Überweisungsschein für die Schwangerenberatung aus, dann blickte sie mich durch ihre Brille streng an und sprach sehr ernst zu mir:

»Wie stellst du dir denn jetzt deine Zukunft vor? Immerhin bist du erst siebzehn Jahre alt und noch in der Ausbildung.«

Ich zuckte die Schultern. Was sollte das Gerede, eine Moralpredigt konnte ich in diesem Augenblick am allerwenigsten ertragen.

»Gut, wenn du nicht mit mir reden willst, dann lassen wir es, aber im Heim gibst du diesen Zettel ab.«

Mit zwei Zetteln und einer festgestellten Schwangerschaft verließ ich die Poliklinik.

Draußen an der frischen Luft wurden mein Kopf klarer und die Gedanken freier. Und plötzlich freute ich mich. Ich werde ein eigenes Kind haben, für mich ganz allein. Ich werde es lieben und eine tolle Mutter werden, nahm ich mir ganz fest vor.

Im Büro war eine Erzieherin mit der Postverteilung beschäftigt. Leise legte ich den Zettel auf den Tisch und ging nach oben in mein Zimmer. Kaum hatte ich die Tür erreicht, hörte ich meinen Namen im Lautsprecher. Ich sollte mich bei der Heimleiterin melden. Ich wußte, was mir bevorstand. Bei einer Schwangerschaft wurden die Mädchen bis aufs kleinste Detail ausgefragt. Wo und wie und wann es passierte und wer der Vater des Kindes sei.

Niemals würde Kuhauge auch nur ein Wörtchen von mir darüber erfahren. Es war meine eigene Angelegenheit und ging keinen etwas an.

Überschwenglich freundlich öffnete sie nach meinem Klopfen die Bürotür.

»Komm, setz dich, ich glaube, wir haben uns viel zu sagen.«

Mit mir nicht, dachte ich. Von mir hört sie nicht den albernen Satz: Ich kriege ein Kind. Laut sagte ich:

»Ich weiß nicht, was Sie von mir wollen, der Zettel liegt doch vor Ihnen auf dem Tisch, was gibt es denn da noch zu sagen?«

So schnell gab sie sich nicht geschlagen und fragte mich zum zweiten Mal:

»Hast du mir nichts zu sagen?«

»Doch, lassen Sie mich bitte in Ruhe!«

Seltsamerweise blieb sie ganz gefaßt.

»Bitte«, flehte sie mich fast an, »können wir nicht wie zwei Erwachsene darüber reden, ich will doch nur dein Bestes. Mir ist unklar, wie das ausgerechnet dir passieren konnte, wo du doch nicht eine Nacht gefehlt hast oder zu spät vom Ausgang gekommen bist.«

Ich haßte sie, mit welcher raffinierten Methode sie mir kommen wollte. Schroff feuerte ich ihr entgegen:

»Dazu braucht man keine Nächte. Wie schade für Sie, daß Sie das nicht wissen. Und wenn es Sie interessiert, den Vater meines Kindes kenne ich auch.«

Ich erhob mich und verließ ihr Büro. Die Tür ließ ich laut ins Schloß fallen.

Ich hatte gewonnen, aber um welchen Preis! Ich gehörte nicht mehr zu den normalen Mädchen, die tanzen gingen oder rauchend in ihrer Ecke saßen und herumalberten. Ich war die Schwangere Nummer sieben. Zwar mußte ich noch keinen dicken Bauch unter häßlichen Kleidern verstecken, aber einige behandelten mich schon so. Wer noch nicht schwanger war, weiß nichts über den Zustand einer werdenden Mutter. Die meisten Mädchen verhielten sich uns gegenüber sehr zurückhaltend. Durch ihre Unsicherheit im Umgang mit Schwangeren drängten sie einen, ohne es zu ahnen, in eine Außenseiterrolle. Bewußt zog ich mich nicht zurück, sondern lebte genauso weiter wie bisher. Ich saß in ihrer Runde oder ging zum Tanzen mit und hörte mir ihre Probleme über das Heim, die Erzieher und Freunde an. Wo immer etwas los war, ich ging mit und war dabei.

In der Berufsschule mußte ich eine Sportbefreiung abgeben. Während des Deutschunterrichts beendete plötzlich die Lehrerin ihren Vortrag und sagte:

»Wir haben jetzt etwas Wichtiges zu besprechen. In unserer Klasse gibt es ein Mädchen, das ein Baby erwartet. Ich bitte euch, von heute an diesem Mädchen mit Respekt und Achtung zu begegnen, vor allem die Herren der Schöpfung sind damit gemeint. Keine blöden oder kindischen Bemerkungen darüber.«

Mir wurde siedendheiß, neugierig musterten uns die Jungs, welche es sein könnte. Neben mir saß Olaf, er fragte mich:

»Weißt du, wer es ist?«

»Ja«, sagte ich, »ich bin es.«

»Was?« Erstaunt blickte er mich an. »Man sieht ja noch gar nichts.«

»Kommt noch«, sagte ich und dachte: Hoffentlich nicht so schnell!

Wie ein Lauffeuer sprach es sich in der Klasse herum, und die Jungs wurden richtig lieb zu mir. Solange ich noch zur Schule ging, hörte ich nie eine einzige negative Bemerkung über mich. Meine Schularbeiten schrieb ich weiter von einem Jungen, dem Mathe-As unserer Klasse, ab. Sie hielten mir albernerweise alle die Klassentür auf, und in jeder Eisdiele organisierten sie für mich einen Stuhl. Rundum fühlte ich mich in meiner Klasse wohl und verdrängte den Gedanken, eines Tages die Schule verlassen zu müssen.

Mein Klassenlehrer sprach mich einmal in der Pause an und fragte, ob er mir nicht irgendwie helfen könnte. Ohne zu überlegen antwortete ich: »Mir ist nicht mehr zu helfen« und ließ ihn stehen. Vielleicht hätte er mir doch helfen können. In letzter Zeit kam mir oft der Gedanke, ob es eine Möglichkeit gäbe, das Kind wegzumachen. Gehört hatte ich schon viel davon, aber es sollte nicht ungefährlich sein, und mein Leben riskieren wollte ich nicht. Aber was konnte ich meinem Kind ohne Geld, Beruf und Wohnung bieten? Nichts! Erst viel später erfuhr ich, daß es eine Kommission für Schwangerschaftsabbruch gab. Aber darüber hat niemand mit mir gesprochen. Ich bin mir auch nicht sicher, ob ich einen Abbruch gewollt hätte. Nun war es aber sowieso nicht mehr zu ändern und auch gut so, denn die Grübeleien, ob ja oder nein, hörten auf.

Während meine Gefühle sprunghaft wechselten – einmal war ich glücklich und dann wieder traurig und dem Heulen nahe –, veränderte sich meine Figur von Tag zu Tag. Am schlimmsten fand ich meine Brust, die an Umfang enorm zunahm und schmerzte. Am Bauch zeigten sich trotz Bürsten und Cremen kleine rote Streifen, die einfach nicht weggingen. Zum Glück hatte ich keine Morgenübelkeit, die laut Buch in den ersten Monaten auftreten kann.

Wenn ich mich im Spiegel betrachtete, fühlte ich mich jetzt schon unförmig dick und häßlich. Bald wußte ich gar nicht mehr, wie ich vorher ausgesehen hatte, dabei war ich erst Ende des dritten Monats.

Peter kündigte mir in einem Brief sein Kommen an. Die Woche bis zum Eintreffen seines Schiffes wollte nicht vergehen. Was würde er zu meiner Neuigkeit sagen? Ich hatte ihm von dem Kind nichts geschrieben. Ob er sich freuen würde?

Er holte mich mit einem riesigen Blumenstrauß ab und gratulierte mir nachträglich zum Geburtstag. Ich holte tief Luft und sagte:

»Ich hab' auch eine Überraschung für dich!«

Neugierig fragte er:
»Was denn? Los, raus damit!«
Nun brachte ich es wieder nicht fertig, den Satz zu sagen: Ich kriege ein Kind, sondern platzte heraus:
»Du wirst Vater!«
Verdattert blieb er mitten auf der Straße stehen.
»Sag das nochmal!«
Dabei blickte er mich zornig an. Seine Reaktion schüchterte mich ein, und ich nickte nur noch mit dem Kopf. Er machte auf dem Absatz kehrt und ließ mich stehen. Wütend rannte ich ihm hinterher. Er schüttelte meinen Arm ab und sagte:
»Laß mich, ich muß darüber nachdenken.«
Schweigend gingen wir nebeneinander her, jeder hing seinen Gedanken nach und traute sich nicht, sie auszusprechen. Ich ertrug die Kälte zwischen uns nicht länger und faßte mir ein Herz:
»Wenn du deine Entscheidung getroffen hast, melde dich wieder.«
Enttäuscht fuhr ich ins Heim zurück.
Peters Ratlosigkeit störte mich eigenartigerweise nicht, warum auch, es erging mir ja nicht anders. Ich tröstete mich mit meinem Optimismus. Bis zur Geburt des Kindes war noch viel Zeit, und irgendwie würde es schon weitergehen.
In der Schwangerenberatung wurde ich mit Blicken taxiert wie ein neues Modell auf dem Laufsteg. Nachdem ich alle Intimfragen – letzte Regel, Name des Kindesvaters – beantwortet hatte, wurden Bauchumfang und Körpergröße gemessen. Danach folgte eine gynäkologische Untersuchung, und der Arzt bestätigte mir eine gesunde Schwangerschaft Ende des vierten Monats. Dann kamen noch ei-

nige neugierige Fragen, wie es im Heim sei, was ich lernte usw. Anschließend wurde ich mit den Worten »Na, dann alles Gute bis zum nächsten Termin in vier Wochen« entlassen. In der Hand hielt ich einen Schwangerenausweis, der mir in jedem öffentlichen Verkehrsmittel einen Sitzplatz zusicherte und mich dazu berechtigte, im Konsum oder Kaufhaus die erste in der Schlange zu sein. Aber eine Beratung für mich und mein Kind, wie ich sie mir wünschte und gebraucht hätte, fand ich nicht. Mir blieb nicht nur die Freude auf das Kind. Die Sorgen, wie es weitergehen sollte mit uns, blieben auch.

Die Arbeit in der Fabrik war körperlich sehr anstrengend. Als Lehrling ersparte man uns keine Abteilung des Werkes. Wie die Jungen mußten wir Mädchen an den Maschinen arbeiten, ob an der Stanze oder Walze. Auch die stinkende Presse mußten wir bedienen, wo der erhitzte Gummi in die Form von Wärmflaschen gepreßt und anschließend als Produkt »Hergestellt in der Schweiz« dem »Klassenfeind« im Westen verkauft wurde. Nun stand mir laut Gesetz ein Schonplatz zu, den ich prompt als Akkordarbeiterin bekam. Im Sitzen schnippelte ich acht Stunden lang die Gratränder vom Gumminippel für Nasentropfenpipetten ab. Hier galt es, die Norm für Lehrlinge zu schaffen. In den ersten Tagen konnte ich vor lauter Blasen meine Hände zu nichts anderem mehr gebrauchen. Später verhornten die Stellen, und ich schaffte meine Norm, aber ich haßte die Arbeit. Wie freute ich mich auf die Mittagspause, endlich konnte ich den schweinischen Witzen und den Alltagssorgen der Frauen entrinnen. Mein Blick aus dem Fabrikfenster fiel auf das Eingangstor des Jüdischen Friedhofs Weißensee. Heimlich kletterte ich aus dem Klofenster und verbrachte meine Pausen beim Spazierengehen durch die Alleen der teilweise wunderschönen Gräber. Viel zu schnell vergingen immer die dreißig Minuten der Ruhe, die ich mit Lesen oder Nachdenken im kühlen Schatten der alten Bäume verbrachte. Selten traf man hier auf einen Menschen, der eine Grabstätte besuchte.

Peter kam wieder, aber er war nicht mehr wie früher. Das Thema Kind vermied er anzusprechen, ich merkte nur, wie er heimlich auf meinen Bauch schielte. Wir gingen kaum noch miteinander aus, ich hatte den Eindruck, daß er sich mit mir schämte. Ich litt unter seiner Eitelkeit; mir war der Bauch auch nicht angenehm, und einige tröstende Worte von ihm hätten mir gutgetan. Langsam begann ich, ihn wegen seiner Feigheit zu hassen. Mir wurde klar, daß es für uns keine gemeinsame Zukunft gab.

Mein Bruder wurde mein Beichtvater, ihm vertraute ich alles an. Er tröstete mich und sagte:

»Mach dir keine Sorgen, du hast ja mich, wir werden es schon schaffen.«

Sooft er Zeit hatte, fuhr er mit seinem Rennrad von Lichtenberg bis nach Treptow, um mich zu besuchen. Seit er ständig bei seinen Pflegeeltern lebte, hatte er sich völlig verändert. Seine schulischen Leistungen wurden gut, und er lernte Betonbauer. Ich freute mich für ihn. Wenn er in den Werkhof gekommen wäre, hätte ich ihn bestimmt nie wieder gesehen.

Eines Tages erzählte er mir stolz von seiner Freundin, einem Mädchen aus seiner Klasse. Sie war klein, hatte eine kurze Ponyfrisur und sprach mit hoher Stimme Hochdeutsch. Als wir uns kennenlernten, musterte sie mich verächtlich. Für sie war ich »die aus dem Heim« und stahl ihm seine wenige Zeit. Wir verstanden uns überhaupt nicht. Meinem Bruder zuliebe sagte ich, daß ich sie nett fände. Aber ich glaube, er spürte, was ich wirklich dachte.

Ich hatte Schwierigkeiten damit, mich fremden Menschen zu öffnen, und benahm mich so, wie sie es von einer aus dem Heim erwarteten. Wirkliche Offenbarung meiner Gefühle hätte für Außenstehende bedeutet, sich mit mir zu beschäftigen, und das erforderte Zeit, die keiner hatte. Schon sehr früh, seit Christians Unglück, hatte ich das begriffen. Mit meiner Maske konnte ich die Erwartungen an uns Heimkinder gut erfüllen. Lachen, wo es nichts zu lachen gab, Weinen in der Dunkelheit und immer das letzte Wort.

Meine Freundin Erika sah ich sehr selten; sie arbeitete im Schichtarbeitersystem in einer Kaufhalle und war vollauf mit ihrem Urlaubsfreund, dem Soldaten, beschäftigt. Dieser nutzte jede freie Stunde, um nach Berlin zu kommen. Mit dem Jungen aus dem Heim schrieb sie sich auch noch; sie war zu feige, ihm die Wahrheit zu sagen. Mir wollte sie erzählen, daß er ihr leid tue. Na gut, das war nicht mein Problem, sollte sie allein ihre Entscheidung treffen.

Abschied! Kuhauge eröffnete mir eines Tages:

»Du ziehst mit deinen Sachen nach oben in ein Mansardenzimmer und wohnst so lange dort, bis wir dich nach Bad Saarow schicken.«

Alle schwangeren Mädchen wurden ab einem bestimmten Termin ins Müttererholungsheim gebracht. Ich hatte schon oft die Gelegenheit, mitzuerleben, wie sie weinten, wenn sich zwei Freundinnen trennen mußten. Die Versprechungen auf einen Besuch konnten die wenigsten einhalten, da die Reise nach Bad Saarow durch die ungünstigen Zugverbindungen nicht mit den Besuchszeiten und den Ausgangszeiten zusammenzubringen war.

In einem Zweibettzimmer unter dem Dach des Heimes, mit Blick auf die grünen Baumkronen des hinteren Kindergartens, fühlte ich mich so wohl und geborgen, daß ich weder meine Freundin vermißte noch die anderen Mädchen. Hier oben genoß ich die Ruhe, die mir bewußt machte, wie sehr mir der Krach im Heim auf die Nerven ging.

In letzter Zeit fand ich die Situation in unserem Zimmer schon unerträglich. Zu sechs verschiedenen Zeiten in den ersten Morgenstunden erschien die Nachtwache und weckte jeweils ein Mädchen. Zur Sicherheit klingelte aber bei allen noch einmal der Wecker. Wenn ich um acht Uhr in der Schule sein mußte, war ich also schon um halb fünf das erste Mal wach. Bis zum Aufstehen war das Einschlafen nicht mehr möglich, und so fühlte ich mich ständig müde.

Ein kleiner Denkzettel

Eines Abends ging ich sehr früh ins Bett, ich hatte nur den einen Wunsch, mich mal richtig auszuschlafen.

Plötzlich flog die Tür mit einem Knall auf, das Licht blendete mich, und Maria trampelte durchs Zimmer zu ihrem Schrank, nahm etwas heraus und warf die Schranktüren wieder zu. Dann trampelte sie zurück, ließ das Licht brennen, und die Zimmertür fiel krachend ins Schloß.

Wegen ihrer rücksichtslosen Art hatte irgendeine von uns immer mit ihr Streit. Dieses Mal reichte es mir. Ich wollte ihr einen Denkzettel verpassen.

Ich ging eine Etage tiefer zu den Arbeitermädchen, mit

denen ich mich gut verstand, und bat sie, mir einen Gefallen zu tun. Zwei Mädchen waren von meinem Plan begeistert. Mit großer Schnelligkeit trugen sie Marias Bett ins Treppenhaus und stellten es in die Raucherecke, dazu den Nachtschrank und ihren Stuhl. Dann mußten sie noch die Glühlampe lockerdrehen. Ich bedankte mich lachend und kroch in mein Bett zurück. Erika wunderte sich, daß das Licht nicht anging, als sie ins Zimmer kam und den Schalter drückte. Ich klärte sie auf, und gespannt warteten wir auf Marias Erscheinen zur Nachtruhe.

Nach und nach lagen alle Mädchen bis auf Maria in ihren Betten und lauerten auf den erhofften Auftritt. Als keine mehr glaubte, daß sie überhaupt noch schlafen gehen würde, flog die Tür wie gewohnt mit lautem Krach gegen die Zimmerwand, und der Lichtschalter knipste vergeblich.

»Scheiße«, flüsterte sie, »die Lampe ist am Arsch!«

An ihrem Schrank angekommen, schmiß sie sich auf das nicht vorhandene Bett. In diesem Moment gab es ein klatschendes Geräusch, wie wenn nackte Haut auf den Steinfußboden aufschlägt. Wie eine Furie schrie sie los:

»Das warst du, blöde Sau, Miststück, Nutte! Na warte, du kannst was erleben!« Mit diesen Worten näherte sie sich meinem Bett. Ich drohte fast unter meiner Decke zu ersticken, so hatte ich mein Gesicht darin vergraben, um mir das Lachen zu verkneifen. Ich reagierte genau wie die anderen Mädchen und stellte mich schlafend. Wütend verließ sie das Zimmer.

Kurze Zeit später hörte ich meinen Namen durch den Lautsprecher mit der Aufforderung, sofort im Büro zu erscheinen. Natürlich ging ich nicht hin, sondern blieb im Bett und wartete auf die Dinge, die kommen würden. Es

dauerte gar nicht lange, da stand eine Erzieherin mit Maria in der Tür und verlangte von mir, das Bett sofort hereinzuholen. Ich weigerte mich und fragte sie, ob sie ernsthaft glaubte, daß ich mit meinem Bauch das Bett hinausgetragen hätte. Sie drehte sich zu Maria um und sagte:
»Hol dein Bett selbst, und dann ist Nachtruhe!«
Die Mädchen in der Raucherecke lachten sich halb kaputt über Maria, bis sie endlich eine gefunden hatte, die ihr half, das Bett zurückzutragen. In der Dunkelheit stieß sie mit dem Nachtschrank gegen die Wand, wobei zwei Beine abbrachen. Heulend sank sie zusammen, denn für die Möbel waren wir verantwortlich und mußten Schäden daran aus eigener Tasche bezahlen. Jetzt hielt es keine mehr unter ihrer Decke aus, wir lachten noch die halbe Nacht über Maria, die keinen Mucks mehr von sich gab. Von dieser Stunde an hatten wir unsere Ruhe vor ihr.

Hier oben war es viel schöner als unten, und ich war traurig, als ich wieder meine Sachen packen mußte. Eigentlich packten alle Mädchen ihre Sachen, denn das Heim sollte plötzlich saniert werden, und die Mädchen wurden in Notunterkünfte evakuiert. Mich und eine Erzieherin fuhr ein Dienstwagen vom Rathaus Treptow in die schöne Umgebung am Scharmützelsee, in das Heim für werdende Mütter.

Im Müttererholungsheim

Direkt am See stand eine große Villa, umgeben von Bäumen und Rasen. Als ich aus dem Auto stieg, erblickte ich zuerst eine Parade von Kinderwagen, ordentlich in einer

Reihe stehend. Während es die Erzieherin eilig hatte, ins Haus zu kommen, schritt ich langsam die Kolonne der Kinderwagen ab und betrachtete die Babys darin. Nie hatte ich gedacht, daß Babys so verschieden aussehen können. Die meisten schrien wie am Spieß und hatten eine Rotzglocke, die entweder übers Gesicht verschmiert war oder verkrustet vor den kleinen Nasen klebte. Meine Mühe, die Kleinen durch Schaukeln zu beruhigen, war vergeblich. Sobald ich aufhörte, brüllten sie wieder los. Zwei ganz Winzige schliefen friedlich, erschreckten mich aber durch ihre Häßlichkeit. Unter der dünnen weißen Haut schimmerten bläulich ihre Adern. Ob ich mich trauen würde, so ein winziges Kind anzufassen? Und ob mein Kind auch mal so häßlich ist? Durch die Stimme der Erzieherin wurde ich aus meinen Gedanken gerissen. Sie rief mich ins Haus.

Die Heimleiterin war sehr freundlich und natürlich. Sie begrüßte und informierte mich über die Heimkosten, die ich bezahlen mußte. Zuerst für mich allein und später für das Kind. Mir war es irgendwie fremd, wenn jemand von meinem Kind sprach. Ich wußte zwar, daß ich einen dicken Bauch hatte und ein Kind bekommen würde, aber ich fühlte mich nicht als Mutter.

Wieder kam ich in ein Sechsbettzimmer, und neugierige Blicke musterten mich. Es waren keine bekannten Gesichter darunter. Alle Mädchen aus dem Jugendwohnheim, die vor mir hierhergekommen waren, hatten schon entbunden und wohnten eine Etage tiefer oder waren schon entlassen.

Während ich so tat, als sei ich mit Einräumen meiner Sachen in den Schrank beschäftigt, beobachtete ich heimlich die Mädchen.

Die meisten trugen ihre Haare in lockiger Dauerwelle

und hatten ernste, frauliche Gesichtszüge, auch ihre Bäuche kamen mir dicker als meiner vor. Sie kümmerten sich nicht um mich, sondern besprachen eine Handarbeit aus der Zeitung. Es dauerte nicht lange, und sie bezogen mich in ihr Gespräch mit ein. Ich war erstaunt, wie schnell sie über sich und ihre Probleme mit mir sprachen.

Zuerst stellte sich Gerda vor. Sie war klein und hatte eine zierliche Figur – abgesehen vom Bauch – und ein hübsches Gesicht, das eher dem einer Porzellanpuppe glich. Trotz ihrer erst fünfzehn Jahre wirkte sie älter; vielleicht lag es daran, daß sie mit einem Dreißigjährigen verlobt war.

Monika sah mit ihren sechzehn Jahren schon wie zwanzig aus, hatte schon viele Männer gehabt und wußte nicht, wer der Vater ihres Kindes war. Ihre Eltern konnten sich bei ihr nicht durchsetzen. Deshalb bekam sie durch das Jugendamt über die Schwangerenberatung die Einweisung in dieses Heim. Das erzählte sie vor allen freimütig, ohne sich zu schämen.

Die Jüngste in unserem Zimmer hieß Gisela und hätte mit ihren dreizehn Jahren eigentlich wie ein junges Mädchen aussehen müssen. Doch ihr Gesicht trug die Züge einer erfahrenen Frau und zeigte keine Spur von fröhlichem Kind. Ich fragte sie:

»Bist du denn nicht aufgeklärt worden?«

Sie lachte und sagte:

»Ja, gleich praktisch von meinem Stiefvater.«

Gisela erhielt von ihrer Mutter oft Besuch, und es war nicht zu übersehen, daß auch sie schwanger war. Dieses Zusammentreffen endete meistens mit Tränen der Mutter und Worten, die wir alle hören konnten:

»Bitte, verzichte auf Gerd (den Stiefvater), was soll denn aus uns werden? Denk doch mal an deine Geschwister!«

Gisela hatte acht Halbgeschwister, die alle von ihrem Stiefvater stammten. Nun saß er für Jahre in Bautzen, im Zuchthaus, das »das gelbe Elend« genannt wurde.

Die Mutter machte einen erbärmlichen Eindruck. Wenn sie ihre Tochter anflehte, doch auf ihren Mann zu verzichten, erweckte sie Mitleid in mir. Gisela lachte sie nur aus, und wenn die Mutter heulend davontrabte mit ihrem ausgemergelten, von vielen Geburten verformten Körper, lachte sie nur noch mehr und lästerte:

»Wie 'ne alte Oma.«

Uns gegenüber kannte sie keine Hemmungen; es machte ihr nichts aus, uns die Sache mit ihrem Stiefvater bis ins kleinste Detail zu schildern.

Gerlinde, sechzehn Jahre alt, hatte einen festen Freund, der sie nie besuchte. Aber nachts bekamen wir ungefragt die schärfsten Stellungen mit ihm zu hören. Sogar in eine fremde Laube waren sie eingebrochen, um in Ruhe zu bumsen. Ich fand die Geschichten gewaltig übertrieben.

Alle diese Mädchen waren nie im Heim gewesen und trotzdem total versaut. Nicht im entferntesten hatten wir untereinander so geredet. Mir war klar, daß es nur die Umwelt war, die in uns das Schlechte sah. Das Wort »Heim« war ein Stempel. Der Stempel war gleichbedeutend mit Knast, böse und verdorben. Mädchen mit Elternhaus konnten genauso sein, aber sie hatten nicht diesen Makel. Daß Kinder durch unfähige Eltern und Pädagogen negativen Einflüssen ausgesetzt waren, auf die Idee kam keiner.

Marlies, sechzehn Jahre alt, weinte viel. Ihr zwanzigjähriger Freund wurde seit dem Einmarsch der Nationale Volksarmee in der ČSSR vermißt. Das sollte Bruderhilfe sein. Allgemein herrschte große Aufregung unter der Bevölkerung; fast alle waren dagegen, aber nur wenige mutig genug, es laut zu sagen.

Ich saß mit meinem Bauch in der Schwangerenburg und konnte nur auf Besuch hoffen, um die neuesten Nachrichten zu erfahren. Oft dachte ich über meine Erziehung in den vergangenen Jahren nach und verstand die Welt nicht mehr. Wieso marschierten nun wieder Deutsche in ein fremdes Land, noch dazu in ein sozialistisches? Die Frage blieb offen, und ich beschloß, weitab von Berlin, nicht mehr darüber nachzudenken und mich nur noch auf mich und das Kind zu konzentrieren.

Schon bald hielt ich das schweinische Gerede der Mädchen nicht mehr aus und bat die Heimleiterin, mich in ein anderes Zimmer zu verlegen. Mein Wunsch wurde sofort erfüllt, und ich zog erfreut mit meinen Sachen in ein Zweibettzimmer mit Blick über den verwilderten Garten zum See.

Meine Bettnachbarin Ruth stellte sich als Russischlehrerin und schon Ende Zwanzig vor. Obwohl ich Lehrer und Erzieher nicht ausstehen konnte, verstanden wir uns bald prima. Sie machte erst gar nicht den Versuch, Frau Doktor Klugschiß herauszukehren. Von der Arbeit völlig entnervt, erhielt sie als Schwangere diese Kur zur Erholung. Als sie hörte, daß ich bis zur Entbindung hierbleiben würde, bedauerte sie mich aufrichtig. Sie empfand genau wie ich, daß der Ort ein stinklangweiliges Nest war. Wir schlugen die Zeit mit endlosen Wanderungen, Lesen und Gesprächen tot.

Ende September setzten bei ihr die Wehen ein, und sie kam ins Krankenhaus. Von diesem Tag an sah ich sie nicht wieder und wohnte allein im Zimmer.

Drei Mädchen aus dem ersten Zimmer hatten entbunden, und es kamen neue. Petra hatte eine Hasenscharte, war aber sonst ein hübsches Mädchen. Sie erwartete das Kind von einem Montagearbeiter, der auf Nimmerwiedersehen verschwunden war. Ihre große Sorge galt dem Kind, daß es nicht auch die Hasenscharte erben würde.

Elvira war auf einer Fete vergewaltigt worden und mußte jetzt das ungewollte Kind austragen.

Vera, eine Geschiedene mit zwei Kindern, hatte sich mit dem Busfahrer ihres Ortes eingelassen, hoffte aber trotzdem auf die Rückkehr ihres Mannes.

Wir saßen viel zusammen, redeten über die Kindesväter und was wir uns wünschten, ob Junge oder Mädchen. Durch die Ernsthaftigkeit unserer Gespräche fühlte ich mich viel wohler unter den neuen Frauen. Eines Nachts weckte mich Petra ziemlich unsanft aus dem Schlaf.

»Komm mit, Elvira ist verschwunden.«

So schnell es mein dicker Bauch zuließ, zog ich mich mühsam an und stürzte in das große Zimmer. Mit verschlafenen Gesichtern saßen die werdenden Mütter in ihren weiten Nachthemden auf den Betten und redeten aufgeregt durcheinander. Eine hatte Elvira weinen gehört. Als sie fragte, weshalb sie weinte, antwortete sie sinnloses Zeug und lief aus dem Haus.

Mit Petra und Vera einigte ich mich, nach Elvira zu suchen. Die Nachtschwester konnte das Haus nicht verlassen, da sich in der unteren Etage die Kleinstkinderstation befand, in der sie noch füttern mußte.

Wo konnte Elvira sein, und wohin wollte sie, überlegten wir. Vor der Tür schlug uns eisige Kälte entgegen, ich kuschelte mich fest in meinen Mantel. Am liebsten wäre ich zurück ins Haus gegangen, so sehr fror ich. Die Oktobernacht hatte einen sternenklaren Himmel, und der erste Frost war in der Luft zu spüren. Vergeblich suchten wir in der Dunkelheit den Bahnhof und die Umgebung ab.

»Ob sie in der Bahnhofskneipe ist?« fragte Petra bibbernd.

»Laß uns nachsehen«, sagte ich.

Wir betraten den nach Bier stinkenden, verqualmten Raum. Hätten wir es lieber sein lassen, denn die besoffenen Männer grölten bei dem Anblick unserer dicken Bäuche:

»He, Puppen, noch nicht genug? Wollt wohl noch mal?«

Angewidert und wie versteinert blieben wir an der Tür stehen und suchten mit Blicken den Raum ab. Aber auch hier war sie nicht. Enttäuscht und frierend machten wir uns auf den Heimweg, da huschte plötzlich, in geduckter Haltung, ein menschliches Wesen durch die Büsche der Parkanlage. Obwohl wir es alle drei gesehen hatten, traute sich keine, hinterherzulaufen. Wir blieben stehen und riefen leise ihren Namen. Außer unseren Stimmen war nichts zu hören. Eine unheimliche Stille lag über diesem Ort, die Bäume warfen im hellen Mondschein dunkle Schatten, die auf uns gespenstisch wirkten. Drei Schwangere im Mondscheinpark, die die vierte suchten – hätten wir nicht solche Angst gehabt, wir hätten gelacht. Plötzlich trat sie, wie eine Fee, langsam zwischen den Bäumen hervor.

»Elvira«, riefen wir drei gleichzeitig.

Der Mond leuchtete in ihr blasses Gesicht und ließ es noch weißer erscheinen. In ihrer rechten Hand glänzte im Mondlicht die schneeweiße nackte Brust, die sie aus ihrer Bluse einfach heraushängen ließ. Wie geistesabwesend kam sie näher und starrte uns aus großen, leeren Augen an. Mir wurde unter diesem Blick unheimlich, ich bekam eine unerklärliche Angst vor ihr, fragte sie aber trotzdem:

»Elvi, was ist mit dir?«

»Mein Herz«, flüsterte sie, »mein Herz, es tut so weh!«

Ich legte meinen Arm um sie und sagte:

»Komm, laß uns nach Hause gehen, du mußt ja total durchgefroren sein!«

Willig, wie ein kleines Kind, schmiegte sie ihr Gesicht an meine Schulter und ging mit.

Die Mädchen im Zimmer schliefen wieder. Leise zogen wir ihr die Sachen aus und legten sie ins Bett. Abwechselnd sah in der Nacht eine von uns nach Elvi.

Am nächsten Tag wurde sie dem Arzt vorgestellt, der nichts an ihrem Herzen feststellen konnte. Ihre Seele war krank und in eine andere Welt gegangen. Sobald sie Sachen anziehen mußte, holte sie wieder ihre Brust heraus und riß sich alle Kleider vom Körper. Sie ließ sich von keinem mehr anfassen, sondern war nur noch still, wenn man sie nackt auf ihrem Bett sitzen ließ. Dann hielt sie ihre Brust und wimmerte leise:

»Auja, auja, mein Herz.«

Das zehrte an unseren Nerven, und unsere Geduld mit ihr schwand. Nach zwei Tagen fand man endlich eine andere Unterkunft für sie. Das waren zwei aufregende Tage, da wir ständig in Angst lebten, sie könnte sich etwas antun. Richtig erleichtert über Elvis Weggang waren wir nicht, nur über die Ruhe, die danach folgte. Denn jede hoffte für sie, daß man ihr helfen könnte und sie wieder gesund würde. Von dieser Verwirrung eines vorher völlig gesunden Menschen war ich zutiefst berührt und gleichzeitig schockiert.

Gerlinde konnte ihren Bauch nicht mehr ertragen. Der Geburtstermin war zehn Tage überschritten, und von ihrem Freund hörte sie auch nichts. Schon lange erzählte sie keine Bumsgeschichten mehr, sondern häkelte und strickte nun wie eine Verrückte Babysachen. Eines Nachts war es dann soweit, sie kam ins Krankenhaus, wo sie einen Jungen zur Welt brachte, der noch auf der Entbindungsstation lag, als sie schon lange wieder in Berlin war. Kurz nach ihrer Entbindung sorgte sie mit ihrer Art zu erzählen für große Aufregung unter den Schwestern. Diese verweigerten ihr bei der Entlassung die Herausgabe des Kindes. Da Gerlinde noch nicht achtzehn Jahre alt war, mußten ihre Eltern erst einen Sorgerechtsantrag für das Enkelkind stellen, und so lange blieb es im Krankenhaus.

Vera stand während des Frühstücks plötzlich auf:
»Es geht los!«
Schnell beauftragte sie mich, noch eine Ausfahrgarnitur für das Kind zu häkeln, da sie noch keine Sachen hatte. Es kam drei Wochen zu früh. Ich versprach es, drückte ihr die Daumen und winkte dem Krankenwagen hinterher.

Zum Glück hatte ich das Häkeln von Gerlinde gelernt und auch noch etwas blaue Wolle übrig, denn Vera bekam auch einen Jungen. Seit August hatten alle einen Jungen geboren. Während der Schwangerschaftswochen hatte ich immer einen Jungen haben wollen, aber nun wünschte ich mir ein Mädchen.

Nach sechs Tagen brachte der Krankenwagen nur Veras Kind zurück, sie nicht. Eine Säuglingsschwester, die ich fragte, wo Vera sei, antwortete:
»Ach die, die hat doch das Kind zur Adoption freigegeben.«
Zuerst war ich entsetzt, sie hatte nicht die leiseste Andeutung gemacht. Aber je länger ich darüber nachdachte,

desto besser konnte ich ihre Handlungsweise verstehen. Sie hatte zwei Kinder, wie sollte sie allein mit dreien zurechtkommen? Schließlich war ich fest davon überzeugt, daß sie eine gute Mutter war, denn ihre letzte Sorge galt ihrem Kind.

Als Babys hatten die Kinder eine gute Chance, Adoptiveltern zu bekommen. Was hat ein Kind schon davon, von der Fürsorge aus einem kaputten Elternhaus geholt zu werden und später keine anderen Eltern mehr zu finden. Dann blieb ja doch nur das Heim. Ich schaute mir Veras Kind an. Mit winzigen Fäustchen, knallroten Haaren und großen Segelohren war es ein ausgesprochen witziges Baby. Bei seinem Anblick mußte man unwillkürlich lächeln. Ich fand, es brauchte unbedingt humorvolle Eltern.

Adoptiert wurde es von einem Armeeoffizier mit Frau; ob die Humor hatten?

Petras Kind wollte unbedingt an einem Sonntag auf die Welt kommen. Die Wehen setzten so heftig ein, daß sie Schwierigkeiten beim Einsteigen in den Krankenwagen hatte. Am späten Abend kam ein Anruf für mich, Petras Stimme klang verheult.

»Komm gleich vorbei, ich bin so unglücklich!«

Mehr sagte sie nicht. Voller Unruhe machte ich mich auf den Weg in das Armeehospital. Eigentlich lagen hier nur Soldaten. Eine Station für Mutter und Kind war die einzige Entbindungsmöglichkeit in dieser Umgebung, die zusätzlich eingerichtet worden war. Beim Betreten des Krankenzimmers sah ich, daß alle Frauen Besuch hatten, nur bei Petra saß niemand. Als ich sie umarmte, weinte sie sofort.

»Es ist ein Junge!«

»Was!« rief ich erstaunt. »Schon wieder ein Junge, das gibt es doch gar nicht.«

Aber das war nicht der Grund ihrer Tränen. Sie schluchzte:

»Er hat einen Wolfsrachen!«

»Was ist denn das?«

»Eine Lippengaumenspalte, noch schlimmer als eine Hasenscharte. Sie haben ihn gleich in ein anderes Krankenhaus gebracht, weil er mit dem Mund nicht trinken kann.«

Entsetzlich, die ganze Schwangerschaft über hatte sie Angst gehabt, daß ihr Kind auch so etwas haben könnte; wir hatten versucht, es ihr auszureden, und nun spielte ihr die Natur einen zweiten bösen Streich. Ich tröstete sie und sagte:

»Wer weiß, vielleicht ist die Medizin mit der Schönheitsoperation schon viel weiter, und sie machen es besser als damals.«

Sie hatte eine sehr unschöne Narbe zwischen Mund und Nase.

Durch das Gespräch wurde sie zusehends ruhiger, dafür regte ich mich innerlich stark auf. Mühsam unterdrückte ich meine Erregung und war froh, daß sie mich, ohne noch mals zu weinen, gehen ließ.

Konnte mit meinem Kind auch etwas nicht in Ordnung sein? Ich hatte nie darüber nachgedacht. Auf einmal war es mir sehr wichtig, und ich hatte Angst vor der Entbindung.

Mittlerweile hatte mein Bauch die Form eines riesigen, aufgeblasenen Ballons von 100 cm Umfang angenommen und war über und über mit kleinen roten Streifen bedeckt.

Wenn ich mich nackt unter der Dusche sah, hätte ich am liebsten geheult. Ich fand mich häßlicher denn je. Wie konnten Männer und Frauen auf diese Bäuche stolz sein? Meinen fand ich widerlich, unangenehm und immer im Wege. Wie eine Walze schob ich ihn vor mir her. Ich fühlte mich als Tragetasche für mein Kind. Und immer dasselbe Kleid, wie sehnte ich den Tag herbei, endlich andere Sachen anziehen zu können.

Peter kam mich besuchen, wir liefen stumm nebeneinander her. Ein richtiges Gespräch kam nicht auf. Es lag wohl auch an mir, denn ich merkte, daß er beim Spazierengehen einsame Wege bevorzugte. Schämte er sich mit mir? Ich fragte ihn nicht, ich wußte, er würde lügen.

Beim Abschied bat ich ihn, nicht eher zu kommen, bis das Kind da sei.

Die Entbindung

11. Dezember, Tag des Gesundheitswesens. Die Kinderschwestern fragten uns, ob wir die Kleinen versorgen würden, wegen ihrer Feierstunde. Natürlich taten wir das gerne und tranken den dafür extra spendierten Kaffee. Wir hofften, davon schneller Wehen zu bekommen.

Bis nachts halb eins saßen wir zusammen und redeten über alles mögliche. Von dem Kaffee waren wir noch putzmunter. Dann raffte ich mich auf, ging ins Bett und versuchte, mit einem Buch müde zu werden. Als ich nach ein Uhr das Licht gelöscht hatte, spürte ich plötzlich etwas Nasses in meinem Bett. Erschrocken sprang ich hoch, machte Licht und sah, daß mir Wasser an den Beinen hinunterlief. Ich konnte es nicht anhalten, so wartete ich, bis es aufhörte. Dann wischte ich das Zimmer, bezog mein Bett neu und wollte endlich schlafen. Kaum lag ich wieder im Bett, passierte das gleiche noch einmal. Wieder wartete ich, bis es vorbei war, und ging dann eine Treppe tiefer zur Toilette, aber es kam nichts mehr. Als ich die Nachtschwester traf, erzählte ich ihr mein Mißgeschick. Sie lachte und sagte:

»Geh noch einmal zur Toilette, und wenn es sich zeichnet, dann ist es ein Blasensprung.«

»Was ist zeichnen?«

»Der Ausfluß färbt sich hellrosa.«

Das hätte sie mir lieber nicht sagen sollen, denn nun zitterten mir die Beine. Und als ich auf dem Klo auch noch sah, daß sie recht hatte, klapperten mir vor Aufregung die Zähne. Bis zum Termin waren noch fünf Tage Zeit.

Alle Mädchen hatten erst ihre Wehen, und ich bekam zuerst einen Blasensprung, der laut Aufklärung kurz vor der Geburt passiert. Die Nachtschwester behielt die Ruhe und sagte lachend:

»Beim einen geschieht es so und beim nächsten anders. Hol deine Sachen, ich rufe den Krankenwagen.«

Meine Tasche war schon gepackt, aber trotzdem brauchte ich eine halbe Stunde, bis ich alles fertig hatte. Vor dem Haus warteten zwei Soldaten. Einer fragte mich freundlich:

»Na, wird's denn noch gehen?«

Ich lächelte verschämt und sagte:

»Es geht mir blendend.«

»Wenn noch keine Wehen sind, lassen wir uns lieber Zeit, denn die Straßen sind sehr vereist.«

Die Schwester hatte sie über meinen Blasensprung informiert, und sie legten mir fürsorglich den Sitz mit Zellstoff aus. Dann fuhren sie mit mir davon. Sie waren nicht viel älter als ich und so verständnisvoll.

Ich schaute in die Dunkelheit und wußte: Wenn ich zurückkomme, werde ich eine andere sein.

12. Dezember drei Uhr dreißig. Die Soldaten wünschten mir alles Gute und übergaben mich der Hebamme, die mich in den Untersuchungsraum führte. Nach der Untersuchung sagte sie:

»Also, vor heute abend oder morgen früh wird es nichts.«

Enttäuscht fragte ich:

»Warum? Dauert es so lange?«

»Beim ersten Kind ist das meistens so.«

Wie schade, ich fand sie sehr nett und hätte gerne bei ihr entbunden. Aber sie hatte nur bis sechs Uhr früh Dienst und dann erst wieder am Abend um zehn Uhr.

»Paß mal auf«, sagte sie, »du nimmst jetzt ein Bad, so heiß, wie du es vertragen kannst, das regt die Wehen an. Vorher geb' ich dir noch einen Einlauf, der fördert die Wehentätigkeit auch noch, und der Rest kommt von alleine.«

Der Einlauf war widerlich, ich dachte, ich käme nie wieder von der Toilette. Das Bad anschließend tat mir sehr gut. Ich hatte keine Schmerzen und fand das Kinderkriegen gar nicht so schlimm.

Vom Baden müde geworden, freute ich mich nun auf mein Bett.

Die Hebamme wünschte mir viel Erfolg und sagte weise lächelnd:

»Na, mit Schlafen wird es wohl nicht mehr viel werden.«

Ich legte mich trotzdem hin und fühlte gerade den Schlaf in einer angenehmen Schwere über mich kommen, als mich ein fürchterlicher Schmerz im Unterleib durchfuhr. Entsetzt verließ ich das Bett und lief zur Hebamme.

»Irgend etwas ist eben mit mir passiert«, sagte ich aufgeregt, »ich hatte einen fürchterlichen Schmerz im Bauch.«

Sie lachte und sagte:

»Das sind nur die Wehen; am besten, du läufst jetzt den Gang auf und ab, das fördert. Im Bett hältst du es sowieso nicht aus. Und schau auf die Uhr, in welchen Abständen die Wehen auftreten.«

Gut, daß ich nicht ahnte, was mir bevorstand; ich war froh und erleichtert, bald mein Kind zu haben. Den Schmerz fast vergessend, marschierte ich durch den langen Flur. Nach zehn Minuten fühlte ich den Schmerz wiederkommen. Erst ganz leicht, dann immer stärker werdend und schließlich grausam sich in mich bohrend. Danach verabschiedete er sich viel zu langsam wieder. Die Abstände verkürzten sich auf fünf Minuten und hatten gegen zehn Uhr morgens die Drei-Minuten-Grenze erreicht. Angsterfüllt starrte ich auf die Zeiger der Uhr, die Minuten rasten vorbei. Wenn die Armeeoffiziersärzte an mir vorbeigingen und ich voller Qualen stehen bleiben mußte, konnte ich in ihren Gesichtern Gleichgültigkeit oder hämisches Grinsen lesen. Ich haßte sie! Bedauernde Blicke erhielt ich von den Müttern, auch ein paar aufmunternde Worte:

»Hast es ja bald geschafft.«

Gegen ein Uhr mittags hatte ich den Punkt erreicht, wo mir alles egal war. Die Tränen liefen mir übers Gesicht, und ich fühlte mich innerlich wie von heißen Eisen zerstochen. Alles hätte ich getan, nur um die Schmerzen loszuwerden; der Tod angesichts des neuen Lebens wäre mir jetzt wie eine Erlösung vorgekommen. Aber nichts geschah, nur daß der Schmerz mir keine Minute der Ruhe gönnte. Nach einer Stunde rief mich ein Arzt in den Untersuchungsraum. Ich brauchte eine Ewigkeit bis zum Stuhl. Ein Schritt, eine Wehe, ein Schritt, eine Wehe, selbst bei der Untersuchung blieb sie nicht aus.

»Ihr Muttermund ist erst drei Zentimeter offen, und zehn Zentimeter müssen es mindestens sein.«

Da brach in mir eine Welt zusammen, und ich stöhnte unter Schmerzen und Tränen:

»Ich kann nicht mehr.«

Der Arzt erbarmte sich meiner, ließ mich in den Kreißsaal bringen, und nun bekam ich Spritzen. Ich wurde dem Schmerz gegenüber gleichgültig, obwohl ich ihn genau wie vorher spürte. Frau Groß, die Hebamme, eine nette junge Frau, stellte sich kurz vor und kümmerte sich um die neben mir liegende schreiende, vierzigjährige Frau, die ihr viertes Kind bekam.

Ich biß in mein Kopfkissen, krallte mich an die Griffe des Bettes und dachte: Warum hält sie nicht ihren Mund und hört auf zu schreien? Sehnsüchtig wünschte ich mir plötzlich, ein kleines Mädchen zu sein und im Winter mit dem Schlitten einen Berg hinunterzurodeln. Je heftiger die Wehen wurden, desto schneller sauste mein Schlitten ins unendliche Tief.

Die Frau neben mir sollte pressen, aber sie schrie nur:

»Au, au, mein Rücken, er bricht mir durch!«

Die Hebamme sagte laut und energisch:

»Reißen Sie sich mal zusammen, neben Ihnen liegt eine Siebzehnjährige, die hat auch Schmerzen und sagt keinen Ton! Sie machen ihr ja mit Ihrem Geschrei Angst, denken Sie jetzt mal an Ihr Kind und pressen Sie!«

Aber sie brüllte weiter. Auf ein Klingelzeichen füllte

sich plötzlich der Raum mit Ärzten, und endlich trugen sie ein kleines Baby mit blauem Gesicht an mir vorüber; die Frau war still. Die Hebamme versorgte das Kind, dann trat sie an das Bett der Frau und sagte:

»Sie haben einen Jungen, aber durch Ihre Schreierei haben Sie ihm beinahe geschadet, er hatte Sauerstoffmangel!«

Danach verließen alle bis auf einen Arzt den Raum. Ich bekam plötzlich Angst, mein Kind allein kriegen zu müssen, und zupfte an seinem Kittel. Ein ernstes, hageres Brillengesicht drehte sich zu mir, und ich flüsterte mühsam:

»Kommen Sie auch zu mir?«

Er streichelte flüchtig meinen Arm und sagte zur Hebamme:

»Wenn es bei ihr soweit ist, rufen Sie mich!«

Eine angenehme Stille herrschte auf einmal im Zimmer, die Ruhe ließ meine Schmerzen schwächer und schwächer werden, und dann waren sie ganz weg. Für ein paar Sekunden schlief ich ein, wurde aber durch das dringende Bedürfnis, auf die Toilette zu gehen, aus dem Schlaf gerissen und rief:

»Schwester, ich muß mal!«

Sie erschien sofort, untersuchte mich und sagte:

»Nein, du mußt nicht, das sind die Preßwehen. Jetzt mußt du mithelfen, und dein Kind ist bald da!«

Die Preßwehen taten nicht weh, ich hatte nur den unwiderstehlichen Drang zu drücken, um das Kind auf die Welt zu bringen.

Doktor Israel stand, wie er es mir versprochen hatte, neben mir, die Hebamme saß am Fußende und eine andere Schwester stützte meinen Kopf am Genick. Ich tat alles auf Kommando der Hebamme, wie eine Maschine. Ich hatte das Gefühl, neben mir zu stehen, und alles, was mit mir geschah, geschah nicht mir. Mit aller Kraft preßte ich, und die Hebamme rief begeistert:

»Weiter, weiter, ich seh' schon kleine Haare, dein Kind hat Haare!«

Ich konnte nicht mehr und fiel kraftlos, todmüde in die Kissen zurück, ich wollte plötzlich nur schlafen. Der Arzt kniete sich auf mein Bett, die Schwester hob meinen Kopf, und ich drückte, ohne eine Wehe zu spüren. Dabei half der Arzt, indem er meinen Bauch ebenfalls nach unten schob. Ein kurzer, aber sehr stechender Schmerz, und ich fühlte zwischen den Beinen etwas Warmes.

»Das Köpfchen ist draußen!« rief die Hebamme fröhlich. »Noch einmal kurz pressen, und es ist da!«

Meine Augen ganz fest geschlossen, drückte ich und spürte es hinausschießen, wie eine qualvolle Last, von der ich mich befreite. Keine Schmerzen mehr! Unendlich erleichtert hielt ich meine Augen geschlossen. Da hörte ich ein leises Schreien und wie aus weiter Ferne die Stimme meiner Hebamme:

»Es ist ein Junge und kerngesund!«

Gegen meinen Willen öffnete ich die Augen, und mein Blick fiel als erstes auf die Uhr. Mein Sohn wurde um 17 Uhr 25 geboren, an einem Donnerstag, und es schneite draußen.

Ein unendliches Glücksgefühl und große Dankbarkeit der Hebamme und dem Arzt gegenüber durchströmten mich. Mir schossen die Tränen in die Augen, und ich stammelte: »Danke.«

Sie waren für kurze Zeit die zwei wichtigsten Menschen in meinem Leben gewesen. Für immer schloß ich sie in meine Erinnerung ein – als die ersten Erwachsenen, bei denen ich mich ehrlich, ohne Zwang, bedankte und auch Dank empfinden konnte.

Ich ließ die Hebamme nicht mehr aus den Augen, zu sehr fürchtete ich, sie könnte mein Kind mit einem anderen verwechseln. Dann legte sie mir ein eingewickeltes Bündelchen in die Arme. Mein Kind! Blaue Augen blinzelten in das grelle Licht; den kleinen Mund weinerlich verzogen, fuchtelte es mit den winzige Händchen ungeschickt in der plötzlichen großen Freiheit herum. Vorsichtig streichelte ich die zarten Haare auf dem Köpfchen. Mein eigenes Kind, ich konnte es nicht fassen. Sein Mund öffnete sich, und ein leises Wimmern war zu hören.

»Pst, ist ja gut, die Tante ist ja bei dir!«

»Was heißt hier Tante, du bist die Mutter«, hörte ich die sanften Worte meiner Hebamme. Ich schämte mich, aber sie lachte:

»Daran wirst du dich noch gewöhnen.«

Das Wort »Mutter« hämmerte richtig in meinem Kopf, ich wollte keine Mutter sein. Mutter!

Was ist eine Mutter, was macht sie? Ich wußte es nicht. Für mich war es der Inbegriff alles Schlechten, mich hatte sie verlassen. Warum nur? Hatte sie bei meiner Geburt auch solche Schmerzen? In diesem Moment dachte ich an sie.

Niemals könnte ich mich von meinem Kind trennen. Liebevoll nahm mir die Hebamme mein Kind aus dem Arm und sagte zu ihrer Entschuldigung:

»Es muß sein, du mußt noch genäht werden.«

»Wo denn?«

»Wir haben einen kleinen Schnitt machen müssen, damit der Kopf schneller durchgeht.«

Das Bett wurde zur Hälfte abmontiert und zum Frauenstuhl umfunktioniert, eine riesige OP-Lampe über mein Bett gezogen, und der Doktor setzte sich genau vor meinen geschundenen Geburtsausgang. Die Hebamme stand daneben und reichte ihm eine Spritze, die er mir ohne Vorwarnung unten hineinstach. Im Vergleich zur Geburt sollte es nur ein kleiner Piks sein, tat mir aber trotzdem sehr weh. Ich konnte einfach keine Schmerzen mehr ertragen.

Wie ein Schneider, Faden und Nadel in der Hand, saß er vor mir. Die Angst schnürte mir die Kehle zu, sonst hätte ich geschrien. Ich verfolgte jede seiner Bewegungen und fühlte nur ein Gezuckel an meinem betäubten Unterleib. Kein Schmerz, nichts! Und wie ich ihm so beim Nähen zusah, durchflutete mich plötzlich die Scham. Bei der Geburt war mir durch den Schmerz alles egal gewesen, jetzt fehlte mir dieser Schutz.

Vom jungen Mädchen zur Frau geworden, lag ich völlig frei vor einem Mann, war ihm hilflos ausgeliefert und schämte mich schrecklich. Gott sei Dank war er ganz Arzt, denn er blickte nicht einmal in mein Gesicht, und im stillen dankte ich ihm zum zweiten Mal.

Als sie endlich fertig waren, brachte mir die Hebamme ein sauberes Nachthemd und wusch mich von oben bis unten. Danach löschte sie das Licht und flüsterte:

»Nun versuch ein wenig zu schlafen, in drei Stunden kannst du in dein Zimmer zurück.« Behutsam schloß sie die Tür, ich hörte nur noch das Ticken der Uhr. Die Gleichmäßigkeit des Tones schläferte mich sacht ein. Richtig schlafen konnte ich nicht, meine Gedanken waren bei meinem Kind, ich sah immer sein kleines Gesicht vor mir.

Mutterpflichten

Durch leichtes Rütteln an der Schulter wurde ich von einer unbekannten Schwester geweckt.

»Wir fahren dich jetzt in dein Zimmer.«

Sie schoben mein Bett durch den langen Flur, den ich zuvor in ellenlangen Stunden abgelaufen war. Die Frauen in meinem Zimmer schauten mich alle erfreut an, und als die Schwester den Raum verließ, gratulierten sie mir. Frau Köhler, eine Studentin, sagte:

»Wir glaubten schon, wir sehen dich nicht wieder, du hast ja wie eine wandelnde Leiche ausgesehen.«

Wir lachten alle, meine Müdigkeit war wie weggeblasen. Ich versuchte, mich im Bett aufzusetzen, was mir nur mit Hilfe von Frau Köhler gelang, dann schrieb ich meinem Bruder und dem Heim, daß ich einen Sohn habe.

Wieder wurde ich geschüttelt, mit großer Anstrengung versuchte ich, meine Augen zu öffnen. Draußen war es finstere Nacht. Frau Köhler stand an meinem Bett:

»Komm, steh auf, es ist Stillzeit.«

»Ich will nicht, ich bin müde.«

»Du mußt, die Kinder sind schon im Stillraum.«

Kinder – mein Gott, ich habe ja ein Kind. Voller Freude zog ich den weißen Kittel über mein Nachthemd und ging in den Stillraum. Helles Neonlicht blendete mich, an den Tischen saßen Frauen mit entblößten Brüsten und stillten ihre Säuglinge, die schmatzende Geräusche von sich gaben.

Auf einer langen Trage lag mein Sohn, zusammen mit dem Kind von Frau Köhler. Sie schrien gewaltig. Ich staunte, wie laut so kleine Kinder schreien können. Frau

Köhler zeigte mir das Regal, wo meine Gläser standen. Eins zum Desinfizieren der Hände und der Brustwarze, mit einer übelriechenden Flüssigkeit. Ein weiteres mit Brustläppchen und Pinzette.

Ich setzte mich an einen Vierertisch, bearbeitete meine Hände mit der Flüssigkeit, machte meine Brust frei und legte mein Kind an. In dem hellen, kahlen Zimmer fand ich die ganze Sache unnatürlich. Alles in mir weigerte sich, ich wollte nicht stillen. Wie eine Kuh im Kälberstall, dachte ich und ekelte mich vor dem kleinen Mund, der vergeblich etwas aus mir heraussaugen wollte, was ich nicht hatte. Er suchte und zog an meiner Brust, es tat mir nur weh, aber Milch hatte ich nicht. Von dem großen Glücksgefühl beim Stillen spürte ich nichts. Dann brüllte er los, wie am Spieß. Verzweifelt versuchte ich, ihn mit Schaukeln zu beruhigen. Die anderen Frauen guckten entrüstet zu mir herüber, ich war den Tränen nahe.

Eine Schwester kam herein, nahm den Kopf meines Kindes, drehte ihn zu meiner Brust und schob ihm meine Warze zwischen die Lippen. Sofort saugte und schmatzte er an mir herum. Angewidert schloß ich die Augen, da ließ er los und schrie wieder. Mit den Worten »Du hast noch keine Milch« nahm sie mir mein Kind weg und gab ihm die Flasche. Haßerfüllt sah ich sie an. Mein Kind kann ich allein füttern, wollte ich rufen, aber ein Kloß im Hals und viele Tränen hinderten mich daran. War ich schon jetzt eine schlechte Mutter? Ich heulte und heulte. Frau Köhler führte mich tröstend in mein Zimmer.

»Sie nicht traurig, viele Frauen können nicht sofort stillen, aber morgen ist es soweit, glaub mir.«

Sie ahnte nicht, daß ich nicht stillen wollte.

Wie ein Igel rollte ich mich unter meiner Decke zusammen und weinte mich in den Schlaf.

Mit dem Stillen wurde es nichts, ich bekam hohes Fieber und mein Kind die Flasche.

Drei Tage stellten mich die Ärzte auf den Kopf. Die Lunge wurde geröntgt, es folgten Blutabnahmen. Spezialisten, wie Frauen- und HNO-Ärzte, wechselten sich an meinem Bett ab, keiner fand den Grund. Mein Fieber wurde höher und höher und blieb.

Doktor Israel kam plötzlich wieder, seit meiner Entbindung hatte ich ihn nicht gesehen.

»Was muß ich von dir hören, du machst mir ja Kummer.«

Sofort liefen mir wieder die Tränen, und ich sagte:

»Meine Brust tut so weh.«

Ich sollte sie freimachen, sein Gesicht verfinsterte sich.

»Wie lange hast du das schon?«

Die rechte Brust war groß, steinhart und voller Knuddeln, die mir starke Schmerzen verursachten.

»Seit zwei Tagen.«

»Pumpst du regelmäßig ab?«

»Ja, aber es kommt nichts heraus.«

Schnell verließ er das Zimmer und kam mit einer elektrischen Pumpe und zwei Windeln zurück.

»Pumpe, so oft du das Bedürfnis hast und bis nichts mehr kommt, sonst müssen wir schneiden.«

Tag und Nacht lief die Maschine, die Frauen schien es nicht zu stören, obwohl das Ding einen höllischen Krach machte. Am nächsten Morgen fragte Doktor Israel:

»Möchtest du ein Einzelzimmer, dann können die Frauen ruhig schlafen.«

Sofort protestierten alle dagegen:

»Nein, nein, lassen Sie sie hier, es stört uns nicht.«

Erstaunt schaute er sich um, dann ruhte sein Blick auf mir. Was für einen unglaublich ernsten und besorgten Ausdruck seine Augen hatten. Nie werde ich diesen Blick vergessen, solche Sorgen um mich hatte ich in noch keinen Augen gesehen. Tapfer lächelte ich ihn an und schüttelte den Kopf:

»Bitte, lassen Sie mich hier, ich möchte nicht allein sein.«

Es war vier Tage vor Weihnachten. Eine Frau nach der anderen wurde entlassen. Der Abschied von Frau Köhler fiel mir schwer, wir hatten uns so gut verstanden.

Ab und zu zeigten mir ganz nette Schwestern meinen Sohn oder legten ihn mir mal für fünf Minuten zu meinen Füßen auf das Bett. Halten konnte ich ihn nicht, dazu war ich zu schwach. Jeden Morgen und jeden Abend, wenn Doktor Israel Dienst hatte, sah er nach mir.

Heimlich stand ich auf und lief durch das Zimmer, dann zur Toilette und später den Flur entlang, ich wollte Weihnachten gesund sein, also strengte ich mich mit dem Laufen an. Auf dem Gang begegnete ich einem jüngeren Arzt, den ich nicht ausstehen konnte. Wenn er Visite machte, ließ er bei den Frauen sehr anzügliche Bemerkungen fallen und ergötzte sich an den verdutzten Gesichtern.

»Schön, daß ich dich sehe, du kannst gleich zum Fädenziehen mitkommen.«

Mit schlotternden Beinen folgte ich ihm in den Behandlungsraum, ich hatte Angst vor ihm.

»Bitte, nehmen Sie kein Jod, ich bin dagegen allergisch«, sagte ich.

Während er die Schwester anlachte, zog er die Fäden, dann nahm er eine Nierenschale, legte die Schere und die gezogenen Fäden hinein, tränkte einen Wattebausch mit einer Flüssigkeit, und dann schrie ich vor Schmerzen. Ich verbrannte unten. Wie aus einem Horrorfilm lächelte der Arzt und sagte:

»Hab dich nicht so albern, hast ja schließlich schon ein Kind gekriegt.«

So viel Menschenverachtung war mir noch nicht begegnet, es verschlug mir die Sprache, und ich hielt tatsächlich meinen Mund. Er drückte mir die Schale in die Hand und forderte mich auf, sie ins Schwesternzimmer zu bringen. Solche Ärzte müßte man verbieten, dachte ich.

Mein Unterleib brannte wie ein feuerspeiender Vulkan. Breitbeinig, so breit es ging, kroch ich über den Flur an der Wand entlang. Die Schale zitterte in meiner Hand, der Schmerz nahm mir die Luft zum Atmen. Das Zimmer rückte immer weiter weg, der Flur verwandelte sich in einen Tunnel, der nicht enden wollte. Gerade noch rechtzeitig fing mich die Oberärztin auf. Als ich zu mir kam, hingen meine Beine, zur Seite gespreizt, aus dem Bett, Doktor Israel saß bei mir.

»Es tut mir leid, aber das kommt nie mehr vor.«

Ich lächelte gequält, riesige Blasen machten mir das Leben zur Hölle.

Wieder im Mütterheim

Am 24. Dezember morgens brachte die Schwester mein Kind, und ich durfte es füttern. Glücklich hielt ich es in meinen Armen und beobachtete es beim Trinken. Die Flasche paßte besser zu ihm als meine Brust.

Dank der Sitzbäder fühlte ich mich schon viel besser, auch meine Brust kam mit Hilfe der elektrischen Pumpe wieder in Ordnung, und mein Fieber sank.

Fast fröhlich begrüßte ich Doktor Israel bei der Morgenvisite.

»Hallo, ich bin gesund. Kann ich heute entlassen werden?«

»Eigentlich nicht, aber da Weihnachten ist, mache ich eine große Ausnahme.«

Am liebsten hätte ich ihn umarmt, so freute ich mich. Ich mußte ihm versprechen, gut auf mich aufzupassen und, wenn es mir wieder schlechter ginge, sofort ins Krankenhaus zu kommen. Beim Aufwiedersehensagen hielt er meine Hand einen Moment lang fest, sah mich mit seinen ernsten Augen an und sagte:

»Paß auf dich auf, Mädel.«

Noch nie hatte ich einen Menschen getroffen, der sich meiner so annahm. Mit seiner Hilfe bin ich wieder gesund geworden.

Die Mädchen aus dem Müttererholungsheim begrüßten mich aufgeregt mit den Worten:

»Da bist du ja endlich, wir dachten, du kommst gar nicht mehr.«

Dann standen sie neugierig um mich herum und bestaunten mein Kind. Ich mußte lachen, vorher hatte ich die Zurückkommenden auch so erwartet. Nachdem alle mit der Besichtigung zufrieden waren, durfte ich mit meinem Sohn in das Säuglingszimmer gehen. Wie niedlich die Kleinen alle schliefen. Ich legte ihn in das freie Bettchen neben den witzigen Rotschopf und ging auf Zehenspitzen hinaus.

Gegen Abend gab es Kuchen und Kaffee, und so wenig

feierlich es war, ich freute mich auf abends zehn Uhr, da durfte ich mein Kind sehen und füttern.

Auch hier, wie in allen Heimen, gab es Vorschriften. Nur zu den Stillzeiten bekamen wir die Kinder in einem gesonderten Raum. Gewindelt wurden sie von den Schwestern. Das Kinderzimmer durfte aus hygienischen Gründen von uns nicht betreten werden. Als ob wir weniger sauber als die Schwestern wären. Ich glaube, damit demonstrierten sie uns unsere Unfähigkeit als minderjährige Mütter.

Wenn ich das Bedürfnis hatte, mit meinem Kind zu schmusen, ging das nur mit Blickkontakt durch die Glasscheibe in der Tür oder zur Stillzeit. So verbrachte ich die Zeit ungeduldig, bis die drei Stunden zwischen den Mahlzeiten vergangen waren. Die Sehnsucht nach meinem Kind hielt konstant an. Wie freute ich mich jedesmal, wenn es dann bei mir war.

Gegen fünf Uhr nachmittags sagte eine andere Schwester, daß Besuch für mich da sei. Aufgeregt lief ich nach unten in das Besucherzimmer. Peter stand mit einem Netz Apfelsinen auf der Treppe. Wie komisch, ausgerechnet Heiligabend brachte er mir seltene Früchte als Geschenk. Ich mußte lachen und begrüßte ihn freundlicher, als ich wollte. Plötzlich hatte ich gute Laune und freute mich wirklich. Gerade von ihm hätte ich es am wenigsten erwartet, daß er Weihnachten an mich dachte und die lange Reise auf sich nahm. Meine Fröhlichkeit machte er mit einem Satz zunichte:

»Bitte, zeig mir den Kleinen, ich muß nach Hause fahren, meine Mutter wartet schon.« Und er fügte stolz hinzu: »Hier, sieh mal«, dabei hob er das Netz hoch, »hab' ich durch Beziehungen erstanden, meine Mutter wird sich freuen.«

Ich nickte. »Tja, sicher freut sie sich.«

Bei der Schwester brachte er ein Kompliment hervor, woraufhin sie schnell seinen Sohn holte und ihn mir in den Arm legte. Als er ihn auf den Arm nehmen wollte, zischte ich ihn an:

»Wehe, es ist mein Kind.«

»Aber auch meins, dagegen kannst du nichts machen.«

Ich machte auf dem Absatz kehrt und brachte den Kleinen zur Schwester zurück.

Er stand an der Tür. Von weitem rief ich ihm zu:

»Schöne Weihnachten!«

»Dir auch«, antwortete er und: »Ich komm' wieder.«

Ein Tag verging wie der andere. Füttern, pumpen und Sitzbäder. Dann kam der Tag, an dem ich mein Kind im Wagen spazierenfahren durfte. Nun zog ich ihm die selbstgehäkelten Sachen an. Sein blasses Gesichtchen hob sich von den leuchtenden Farben stark ab. Ich fand ihn niedlich, und stolz schob ich den häßlichen alten Kinderwagen vor mir her.

Von nun an ging ich bei schönem Wetter jede freie Minute mit meinem Baby spazieren. Bald hatte er eine schöne gesunde Gesichtsfarbe, und die Schwestern bewunderten ihn. Bei einem meiner Spaziergänge sprach mich eine Frau an. Sie zog einen alten Leiterwagen hinter sich her, in dem ein Baby schlief.

»Entschuldigen Sie bitte, wissen Sie, wo hier die Kirche oder das Pfarrhaus ist?« Dabei zeigte sie auf das schlafende Kind. »Ich muß es stillen, und hier draußen geht es nicht.«

Hilflos zuckte ich die Schultern. »Ich weiß es nicht, aber hier ist ein Müttererholungsheim, vielleicht versuchen Sie es einmal dort.«

»Da komme ich gerade her. Meine Tochter ist dort, sie hat auch entbunden und will mich nicht mehr sehen.«

Dabei liefen ihr dicke Tränen über die Wangen, und plötzlich erkannte ich in ihr Giselas Mutter wieder.

Gisela hatte während meiner langen Zeit im Krankenhaus ohne Komplikationen ein gesundes Kind geboren. Jetzt hatten Mutter und Tochter zur gleichen Zeit ein Kind – von demselben Mann.

Mir fielen keine bedauernden Worte zu ihrem Trost ein, dennoch erregte ihr Äußeres wieder mein Mitleid. Aber ich wollte es nicht länger ertragen und sagte kurz angebunden:

»Fragen Sie doch bitte den nächsten.«

Damit ließ ich sie einfach stehen. Mühsam schob ich den Kinderwagen durch den Schneematsch davon. So schnell es ging, wollte ich der Reichweite dieser Frau entkommen. Von Gisela hatte ich erfahren, wie alles mit ihrem Stiefvater anfing, und wußte also, daß ihre Mutter nicht ganz unschuldig daran war.

Wenn Gisela früh aufstand, um zur Schule zu gehen und sich in der Küche Stullen zurechtmachte, setzte sie sich dabei auf ein altes Sofa, das schon seit Jahren in diesem Raum stand. Eines Morgens lag dort ihr Stiefvater, von dem sie glaubte, daß er schlief. Um keinen Krach zu machen, versuchte sie, im Dunkeln ihre Brote zu streichen. Auf einmal ergriff er ihren Arm und zog sie auf das Sofa. Mit einer Hand hielt er ihr den Mund zu, so konnte sie nicht schreien, dabei hörte sie seine flüsternde und keuchende Stimme:

»Komm, du bist alt genug, ich zeige dir jetzt, was Liebe ist.«

Er zerrte ihr brutal die Kleidung vom Körper, riß ihr die

Schlüpfer kaputt und vergewaltigte sie. Jeden Morgen vor der Schule mußte sie mit ihrem Stiefvater schlafen.

»Wenn du etwas verrätst«, drohte er, »dann kommst du ins Heim.«

Ihre Mutter mußte es wissen, denn er verhielt sich dabei nicht leise. Die Küche war ein Durchgangszimmer zwischen Wohn- und Schlafzimmer. Die Mutter ließ oft die Schlafzimmertür offen. Gisela sagte einmal:

»Meine Mutter war doch froh, daß er sie in Ruhe ließ.«

Ich sah der Frau hinterher – was für eine Mutter?!

Wir hatten fast alle ein ungewolltes Kind. Heftig diskutierten wir darüber, wie lange wir noch auf die Antibabypille warten müßten und daß es noch keine legalen Abbrüche gab. In einem Punkt waren wir uns einig: so schnell wollten wir kein Kind mehr.

Natürlich, wenn das Kind erst einmal geboren ist, will man es nicht mehr hergeben. Aber die Schwierigkeiten fingen erst danach an.

Ich erhielt von einer Erzieherin Besuch. Sie sagte mir gleich:

»Dein Antrag auf Abbruch der Lehre wurde von deinem Vormund abgelehnt. Du lernst zu Ende, so lange bleibst du im Lehrlingsheim.«

»Und mein Kind?« fragte ich fassungslos. »Was wird mit meinem Sohn?«

»Darum kümmern wir uns schon, mach dir keine Sorgen. Wir werden eine Lösung finden.«

»Mein Kind! Es geht hier um mein Kind und nicht um eine Mathe-Aufgabe!« schrie ich.

Sie schaute mich an und sagte, wie schon viele Erwachsene zuvor:

»Sieh mal, wir wollen doch nur dein Bestes.«

Jetzt hatte ich genug. Völlig außer mir schrie ich sie an:

»Immer geschieht alles nur zu meinem Besten! Warum fragt mich niemand, was ich für das Beste halte? Ihr Scheißerwachsenen kotzt mich an!«

Ich wollte weglaufen, aber sie hielt mich am Arm fest.

»Bitte, laß uns vernünftig darüber reden, schließlich bist du auch schon erwachsen.«

»Dann behandelt mich doch so! Und bestimmt nicht einfach über mein Leben!«

»Na gut, setz dich, wir haben für deinen Sohn einen Heimplatz gefunden, und sogar in Berlin.«

»Heim! Mein Kind in ein Heim, genau wie ich!«

Mein Kopf tat mir plötzlich weh, Tränen tropften auf mein Kleid, wie hypnotisiert starrte ich darauf. Ich konnte nicht mehr klar denken. Wie ein Wasserfall rauschten ihre Worte an meinem Ohr vorbei. Plötzlich war ich allein, sie mußte irgendwann gegangen sein.

Mit dem Wissen, eine schlechte Mutter zu sein, die ihr Kind in ein Heim steckt, holte ich meinen Sohn, setzte mich ans Fenster und schaute auf den See. Zum ersten Mal dachte ich an Selbstmord. Ich wollte nicht mehr leben und kam auf die absonderlichsten Ideen, wie ich mich töten könnte. Auf einmal öffnete er die Augen und lachte mich an. Sein erstes unschuldiges Lächeln gab mir den Mut, weiterzuleben für ihn, für mein Kind.

Abschied

27. Februar 1969. Heute ist hier mein letzter Tag. Viele neue Mädchen sind gekommen, alle mit dicken Bäuchen.

Mein Bett steht abgezogen im kahlen Raum. Das Alpenveilchen habe ich eingehen lassen, das hätte ja doch keiner gegossen.

Mein einziger Koffer steht griffbereit an der Tür, ich sehe mir das Zimmer an, ich will nichts vergessen. Im Haus höre ich Frauenlachen und Kinderweinen. Ein halbes Jahr habe ich hier gewohnt, gelebt und gelernt. Gelernt für mein Leben. Sieben Kinder wurden zur Adoption freigegeben, und noch mehr werden folgen.

Schweren Herzens verabschiede ich mich von den netten Säuglingsschwestern, die mir eine Art Mutterersatz gewesen sind. Dann gehe ich zu den Mädchen, ich sehe ihre Blicke und weiß, ich bin keine mehr von ihnen.

»Tschüs«, rufe ich und: »Macht es gut«; nur nicht sentimental werden. Schnell drehe ich mich zur Tür und gehe, um mein Kind zu holen.

Das Auto vom Bezirksbürgermeister aus Treptow ist wieder da. Ich sehe nur auf mein Kind und weine, es sind die letzten Stunden, die wir zusammen sind.

Zum Glück sitzt die Erzieherin vorn beim Fahrer und unterhält sich mit ihm, so läßt sie mich wenigstens in Ruhe. Für Leute, die an uns vorbeifahren, sehen wir wie eine glückliche Familie aus. Eltern, die ihre Tochter mit dem Enkelkind vom Krankenhaus abholen. An den Ampeln sehe ich in neugierige Gesichter. Nur Hochzeitsautos oder Mütter mit eingewickelten Kindern werden so rührselig begafft.

Keiner ahnte, was für Insassen dieser pompöse Wagen fuhr. Der Fahrer vom Bürgermeister, eine Erzieherin, eine minderjährige Heimmutter und ein neues Heimkind.

Das Kinderheim

Plötzlich hielt der Wagen, ich schaute hoch und und traute meinen Augen nicht. Das Tor mit den schmiedeeisernen Eichhörnchen wurde geöffnet, und ich befand mich in meinem Kinderheim. Hier hatte mein Leben begonnen, sollte es mein Sohn jetzt fortsetzen?

Nein, ich wollte nicht aussteigen, ich weigerte mich.

»Hör mal, es gibt noch keine Heime für Mutter und Kind, es ist doch nicht für immer«, sagte meine Erzieherin. Auf der Säuglingsstation kam uns die leitende Abteilungsschwester mit dem Ausruf entgegen:

»Da kommt ja unser jüngstes Kind!«

Mit strahlendem Gesicht und starken Armen griff sie nach meinem Sohn. Mit aller Kraft preßte ich ihn an mich.

»Es ist mein Kind, ich ziehe ihn allein aus und lege ihn ins Bett.«

Erbost über meinen Widerstand sagte sie zu meiner Erzieherin:

»Na, mit Ihnen möchte ich auch nicht tauschen«, und zu mir:

»Meine Liebe, du wirst dich hier an die Bestimmungen halten, aus hygienischen Gründen dürfen die Zimmer nicht betreten werden. Aber durch die Glasscheibe kannst du dein Kind am Mittwoch und am Sonntag für eine Stunde sehen.«

Noch einmal versuchte ich, mich gegen die Mauer aus Vorschriften und Unmenschlichkeit zu wehren, und sagte entschieden:

»Erstens bin ich nicht Ihre ›Liebe‹, und zweitens wünsche ich nicht, von Ihnen geduzt zu werden.«

Verdattert sagte sie:

»Folgen Sie mir.«

Schweigend gingen wir über den blankgebohnerten Flur an Glaswänden vorbei, hinter denen weiße Gitterbettchen standen. In jedem lag ein Kind, die meisten nukkelten an ihren Däumchen, und die, die stehen konnten, schaukelten monoton von einem Bein auf das andere. In mir drehte sich alles. Es war so schön sauber, steril und keimfrei, auch von Liebe.

Wieder sah ich mich selbst so stehen und schwor mir: Mein Kind wird kein Heimkind!

Vor einer kleinen Glasbox blieb sie stehen, sagte kühl: »Bitte!« und hielt ihre Arme auf. Ich brachte es nicht fertig, ihr mein Kind freiwillig zu geben. Vor Tränen konnte ich nichts mehr sehen, ich fühlte nur diesen kleinen warmen Körper an meiner Brust. Mein Kummer wurde so groß, daß ich es willenlos geschehen ließ, als meine Erzieherin mir den Kleinen aus den Armen nahm und ihn der Kinderschwester übergab. Erst als er in dem fremden kalten Raum lag, weit weg von mir, getrennt durch Glaswände, packte mich die Angst um ihn. Unter Tränen rief ich:

»Darf ich ihn noch einmal drücken?«

»Nein, erst am Mittwoch!«

Wie ich wieder in das Auto kam, weiß ich nicht, aber ich drehte mich noch einmal um. Da schloß sich gerade das Tor.

Erfahrungen

Als Band mit der Bestellnummer 61249 erschien:

Nach 18 Jahren in DDR-Heimen
wird Ursula Burkowski mit ihrem Sohn Timo endlich
ins Leben entlassen. Doch bald muß sie
erkennen, wie gnadenlos die Freiheit sein kann …

Die erschütternde Fortsetzung von
»Weinen in der Dunkelheit«.